领导科学基础

（第四版）

主　编 ◎ 彭忠益

撰稿人 ◎ 刘　芳　吴晓林　许源源　胡春艳
　　　　　欧阳辰星　丰　云　刘　丹　刘　媛

中南大学出版社
www.csupress.com.cn

·长沙·

修 订 说 明

　　《领导科学基础》自2012年付梓以来，至今已多次修订及再版。2023年上半年，中南大学出版社编辑杨贝告知我，《领导科学基础(第三版)》受到市场的高度认同与读者的广泛喜爱，近几售罄，希望能加以完善并尽早再版。读者们的认可与喜爱让我深感荣幸，当即愉快地承诺将立即组织团队成员进行完善修订，以不负读者们的期望。由此，在第三版的基础上，我们更新了教材相关内容及案例，以呈现新时代发展着的理论与实践信息及要求，力争做到内容有新意、有深度、有启发性，并将书稿升级为双色版本，以便读者阅读。

　　"行政领导学"这门课程在中南大学已面向本科学生开课有22年，面向研究生开课也有21年。对教材的每次修改完善，我们均尽可能地做到以人才培养为取向，注重构建开放的研究型教材体系与学术体系，承载教学、科研与社会服务一体化的理念，为丰富和完善公共管理专业的课程体系提供支撑，也为行政领导这一研究方向的推进提供思考启发。我们团队在这版教材修订的过程中紧密结合教学改革中对课程内容"理论与实践并重"的要求，在完善理论阐述的同时调整了相关案例，期望能够在阅读过程中启发读者的思考，既能在每次课程结束后的第一时间巩固理论知识的运用，也能加强课程教学对学术能力的培养，满足公共管理专业青年学生对自身领导力提升的理论和实践需求。

　　本教材的再版得到了诸多专家教授、朋友和学生的支持与帮助。中南大学公共管理学院的刘媛副教授为本书的案例更新和完善付出良多；中南大学出版社的领导与编辑为本书的顺利再版付出了辛劳，特别是编辑杨贝自始至终都给予了大力的帮助与支持；中南大学公共管理学院的郭恬、聂昕妮、高峰、卢珊、宋羽婷、余丽智、袁赞、卢婷霞、刘春苗、廖玥棋、卢志诚、朱柳、符馨、黄可萱为案例收集与文字校正等做了大量工作，在此一并表示衷心的感谢！要感谢的人太多，非常抱歉不能在此一一列举。大家的帮助、支持和鼓励，我们将永远铭记于心。

彭忠益

2023年12月2日于岳麓山下中南大学

目 录

第一章

导论

领导力是现代组织富强的重要资源和核心竞争力。同时，领导理念及领导行为模式也与社会发展形势紧密相关。在不同的社会和文化背景下，领导力具有不同的表现形式及现实意义。

第一节 新形势与新挑战

一、新时期的社会发展形势与挑战

目前，领导行为所处的组织情境可以归纳为以下三种：信息时代、社会转型和全球化。在这些不同的组织情境中，政府按照不同的社会价值取向实施具有特色的领导行为，将产生巨大的领导力。

首先，当今社会处在一个信息时代。在信息时代，知识将成为社会的主导资源，知识经济将成为社会经济发展的一个重要领域。知识信息的迅速发展促使新技术革命迅猛发展，新成果不断涌现，并且进一步改变着人们的生活方式和生活态度。在信息时代，领导者作为经济社会信息化的引导者和传播者，既需要有知识、有见识且学习力强的领导团队来与其共同履行责任，又需要积极掌握并推进信息技术的应用和发展，快速获得知识，加强与社会各个方面的沟通与联系，开发和广泛传播经济生活的全球化联系和文化观念的全球性展现，促进社会经济的健康稳定快速发展。

其次，社会转型带来了重大挑战。当前由市场化改革与技术革命所带来的社会转型，促使整个社会结构处于急剧变动之中，领导对象的主体性、自主性不断提高，领导行为面临的情境发生了巨大变化，这就决定了不可能沿用已有的领导模式。驾驭经济社会发展，企业组织如此，公共组织也如此。一个典型的例子就是，以往的企业组织是建立在大机器工业基础上的，企业组织庞大、人员集中，领导模式单一。在社会转型时期，庞大的企业虽然还存在，但是，越来越多的中小企业组织涌现出来，一些企业组织甚至不需要员工坐班，只要有电脑，员工在家即可上班。这样的情景对于如何实施领导，着实是一种新的挑战。

最后，全球化的发展带来了跨文化的挑战。经济全球化的世界面临着劳动力多元化及价值取向、思维模式差异化的问题，领导者在实施领导的过程中必然面临来自跨文化的挑战。人们发现，政府要处理纷繁复杂的国际关系。冷战后，尤其是 21 世纪以来，国际移民流动速度明显提升。不但大部分世界 500 强企业进驻中国，中国的企业也不断"走出去"。面对这样真实的全球化背景，领导者需要了解不同文化背景下人们的价值观、世界观，掌握跨文化的沟通技巧，紧跟全球化的脚步，只有这样才能进行成功的跨文化领导。

二、中国政府领导力的"三次革命"

任何领导行为都深嵌于当时的社会政治环境，政府领导尤其如此。从中国自身的情况来看，自中华人民共和国成立以来，政府领导大致经历了三次重大的变化。

1. 中华人民共和国成立初期政府领导行为的确立

中华人民共和国成立初期，效仿苏联的政治体制，实行党的"一元化"领导。这主要表现为：一是党的中央局及地方党委为各地最高领导机关，统一领导各地方党政军民工作；二是中央局及各地方党委的决议、决定、指示，同级政府的党组、军队的军政委员会和民众团体的党员，均须无条件执行。同期，为了迅速稳定国内政治经济局势，抵御外国的武装干涉，巩固新生的革命政权，以及实现第一个五年计划的经济指标，中国基本上借鉴了苏联的经验，建立起了类似于苏联的高度集中、全面控制的全能型政府。全能型政府的领导者要充当各个领域的"行家里手"，他们不但从战略决策、计划制订上实施全局领导，而且直接进行资源配置，对收入分配和社会福利实行统一调配。这个时期的领导实际上是"领导与管理不分"，大包大揽一切。

2. 改革开放时期政府领导行为的转变

十一届三中全会以后，我国将精力和重点转移到经济建设上来，实施改革开放，闯出了一条政府、企业和市场三方面协调配套的"三位一体"的改革道路。在政府领导制度变迁方面，党和政府紧紧把握"职能转变"这一重要主题，经过 40 多年的持续渐进改革，从根本上改变了"集中分权式"政府领导模式的职能设置和机构安排，并逐步在三个方面进行了调整：第一，充分发挥市场在资源配置中的基础作用；第二，在"政企分开"的改革思路下，实行公有制形式的革命，国有经济乃至整个公有制经济都不再单纯依靠对物的直接占有，而是通过增强控制力和影响力来发挥主导作用；第三，坚持政府要"有所为，有所不为"，撤销了直接干预微观经济的专业管理部门，加强了宏观调控、经济与社会发展规划、规范市场行为、提供公共服务等方面的职能。改革开放之后，中国政府逐渐从原有的"微观领导"转向"宏观领导"，减少了微观干预的环节，充分注意到了市场的功能，在一定程度上也提升了领导效能。

3. 新时代政府领导行为的提升

从党的十八大开始，中国特色社会主义进入新时代。十余年来，中国经历了对党和人民事业具有重大现实意义和深远历史意义的三件大事：一是迎来中国共产党成立一百周年，二是中国特色社会主义进入新时代，三是完成脱贫攻坚、全面建成小康社会的历史任务，实现第一个百年奋斗目标。2022 年，习近平总书记在中国共产党第二十次全国代表大会上的报告《高举中国特色社会主义伟大旗帜 为全面建设社会主义现代化国家而团结奋斗》中，提出"全面建成社会主义现代化强国，总的战略安排是分两步走：从二〇二〇年到二〇三五年基本实现社会主义现代化；从二〇三五年到本世纪中叶把我国建成富强民主文明和谐美丽的社会主义现代化强国。"①这标志着中国共产党的执政理念上升到了一个新高度，也标志着全面建成社会主义现代化强国成为新时代新阶段的重要任务。

改革开放以来，我们党对什么是中国特色社会主义、怎样建设中国特色社会主义进行了长期的探索。2012 年 11 月，党的十八大首次提出中国特色社会主义事业总体布局是"五位一体"，即统筹推进"经济建设、政治建设、文化建设、社会建设、生态文明建设"五个方面。此后，党的十九大和党的二十大进一步做了明确和重申。时代留给中国新一代政府领导的任务是在发展经济的同时突出制度建设，特别是对公共事务治理的政府领导力模式不断优化，在公平与效率、平民与精英、效能与责任之间实现和谐。政府新一代领导所进行的社会治理创新、全过程人民民主建设、平安中国建设、乡村振兴等，正是新时代政府领导从管理型政府向服务型政府转变的表现。

第二节　从个体领导到共享领导

与过去相比，当今的领导学无论是在自身特点、社会意义还是在领导风格、领导模式方面都发生了诸多变化。把握这些变化，对于我们在新时期更好地理解领导学的内涵、在实践中自觉地运用领导规律都具有重要意义。本书将重点分析从个体领导到共享领导、从企业领导到公共领导、从传统型领导到现代型领导等领导学的变化趋势。当然，社会现实中领导学远不止这几种变化趋势，有待读者自己去思考和探索。

领导学自诞生时起，就将领导个体视为关注对象。但是，随着社会的变迁，在讲求团队意识和合作的大环境里，只讲领导个体，容易使领导者或多或少地带有"个人英雄主义"情结，当一个组织将所有希望寄托在一个或极少数领导者身上的时候，组织的可持续发展就可能受到威胁。在这样一种话语背景和实践需求中，从个体领导走向共享领导是学术发展和社会实践的共同趋向。②

一、共享领导力的概念与特点

共享领导力实际上与"领导群"（"团队领导"）理论有异曲同工之妙。所谓"群"，实际上就是由各种要素聚集而成的一个网络，领导者个体不过是组织内部领导群（cluster of leaders）的一个构成要素而已。领导群理论将多种角色和多种力量整合到领导这一过程之中。从这一理论出发，才能理解"人人都可能是领导者""领导具有世界意义"等的内涵。总之，领导并不单单是某个人的权力或专利。

1. 共享领导力的定义

在瞬息万变的现代社会，没有哪一个领导者可以单独影响组织变革或掌握变革所需的

① 习近平：高举中国特色社会主义伟大旗帜 为全面建设社会主义现代化国家而团结奋斗——在中国共产党第二十次全国代表大会上的报告[EB/OL].（2022-10-25）[2023-10-15]. https://www. gov. cn/xinwen/2022-10/25/content_5721685. htm.
② 彭忠益，吴晓林.共享领导力的现实效度与政治学动力分析[J].西南交通大学学报（社会科学版），2009，10（1）：120-124.

有效信息，也不可能具备组织变革所必需的全部能力，依靠团队最大范围地整合资源才是解决问题的最佳路径。突破传统领导理论的个体化取向，把领导从单个人的垄断中解放出来，已成为21世纪初领导理论变革的总体特征。① 由此，必然促使单一权力中心的体系分解重构，使原本高度集中的领导力在团体内部被分享。但是，领导群理论也并不完全等同于共享领导力理论，领导群理论讲究领导团队内部的领导力分享，而共享领导力理论并不仅仅将领导力局限于领导集体内部，它还可以分享给组织内部的非领导成员，甚至是组织外部的其他人员，拥有更广泛的外延。

简单地讲，共享领导力（shared leadership）就是团队成员之间能动地、相互影响的过程，在互相领导的过程中实现团队或组织目标。② 在共享领导的过程中，领导就是一种指引，每个人的希望、激情、梦想和技能都能被拿来分享，以互相提升。③

2. 共享领导力的特点

首先，共享领导力实现了从关注个体到依赖集体的视野突破，不再把组织发展的命运交由一个人或少数人掌握，从而使得组织的发展更加科学合理，动力来源更加丰富。在信息化、全球化的今天，任何一个领导者个体都不可能在纷繁复杂的事务中敏感地抓取组织发展的全部情境信息和应对策略，不可能具备利用所有有利因素的知识，不可能具备应对所有挑战的技能。只有合理利用群体成员各自的特长、经验和知识技能，才能规避风险，应对挑战，形成更加持久、更加充满活力的领导力。领导过程的每个环节都需要组织成员的参与，必要时甚至需要引入组织以外的力量。这样一来，领导力得以分享，组织成员得以激励，组织责任得以共同分担，组织目标的实现才能更加顺利。

其次，与传统垂直管理模式中领导者的作用相比，共享领导力把领导者的作用从"控制"更多地转向"推动"，从而也把团队成员卷入决策过程中。领导者不再认为自己的责任是决定组织前进的方向和控制下属的工作；领导者会认为每个人都是领导者，而他自己的任务是建立一支强有力的团队。团队成员拥有共同的愿景，大家平等参与管理，相互影响；每个成员都必须履行自己在所管辖领域的责任和义务，和其他成员共享相关信息，支持同事工作等。而且，他们对组织整体工作的成败负有更大的责任。每个成员都担负着组织的管理职能，都必须对组织的成败和管理负责，思考问题的角度也应从自己领域的利益转向全局的利益。④ 这样，在提高组织决策水平的同时也能提高成员的集体归属感，从而激发团队成员的主动性和创造性。

二、从个体领导走向共享领导的背景

受传统领导理论研究的影响，领导力大多与领导者个体结合在一起，因此领导力被直接界定为领导者的能力。共享领导理念的提出，可以说是对这种视野的一种突破。那么，共享领导是在怎样的背景中提出来的呢？

---

① 刘建军. 从领导者到领导群：领导理论在21世纪的变革[J]. 领导科学，2002(4)：34–35.
② PEARCE C L, CONGER J A. Shared leadership：reframing the hows and whys of leadership[M]. Los Angeles：Sage Publications，2002.
③ WHITNEY D, CHERNEY J, TROSTEN-BLOOM A. Appreciative team building：positive questions to bring out the best of your team[M]. iUniverse Press，2004.
④ 叶余建，聂雪林. 领导理论新进展：共享领导力[J]. 技术经济与管理研究，2006(2)：112.

显然，人们越来越多地重视团队合作(team-based)知识，或者重视团队工作中涉及的技术性内行(skilled professionals)。正是这些，迫使我们打破既有的传统领导力模型，从而将领导归属从个体扩展为更为复杂的模型，即包括个体和共享的领导力。[①] 但是，如果缺乏有效地指引这个过程的领导力，领导者常常难以激发团队成员的潜力和协调团队工作。基于此，发展团队领导非常重要[②]。

共享领导力实际上建立在领导力再分配和核心领导人对团队成员激励的基础上。以下三个因素能决定共享领导力的成功与否[③]。

第一，下属和组织成员自身的能力。如果失误率过高、培训流于表面、薪酬过低或者招聘草率，共享领导力就鲜有成功的机会，自我领导就会变得虚弱和不协调，团队技能就不得不依靠这些不理想的主体。在这种环境下，一个强有力的领导可能更倾向于保持组织的团结和中庸地维持生产。

第二，领导者发展和授权的能力。无论下属多么有能力和奉献精神，一些领导一般很难教授他人，更不用说分享他们的权力了。讽刺的是，总体而言，拥有权力的成员的单位或组织一般是较为得力的，发展是较好的。

第三，对组织的忠诚。通过执行董事会、首席执行官和组织文化，允许和鼓励应用领导分担模式。这一点对于公共部门尤其必要。

三、共享领导力在实践中的形式

现代社会组织的和谐发展，不但需要决策层面的领导者集体形成个体之间的互动，而且需要他们仔细倾听来自基层、熟知工作环境、经验丰富的成员的意见，更需要他们在日常工作中善于赢得追随者并激发追随者以形成自我领导的能力，从而形成推动决策和有效执行的合力。共享领导力要着重在全面领导力的管理和开发上下功夫[④]，激发团队成员的热情与想象力，进而全力以赴，共同完成确定的目标；强调成员的自我能力的开发与管理，让每个组织成员都能通过日常工作与生活经验的积累获得领导能力，使每个人都成为主动者，成为领导者。营利组织如此，公共组织亦如此，在具有不确定性外部环境的领导情境中，更应如此。

从组织形态上讲，共享领导在营利组织、公共部门甚至国际组织中均具有具体的体现。

1.营利组织的共享领导力

世界最大的电子分销商 Arrow 电子公司的 CEO 威廉•米歇尔(William Mitchel)是实践虚拟团队共享领导的最佳典范之一。营利组织实施共享领导的步骤如下[⑤]：

---

① HOUGHTON J D, NICK C P, MANZ C C. Self-leadership and super leadership: the heart and art of creating shared leadership in teams[C]//PEARCE C L, CONGER J A. Shared leadership: reframing the hows and whys of leadership. Los Angeles: Sage Publications, 2002.

② BURKE C S, FIORE S M, SALAS E. The role of shared cognition in enabling shared leadership and team adaptability[C]// PEARCE C L, CONGER J A. Shared leadership: reframing the hows and whys of leadership[M]. Los Angeles: Sage Publications, 2002.

③ VAN WART M. Dynamics of leadership in public service: theory and practice[M]. Ashburn: M. E. Sharpe Inc, 2011.

④ 彭剑锋. 培育领导力与领导团队[J]. 中国电力企业管理, 2005(5): 32-33.

⑤ 宋源. 虚拟团队中的共享领导模式[J]. 中国人力资源开发, 2007(8): 13-16.

第一，授权。授权不是控制权力，而是让团队成员有机会参与。如果领导者试图自己解决所有问题，可能会在短期内取得比较好的结果，但是不可能从团队其他成员那里获得持久的承诺和合作。

第二，学习。团队成员即使获得了授权，也不意味着可以有效实现"共享领导"。如果他们不具备与责任相匹配的知识能力，"共享领导"也难以发挥效果。

第三，营造开放的环境。营造开放的氛围最重要的就是鼓励团队成员之间充分沟通和交流。良好的交流建立在合作的基础上，允许不同的意见和看法存在，并且充分考虑对方的感受。在良好的交流中，团队成员将学会互相尊重、互相信任和互相欣赏，从而有利于信息和知识的流动，也有利于非正式领导的产生，进而实现领导力的共享。

在一个开放、共享的环境中，领导的力量将会以一般人难以想象的方式壮大，并推动组织不断突破成长的极限。此时，虚拟团队成员会更加注重任务，员工的自主性和积极性会增强，工作也会变得更有意义。共享领导力将解除领导者对任务失败的担忧，使之更加关注问题的解决。

在实践中，为了调动团队成员的积极性，一些企业通过项目制的方式，将部分权力授权给项目组，极大地发挥了项目组成员的积极性，这也是目前共享领导力最广泛的形式之一。

2. 公共部门的共享领导力

公共部门的共享领导力分为内部共享和外部共享两种形式。特别是政府，不但负有领导内部工作人员的责任，而且负有领导整个社会的责任。政府部门的内部领导力共享，类似于企业组织。例如，在我国，集体领导制、常委分工、各管一摊等形式，可以说就是内部领导力共享的一些形式。这里重点介绍外部领导力的共享。

公共组织中的领导力共享发端于企业组织的共享模式，在形式上表现为以下两种放权：

一是政府向市场放权。政府干预能够在特殊时期成为规避风险、抵御灾难的有效工具，但是过度的政府干预则会严重干扰市场秩序，导致市场经济秩序与国家政治秩序的高度重叠及雷同，降低经济发展效率，挤压人们的经济生活空间，浪费公共服务的社会资源，扭曲政府的公共服务职能。改革开放以来，中国政府越来越重视市场在资源配置方面的决定性地位，开始向市场放权，向有限政府转变。这个过程实质上就是引入市场主体，使之分享经济领导权的过程。市场主体，尤其是卓有成效的市场主体掌握着微观经济领域的操控权，政府则以法规制度等形式掌握着宏观领导权，而在宏观领导权的具体实施过程中，政府又总能倾听来自市场的意见，国家为各种所有制经济平等参与市场竞争创造了条件。以分配制度为例，中国转型期的分配制度基本上是从传统的二元化分配制度逐渐转向分配规则市场化、分配决策分散化制度的。分配决策分散化强调分配决策是由参与各方共同作用，而不是由某一主体集中决策的结果①，这就充分体现了市场参与决策的推动作用。

二是政府向社会放权。强政府、弱社会的政社关系是人类社会发展的必经阶段，但是随着人类社会经济的发展，任何一个政府都已经不能单枪匹马地迎接全方位的挑战了。政府作为执掌公共权力的组织，其自上而下的权力运作模式以及其他任何组织无可比拟的资源优势，使其在处理社会事务时会出现两种可能：或者集民之所能做民之不能，或者集民

---

① 陈刚. 经济制度变迁与市场经济理论演进 30 年［N］. 光明日报，2008-11-25（10）.

之所能扰民之所能。如若听任政府包揽社会事务，就会压制公民参与公共事务的能力，降低公民的政治人格与参与热情，增加政府公共行政的成本和压力。私人领域应该由当事人自治已经成为人类社会的基本准则。政府要合理地从社会、经济、文化等非政府活动领域中退出，能够交由社会处理的就交由社会处理，逐步从政社合一走向政社有效分开，这样有利于社会稳定、国计民生、可持续发展等方面的战略任务。

3. 国际组织的共享领导力

当前，一种新的"共同治理"模式成为政府公共管理的重要模式。共同治理是围绕公共利益进行公共事务管理、分享公共领导力的有效方式。它是由各种公共机构或私人机构共同管理其公共事务的总和。① "治理"这个理论最初就是来源于世界银行和一些国际组织的。世界银行和世界卫生组织甚至联合国都是某种意义上的共享领导力的组织。主权国家让步或者认可了国际组织的一些决议，有利于国际组织发挥在治理中的作用。特别是一些环保组织，例如绿色和平组织、世界环保组织等，已经通过自身的能力，引领了社会上的环保潮流。在国际层面，从"霸权稳定论""民主和平论""多极均衡论"到全球治理的演变，使得世界范围内的主权国家、全球公民组织、跨国公司等都成为参与领导全球公共事务的主体，全球领导权在实际上被分散了。

第三节 从企业领导到公共领导

不论是管理学还是领导学，最初都是在企业组织中孕育出来的。后来，这些科学化的知识系统，逐渐被其他部门所吸收和改进。我们不能说公共部门中没有管理、没有领导，实际上，公共部门的管理行为、领导行为的历史比企业组织更早。只是，作为一种学科领域，公共领导的研究要晚于企业领导。

长期以来，从公共部门的视角来研究领导学的，少之又少，特别是相较于大量经济学和管理学的研究。② 直到21世纪初，关于公共领导的研究才受到人们的关注。那么，企业领导与公共领导有什么区别呢？这里首先要从企业管理与公共部门管理的性质入手来解读。

一、企业管理与公共部门管理

管理一词在英文词汇中有两个词与之对应，一个是"management"，另一个是"administration"。其中前者被翻译为"管理"（特指工商企业管理），后者被翻译为"行政管理"。③

企业管理和公共部门管理，有许多相同之处。许多公共行政管理的要素都根植于私人部门的管理，例如，政府组织借鉴企业管理的模式。这里将分析企业管理和公共部门管理

① 俞可平.治理与善治[M].北京：社会科学文献出版社，2000.
② MORSE R S, BUSS T F, KINGHORN C M. Transforming public leadership for the 21st Century[M]. Ashburn：M. E. Sharpe Inc，2007.
③ 莫赛，邹艳春.新编管理学[M].北京：清华大学出版社，2005.

的一些异同点。①

第一，在两种组织中，那些负有推动项目和活动责任的管理人员，都是按照既定的目标、效率和组织效益进行适当安排的。公共部门和企业部门的管理者都要关注他们的职员的需求，驱动下属，获取财政支持以及其他服务于项目效益的工具。

第二，对企业部门和公共部门而言，他们管理环境中的重要因素各有差异。一个根本性的差异在于：在企业部门，产出或服务基本是基于个人对酬劳（通常为货币）的直接需求而进行的；而在公共部门，管理者一贯是通过集体偏好（而非直接针对个人）来驱动项目和提供服务的，这种行为在很多情况下受到税收和财政的影响，而非对个人的直接的酬金支持。另外一个关键的区别是，企业部门根据市场设定自己广阔的目标，而公共部门的管理者，则按其法定规则来设定目标。因而，企业部门的管理者可以利用内部的力量来提升组织绩效，而公共部门的管理者则主要依靠外部力量（如法定责任）来提升组织绩效。

第三，其他区别。例如，公共部门由于其公共性，掌握着绝大部分资源的分配权，其在处理各种公共事务中首先必须公平和公正，以实现整个社会资源分配方面的公平和公正。而企业作为社会资源的获得者，追求效率、效益是其基本的价值取向。此外，公共部门的管理通常还要受到行政管理人员有关公共责任、参与等内容的关注的竞争。

二、企业领导与公共行政领导的区别

企业领导与公共行政领导的共同点，就是两者都发生于组织之中，具有领导的一般特性。这里重点说明企业领导与公共行政领导的区别。朱立言曾经对此做了较为深入的分析。②

1. 任期

公共行政领导一般都是有任期的，特别是政府部门的领导，都有严格的等级晋升和退休制度，在一个岗位上的服务期限相对较短。企业领导却没有任期制和行政级别，通常在领导岗位上可以有较长的任期。

2. 工资

公共行政领导的工资来源于国家财政支出，即纳税人缴纳税款的转化形式，这集中体现了他们公共服务的角色。企业领导的工资和工资外收入则来源于企业的自身利润。这说明两者的工作性质和激励方式不同。

3. 自身素质

公共行政领导与政治关系密切，又行使公权，因此要求有较高的政治素养和道德水准，把"讲政治"摆在首位，其领导活动对全社会有示范性和导向性。企业领导与政治则相对疏远，行使的是私权，上述要求对他们而言相对没那么重要，对其更重要的是经营能力和市场把握能力。

4. 工作方式

公共行政领导作为社会公众人物，其自身及其工作方式都是开放的，以便于社会公众

① MILAKOVICH M E, GORDON G J. Public administration in America[M]. 11th Edition. Boston：Wadsworth Cengage Learning, 1998.

② 朱立言.公共行政领导者与工商企业领导者之比较[J].中国行政管理, 2000(3)：14-17.

知晓和检查、监督。而企业领导及其工作则有更多的隐私，其工作方法多为内部运作，很少开放公众的监督。

5. 人事权限

公共行政领导的人事权限受到很多制约，不能以私人名义做出人事任命。政府的人事政策和权限更多是在人事部门的控制之下的，由人事部门进行综合管理。企业领导作为独立法人，有相当大的人事自主权，有权任命，能罢免和解雇其雇员。

6. 大众传媒

公共行政领导与大众传媒的关系越来越紧密，其活动及工作内容受到大众传媒的广泛关注。公共行政领导要善于和大众传媒打交道。企业领导与大众传媒的关系主要是宣传和广告，而且多是通过公关部门进行。

7. 绩效评估

公共行政领导的绩效表现为社会公共效益，涉及众多因素，有较多的主观评价标准，评估难度较大。企业领导的绩效主要是利润，即"账本底线"，相对较易衡量。

8. 公共监督

公共行政特别是政府部门的领导在行使公共权力时，会受到各方面的检查和监督，如立法、司法、政党、舆论等，个人活动也受到限制。企业领导受到的上述方面的检查监督相对较少，个人行为更加自由。

第四节　从传统型领导到现代型领导

不论是管理还是领导，都经历了一个从传统型向现代型过渡的过程。时至今日，关于领导理论的创新成果，已经大大突破了原有的范畴。

一、传统型领导的类型与特点

20世纪30年代至20世纪70年代，可以称为传统领导学研究时期，包括领导力特质论、领导力行为论、领导力权变论三个阶段及其相关学派。这些理论将在第二章中进行详细阐述。传统型领导的类型如表1-1所示。

表1-1　传统型领导的类型(20世纪30年代至20世纪70年代)

领导类型	开始时间	代表人物	主要内容
魅力型领导	20世纪30年代	韦伯等	试图找到领导者个体的内在天赋，说明领导者与非领导者的领导个性差别
专制型/民主型/放任型领导	20世纪40年代	莱温等	试图从领导者的外在行为及其方式风格中找到领导者应有的能力特征，阐明领导行为的效率
权变型领导	20世纪60年代	菲特勒等	试图从领导者、被领导者与领导环境之间的相互关系中确立有效的领导力模式

总体而言，传统型领导模式，在分析视角上比较单一，大多只关注领导者个体的行为与特质。而领导者又大多高高在上，通过发挥自身的魅力、发布严格的命令、布置明确的任务等形成领导权威，他们往往并不关注与领导对象的互动和交流，给人以机械、刻板的印象。这样的领导模式往往是"长官意志导向"，久而久之，效率就会降低，组织也有可能失去活力。

二、现代型领导的类型与优势

从 20 世纪 80 年代明确提出领导力概念并开始对其有了多视角的研究至今，可以称为现代领导学研究时期。这个时期，更多的学者、专家及实践工作者开始从政治学、社会学、组织行为学、管理学、心理学等角度多视角地研究领导行为及领导力，提出了或专注于如下诸多理念及理论的研究，如"共享领导论""可靠领导论""服务领导论""互补领导论""指导领导论""魅力领导论""变革领导论""愿景领导论"等。现代型领导的类型如表 1-2 所示。

表 1-2　现代型领导的类型（20 世纪 80 年代至今）

领导类型	开始时间	代表人物	主要内容
变革型领导	20 世纪 70 年代	伯恩斯、巴斯等	强调领导行为主体的使命与引导
服务型领导	20 世纪 70 年代	格林利夫、斯皮尔斯等	强调领导行为的方式与回应
愿景型领导	20 世纪 80 年代	本尼斯和纳拉斯、库泽斯、波斯纳	强调领导行为的角色及创新，领导者在了解员工的前提下建立组织共同奋斗的愿景

除了这些理论，还出现了领导可靠论、新魅力型领导论、领导力共享论等理论。还有学者开始研究"虚拟空间"的领导力问题。

与传统型领导模式相比，现代型领导的优势主要表现在三个方面：第一，注重下属的积极性，容易形成领导者与被领导者之间的互动交流，能够激发组织的活力；第二，领导者从微观的管理和干预中解放了出来，更加关注组织培育和战略谋划，能够提升整个组织的可持续发展能力；第三，更加关注组织效能，对于一个组织而言，提升效率容易，而提高效能较难，因为效能更加强调组织的目标效应、公共性，现代型领导则更能着眼于战略目标，将组织效率引导至正确的方向。

思 考 题

1. 比较领导与管理的差异。
2. 分析领导力发展的未来趋势。
3. 如何成为一名好的领导者？

案例讨论

福耀玻璃工业集团股份有限公司①创始人曹德旺的领导风格

福耀这个名字，堪称中国制造走向全球的一张名片。全球每三辆车，就有一辆用的是福耀集团的汽车玻璃。而福耀集团的创始人、董事长，被称为中国最具"企业家精神"的代表——曹德旺，就来自福州。

30 多年来，曹德旺以高度负责的态度，实实在在、心无旁骛地做本业，最终不辱使命，不仅让中国汽车玻璃行业从完全依赖进口到进口接近为零，兑现了当年"为中国人做一片自己的玻璃"的承诺，更改变了全球汽车玻璃行业的格局，让中国福耀成为全球汽车玻璃行业的领导者。在他的带领下，福耀集团的事业无论走向全球哪一个地方，根始终深深地扎在福州，为福州经济建设做出巨大贡献。

在曹德旺看来，成为一名企业家，第一要有信仰，第二要有专业经验，第三要有多学科的知识，第四还要有胸怀、境界、高度，不唯利是图。曹德旺说："我把一片玻璃做好就行。"

多年来，从初期遮风挡雨的功能型玻璃，到具有多种高附加值的玻璃，福耀集团根据市场对玻璃提出的智能化、个性化等要求，不断开发适销对路的产品，努力提升产品的附加值。福耀集团已然成为汽车玻璃行业的巨头，在全球 11 个国家和地区建立了现代化生产基地和商务机构。

如今，福耀集团已开始布局工业 4.0 时代。在曹德旺看来，工业 4.0 时代拥有互联网及众多先进技术。伴随时代的变迁，他们将着眼于玻璃产业未来的发展趋势，充分利用技术来帮助生产管理和生产运营，让福耀集团迈上新台阶。同时，福耀集团也将坚持党的领导，紧跟改革开放的步伐，坚持持续创新，更好地为福州经济建设和高质量发展做出积极贡献。

讨论：

1. 曹德旺的领导风格属于哪种领导类型？
2. 这种领导类型成功的原因是什么？
3. 你认为公共领导与企业领导的区别在哪？

---

① 简称福耀集团。

第二章

领导理论的变迁

　　任何学科的形成都有其理论渊源和历史发展过程，领导科学也不例外。领导理论的研究经历了从传统领导学研究时期向现代领导学研究时期的转变，这期间，领导理论研究的重心从研究领导者向研究领导群转变，领导理论研究的方法从"单一"性研究向"多重"性研究转变，并且各理论流派、各研究学科之间不断趋向融合。传统领导学研究时期大体是在 20 世纪 30 年代至 20 世纪 70 年代，包括领导特质论、领导行为论、领导权变论等代表理论；从 20 世纪 80 年代开始，领导理论进入现代领导学研究时期，领导理论在新的背景下有了新的发展，呈现出诸多的新特征，并出现了一些新流派。

　　众所周知，现代管理学与领导学都发端于对企业管理的研究。"管理"和"领导"是管理学和领导学的常用基本概念。在一些理论研究和行文中，管理与领导往往交替使用，这并不利于分析和把握问题的实质，也容易增加科学研究、阅读和思考的难度。因而，有必要厘清这两个概念。

☞ 第一节　管理与领导

一、管理的内涵

1. 管理的定义

　　"管理学之父"泰勒在 19 世纪末对米德维尔钢铁厂进行了一系列试验和基层管理实践之后，于 1911 年发表代表作《科学管理原理》，进而提出一整套被命名为"泰勒制"的企业管理理论。后来，法约尔提出了经营的 6 种职能：技术职能、商业职能、财务职能、安全职能、会计职能和管理职能。管理职能是指实行计划、组织、指挥、协调与控制。五大管理职能中计划是指探索未来，制定行动标准；组织是指构建企业的物质和社会双重结构；指挥是指使其人员发挥作用；协调是指连接、联合和调和所有的活动及力量；控制是指注意一切是否都是按照既定的规章和下达的命令进行的。管理既不是一种独立的特权，也不是企业经理或企业领导人的个人责任，它同企业别的职能一样，是一种分配于领导人和整个组织成员之间的职能①。法约尔只是列出了管理的具体环节，并没有厘清管理的具体概念。

有学者对管理进行了"说文解字"，认为"管"就是控制，即按照预定计划和标准把人、财、物管控在一定范围内，着眼于静态；"理"则是梳理，使之条理化。管比较简单，靠行政命令就可见效；而理则要按照事物本来的规律去建立一套体系和机制，以推动事物的发展②。这样来剖析这个概念是有益的，但是通常情况下，管理是作为一个整体存在的，不能过度解构。要界定管理的内涵，可以从管理主体、管理对象、管理过程、管理方式和管理目标五个环节入手。

（1）管理必须有一定的主体。由于现代管理理论首先产生于企业组织内，因而大多关于管理的定义，自然而然地都将企业管理人员视为管理主体。实际上，在现代社会，小到个体、家庭，大到企业、国家，都需要管理和管理者。在个人的时间安排上，每个人就是自己的管理主体；在一个家庭中，父母常常扮演着管理者的角色；在一个企业中，车间组长、营销经理、会计主管、总经理、董事长等都扮演着不同的管理角色；在一个政府部门，公务员或领导人也是重要的管理主体。

（2）管理必须有一定的对象。管理的概念离不开管理对象，否则就会影响管理活动的方向和目标。在个体时间管理中，自己就是被管理的对象，英文为"self-management"；在一个家庭中，处于成长期的孩子由于缺乏自我管理能力，就成为家长的管理对象；在一个企业，广大企业员工甚至一些基层管理人员都是被管理者；在一个政府部门，基层工作人员和公共事务是被管理的对象。现代社会的管理对象，不光有人、财、物，还有时间、信息以及科技。

（3）管理必须有一定的过程。管理是一种促使管理者与管理对象互动的过程。离开任何一方，管理都是无效的或不存在的。在实际管理过程中，只有通过双方的对话、协调与合作才能达成管理目标。当然，由于管理主体的能力、管理对象的接受程度以及管理环境的影响，管理的有效性也会受到制约。

（4）管理必须有一定的方式。管理要通过特定的管理手段、管理程序和管理技术进行，不同的管理者有不同的管理方式偏好，不同的管理环境需要应用不同的管理程序。例如小作坊式的企业和工业化企业的管理方式就不同。

（5）管理必须有特定的目标。既然是管理，肯定是从管理者的角度来看的。管理就是使管理对象有序合作的过程。行为科学的激励过程，实质上是通过人与人之间的相互作用，来发挥人的积极性。古典管理理论中的科学管理是一种通过人和物、财和人之间的相互作用来提高企业效率的形式。

基于此，可以将管理定义为：管理者通过一定的管理方式对工作系统中的各种要素进行协调，从而使各种管理对象向特定目标发展的行为过程。

2. 管理理论的发展

概念是解释问题的"解牛之刀"。实际上，随着时代的变迁，关于管理的概念也发生了相应的变化。有学者对管理理论产生至今的理论流变做了总结，认为管理理论大致经历了

---

① 刘国臻. 法约尔的管理理论及其对行政学的影响[J]. 中山大学学报论丛，2001，21（2）：5.
② 申喜连. 管理概念的新审视[J]. 中国行政管理，2004（3）：11-13.

6个阶段①:

第一个阶段是古典管理理论阶段。20世纪初到20世纪30年代,以泰勒(F. W. Taylor)的"科学管理"、法约尔(H. Fayol)的"一般管理理论"和韦伯(M. Weber)的"组织理论"为代表,形成了古典管理理论。其产生的背景是,18世纪到19世纪的工业革命使以机器为主的现代意义上的工厂成为现实,工厂以及公司的管理越来越突出。面对这种现实,古典管理理论阶段的研究侧重于从管理职能、组织方式等方面研究效率问题,为当时的社会解决企业组织中的劳资关系、管理原理和原则、生产效率等方面的问题提供管理思想的指导和科学理论方法。

第二个阶段是行为科学管理理论阶段。20世纪30年代初,为了解决经济危机问题,许多管理学者把社会学和心理学等引进企业管理的研究领域,提出用调节人际关系、改善劳动条件等办法来提高劳动生产率。行为科学理论正是由于当时社会矛盾的加剧而产生的。行为科学理论阶段重视研究人的心理、行为等对高效率地实现组织目标(效果)的影响作用。该时期具有代表性的理论包括:马斯洛(A. H. Maslou)的"需求层次理论"、赫兹伯格(F. Herzberg)的"双因素理论"、麦克莱兰(D. Macleland)的"激励需求理论"、麦格雷戈(D. M. McGregor)的"X理论—Y理论"。

第三个阶段是管理理论丛林发展阶段。20世纪40年代到20世纪60年代,随着工业生产和科学技术的迅速发展,企业规模进一步扩大,企业生产过程自动化的程度空前提高,技术更新的周期大为缩短,市场竞争越来越激烈,出现了许多新的管理理论和方法,现代管理理论迅速发展,各种各样的管理学派犹如雨后春笋,林立丛生。孔茨(H. Koontz)将之称为"管理理论丛林"。其中具有代表性的有6个学派:管理过程学派、以德鲁克(P. F. Drucker)为代表的经验主义(案例)学派、管理科学学派、以巴纳德(C. Barnard)为创始人的社会系统学派、以西蒙(H. A. Simon)为代表的决策理论学派以及早期的行为科学学派。发展到20世纪80年代初,又增加了系统理论学派、经理角色学派、权变理论学派、群体行为学派、社会协作系统学派等,发展为11个学派。这些理论同古典管理学派和行为科学理论,在历史渊源和理论内容上盘根错节,互相影响。

第四个阶段是战略管理理论阶段。20世纪60年代末到20世纪70年代初,"战略"的概念开始引入管理学界,战略管理理论有了很大发展。安索夫(Ansoff)的《公司战略》(1965)一书的问世,开了战略规划的先河。1980年,波特(M. E. Porter)的《竞争战略》(1980)、《竞争优势》(1985)以及《国家竞争优势》把战略管理的理论推向了高峰。波特的5种竞争力、3种基本战略和价值链分析等,在全球范围内产生了深远的影响。

第五个阶段是管理再造和革新理论阶段。20世纪80年代,市场竞争日益激烈,"大企业病"普遍存在。随着信息技术越来越多地被用于企业管理,20世纪三四十年代形成的管理理论已经越来越不能适应企业发展的需要。管理学界提出要在企业管理的制度、流程、组织、文化等方面进行创新。1993年,哈默(M. Hammer)与钱皮(J. Champy)的《再造企业——管理革命的宣言书》一书,提出了企业再造理论。企业再造的首要任务是业务流程重组(business process reengineering, BPR),而BPR的实施又需两大基础,即现代信息技术与高素质的人才。

---

① 杜莹芬.管理理论的发展及我国企业管理研究的任务[J].经济管理,2004(20):7.

第六个阶段是学习型组织和虚拟组织管理理论阶段。自20世纪80年代末以来，信息化和全球化浪潮席卷全球，跨国经营也成为大公司发展的重要战略。知识经济时代的到来使信息与知识成为重要的战略资源，而信息技术的发展又为获取这些资源提供了可能。此外，顾客的个性化、消费的多元化决定了企业只有更好地满足顾客需要，才能在竞争激烈的市场上获得生存和发展。企业的竞争优势在于拥有比竞争对手更快更好的学习能力。1990年，圣吉(P. M. Senge)的《第五项修炼》出版，提出了学习型组织的概念。

与此相关的理论还有核心能力理论、虚拟企业理论和知识管理理论。1990年《哈佛商业评论》第6期发表文章《公司核心能力》，作者建议公司将经营的焦点放在不易被模仿的核心能力上，由此引发了后来的"虚拟组织"热。1994年出版的由戈德曼(S. L. Glodman)、内格尔(R. N. Nagel)及普瑞斯(K. Preiss)合著的《灵捷竞争者与虚拟组织》是反映虚拟组织理论与实践的代表作。

二、领导与领导理念

领导学与管理学一样，作为学科兴起也只有一百多年的历史。有管理就会有领导，领导在一个组织中非常重要。那么，领导又是一个怎样的概念呢？

1. 领导学的兴起

关于领导的思想古已有之，无论在中国还是在西方，记录领导活动的历史文献可谓汗牛充栋，然而早期的领导思想因缺乏系统性和理论性而未形成专门的学科。也就是说，领导科学的诞生要大大晚于其实践。

在18世纪西方工业革命以后，工业化大生产逐渐取代个体小生产。生产量的快速增长、组织管理人员的大量需要，以及管理阶层的迅速兴起，使得科学管理应运而生。当时，管理的职能和领导的职能交织在一起，管理者就是领导者，二者并无严格区分，因此管理科学理论中包含着丰富的领导科学理论，管理学孕育了领导科学。随着领导学研究成果的日益丰厚，领导学理论研究逐渐从管理学中分化出来，成为一个相对独立的学科。关于领导科学产生的具体时间，学者一般认为是1927年至1932年，起于美国哈佛大学管理学研究者梅奥领导的霍桑实验研究[1]。"霍桑试验证伪了科学管理的教条之后，人们才将注意力转向了人际关系、人群之间的相互关系的影响，用行为科学的方法研究领导开始兴起"[2]，该研究也被认为对于领导的科学研究而言具有开创性意义。从这个角度而言，领导科学的产生也晚于管理学。而我国的领导学研究，受特有的经济社会发展历史的影响，直到20世纪80年代，才在引介西方领导学理论的基础上，得以发展。

2. 领导与领导力

在英文中，领导的对应词汇是"leadership"，又可被翻译为"领导力"。"leadership"在《朗文当代英语词典》中的第2条含义是"the qualities necessary in a leader"(领导者必备的品质)。一些中文文献经常将领导力和领导这两个概念交替使用。领导一般是指领导者为了实现组织或群体的目标，运用权力或权威资源，对下属和组织成员施加影响力的一种过

① 许欢，彭忠益.试论现代西方领导理论的演进[J].广西教育学院学报，2004(5)：87-90.
② 曹堂哲.领导与管理异同辨析：一种理念、工具、范式的视角[J].中山大学研究生学刊(社会科学版)，2001(3)：82-89.

程。但是，时至今日，对领导和领导力的概念，还是没有一个统一的界定，正如斯托格迪尔（Stogdill）在 1974 年指出的：几乎有多少人试图定义领导力，就有多少与"领导力"相关的定义①。目前对领导力内涵的界定主要有以下几种②：

第一种认为领导力就是领导者的能力。持这种观点的学者认为，领导者的能力就是"能够激励别人心甘情愿地完成目标"，就是激励下属努力达到优异的绩效标准和充满自信地实现挑战性目标的能力。③ 我国有学者将其定义为"能够影响一个群体实现共同目标的能力"④。可见，这种定义是将领导力的研究聚焦在领导个体层面，并以行为过程和任务重点为界定标准。

第二种认为领导力是领导者的影响力。影响力是讨论领导者或领导力的一个较为多见的因素。美国学者诺斯豪斯认为领导有四个共同主题：①领导是一个过程；②领导意味着影响力；③领导发生于组织之中；④领导意味着目标达成。因而他将领导定义为"个体影响一群个体实现共同目标的一个过程"⑤。巴斯给领导下的定义是"组织内部两个或两个以上的人之间的相互作用，这种相互作用通常会涉及建立或重建一种架构以及组织成员的意见和期望"⑥，也就是说，在他看来，领导力是一个互相影响的过程。国内的一些研究者，也比较认同领导就是影响力这个论断。例如，有学者就将领导力定义为"领导者在履行领导职能过程中影响和带动下属的能力"⑦，将领导力视为领导者素质、能力及其影响力等各方面的总和⑧。管理学专家吴维库、杨壮等都把领导力定义成影响力，即领导等于影响，领导力等于影响力。他们认为当一个人能够影响别人，别人愿意追随他的时候，他就是领导者。要影响别人，先要影响别人的思维；要影响别人的思维，首先自己要有思想，人格要有魅力。领导者拥有的这种影响力是内在的、与生俱来的，而不是别人赋予他的，同岗位无关；而管理者则不同，管理者是通过组织赋予的岗位权力去影响别人的，有岗有权，没岗没权。

第三种认为领导力是领导者的综合力系。领导力是由领导机制来实现的多种力的总和，是一个"力系"。如有学者指出：领导力是一种内生于领导场并作用于领导资源配置过程的力量，它是由多种相互关联的力量构成的一个力的集合⑨。又有学者指出：领导力是指由领导职能、领导体制、领导素质等多种因素综合作用而产生的合力，是内生于领导场并作用于领导资源配置过程的力量，是领导主体用以应对来自领导客体和领导环境带来的挑战，并引导推动一个群体、组织或社会实现共同目标的核心力量。领导力表现为群力，或可称为一个"力系"，这个力系的结构主要由领导信息运筹力、决策力、激励力、控制力

① STOGDILL R M. Handbook of leadership：a survey of theory and research[M]. New York：Free Press, 1974.

② 彭忠益. 公共组织视角下政府领导力研究[D]. 长沙：中南大学, 2008.

③ SCHERMERHORN J R, OSBORN R N, UHL-BIEN M. Organizational behavior[M]. New Jersy：Wiley, 2003.

④ 文茂伟. 领导学研究中需要澄清的几个概念[J]. 领导科学, 2007(10)：38-39.

⑤ NORTHOUSE P G. Leadership：theory and practice[M]. 3rd Edition. London：Sage Publications Ltd, 2004.

⑥ BASS B M. Stogdill's handbook of leader：theory, research, & managerial applications[M]. 3rd ed. New York：Free Press, 1990.

⑦ 兰徐民. 领导力的构成及其形成规律[J]. 领导科学, 2007(22)：34-35.

⑧ 李春林. 西部领导力开发论析：西部开发的另一个视角[J]. 内蒙古大学学报(哲学社会科学版), 2001, 33(2)：66-71.

⑨ 童中贤. 领导力：领导活动中最重要的功能性范畴[J]. 理论与改革, 2002(4)：95-97.

和统驭力组成①。总而言之，在一些学者看来，领导并不单单是一种资源或者一种力量，而是不同力系的综合体。

通过对上述概念的梳理，可就领导力的概念做如下界定，即领导力就是影响力，是领导者影响且率领追随者实现目标的能力，是领导者在一定的情境中通过运用各种领导资源实现目标的一种核心能力。

3. 领导的属性与特征

任何组织的领导都具有双重属性，即领导的自然属性和社会属性。

领导的自然属性即领导的一般属性，是指在不同社会制度下的领导活动必然具有的某些方面的共同特征。因为在任何一种社会制度中，领导都具有指挥、协调社会生活和生产活动的共同特点②。

领导的社会属性是指社会经济环境以及各种社会政治关系，它贯穿于领导活动的全过程，并规定着它们的社会性质。在领导的双重属性中，社会属性占据主导地位，决定甚至改变着自然属性，使其发生某种形式上的变化。

领导的特征，一般包括三个方面：第一，组织性或群体性。领导一般发生在组织或群体之中，没有组织这个环境，就无所谓领导。第二，权威性或强制性。既然是领导，要么是其具备领导岗位的职责，要么是其具备影响他人的权威，因而领导一般具有来源于职位的强制性或者来源于组织或个人的权威性。第三，战略性或前瞻性。领导不是一般的管理，它是一种立足全局的宏观规划过程，对于组织的发展具备战略性或前瞻性。

4. 领导理念

一般情况下，理念又可被用作"观念"。《辞海》对"观念"一词的解释有两个：一个是"看法、思想，是思维活动的结果"；另一个是"观念"，通常指思想，有时亦指表象或客观事物在人脑里留下的概括的形象。

在社会科学研究中，理念一般是指对某一种事务、模式或范例的判断；在社会实践中，理念一般是指"人们对于某种理想目标模式的憧憬和对于通过某种基本途径和方式实现该理想目标的信念"③。

由此，所谓理念，就是人脑合规律、合价值的判断和反映；所谓领导理念，就是人们对领导类型、模式或范例的一种判断。随着时代的变迁，陆续出现了个人魅力型领导、交易型领导、变革型领导等诸多领导理念。本书将对具有代表性的领导理念做一个系统的归纳。

三、管理与领导的关系

现实中很多人没有厘清管理与领导的关系，通常情况下，只选取二者的共同意义，认为管理是低层次的领导，领导是高层次的管理。实际上，这样的说法，未免过于简单了。那么，管理与领导到底有何关系？

1. 管理与领导的相同点

"管理"和"领导"在何种意义上是相同的？王乐夫曾经对此进行了专门的说明。在他

① 黄俊汉.试论提升领导力[J].经济与社会发展,2005,3(1):73-76.
② 谭继廉.现代领导知识大全[M].北京:中国物资出版社,1988.
③ 漆多俊.经济法价值、理念与原则[J].经济法论丛,1999(2).

看来，广义的"领导"与广义的"管理"是一回事。换言之，在广义层面上做比较，领导与管理是等同的。① 也就是说，从广义上来看，领导包括决策的实施等管理的环节，管理则包括决策的制定等领导的环节。

在很长一段时期，领导都被视为管理的一个环节。例如，美国著名管理学家孔茨和韦里克合著的《管理学》指出，"管理工作要比领导工作广泛得多"，"领导是管理的一个重要方面"，"有效地进行领导的本领是作为一名有效管理者的必要条件之一"②。罗宾斯认为："指导和协调（组织中的）人就成为管理工作，这就是管理的领导（leading）功能。"③也就是说，他们将领导视为管理的一个重要职能。

除了这些一致性以外，受到组织层级的影响，可能被上级视为管理的内容，又被下级视为领导的内容④，也就是说，领导主体与管理主体有时候是重合的，有时候又在特定情况下具有可转换性。

2. 领导与管理的差异

领导是脱胎于管理并超脱于管理而产生的，并且是在最近不到一百年间获得独立地位的。这一点，又恰恰得益于实践的发展。根据科特的研究，"美国的公司、企业的经理们在1970年的时候，大部分的时间（75%～80%）仍用于管理，尤其是注重管理的控制方面。而15年后即1985年，由于经济全球一体化和竞争加剧，工厂企业中工程师和技术人员增多，工长和中层管理人员减少，经理们30%～50%的时间与15年前的前辈们一样，从事类似的计划、组织和控制等管理活动，而50%～60%的时间则用于领导"⑤。也就是说，人们现在较多地提"领导"，与实践中"领导"作用的提升有密切关系。要对管理与领导进行区别，就必须界定二者的界限，但不能做有意的放大。因而，对二者差异的比较，应该是基于狭义的定义而展开的。正如前两部分所述的概念一样，管理是管理，领导是领导。

第一，从主体来看，管理更多的是处理"如何将决策落实为现实"的问题，因而管理主体要具备处理业务的专业能力和执行能力，而领导因为涉及组织发展与变革，因而不需强调其专业性，却应具备前瞻意识和表率能力。有人形象地将领导者比作"帅才"，将管理者比作"将才"⑥，这种比喻具有一定道理。

第二，从对象来看，领导的对象一般是人，而管理的对象则可能既包括人，也包括财、物、信息和技术等。

第三，从性质来看，领导一般是一种影响力，具有"不怒自威"的感染性，而管理更具有规则性，或者说强制性。

第四，从内容来看，领导一般特指决策，为组织和团队确立长远的发展方向和战略，而管理则是采取一些方式监督和落实计划的执行。

第五，从功能来看，领导主要是推动组织在变化的环境中进行变革，而管理则是服务

① 王乐夫.管理、领导概念异同辨析：一对核心概念的基础研究[J].中山大学学报（社会科学版），1999，39（3）：119-122.
② 孔茨，韦里克.管理学[M].10版.张晓君，等译.北京：经济科学出版社，1998.
③ 罗宾斯.组织行为学[M].7版.孙健敏，李原，等译.北京：中国人民大学出版社，2002.
④ 曹堂哲.领导与管理异同辨析：一种理念、工具、范式的视角[J].中山大学研究生学刊（社会科学版），2001（3）：82-89.
⑤ 科特.变革的力量[M].方云军，张小强，译.北京：华夏出版社，1997：17-18.
⑥ 罗振宇.领导与管理的概念应从行为上加以区分[J].领导科学，2000（4）：44-45.

于组织发展，根据既有规定和计划维持秩序。

管理与领导的差异如表 2-1 所示。

表 2-1　领导与管理的差异

比较项目	领导	管理
主体	前瞻意识、表率能力	专业能力、执行能力
对象	人	人、财、物、信息、技术等要素
性质	影响力	规则性（强制性）
内容	决策	执行
功能	组织变革	维持秩序

第二节　领导特质理论

一、领导特质理论概述

领导特质理论也被称为"伟人论"，是生命力最强的领导力理论流派。人们发现，"追溯到古文明时代，那时的部落、氏族、城邦和国家坚信领导拥有神赐的超越其他人的能力。有效的领导者被认为是被赋予了超人的才能的"[1]。1947 年，韦伯基于希腊的"卡瑞斯玛"（charisma，即超凡魅力的）论述了领导特质论。韦伯认为，在面临危机亟须指明方向的时候，这个词汇和概念会给领导者的追随者相当大的权力。巴斯（Bass）曾经整理了领导特质所需要的要素，包括智商、知识、判断力、洞见力、创新力、整合力以及适应能力等。人们对于秦始皇、唐太宗、汉武帝、成吉思汗、毛泽东、拿破仑、甘地、丘吉尔、罗斯福等人那种"超人的伟力"的理解，其实就有领导特质论的影子。

给自己测试一下领导特质的水平[2]

①进取心　　1　2　3　4　5　6　7　8　9　10

②智商　　　1　2　3　4　5　6　7　8　9　10

③决断力　　1　2　3　4　5　6　7　8　9　10

④自信心　　1　2　3　4　5　6　7　8　9　10

⑤创新力　　1　2　3　4　5　6　7　8　9　10

⑥超凡能力　1　2　3　4　5　6　7　8　9　10

总分：＿＿＿＿＿＿＿＿

---

① 霍尔特，维吉顿.跨国管理［M］.王晓龙，史锐，译. 北京：清华大学出版社，2005.

② MANNING G，CURTIS K. The art of leadership［M］. New York：McGraw-Hill International，2003.

评分原则：

高	单项打分/分	总分/分	评价
↑	9~10	54~60	杰出
	7~8	42~53	很好
↓	5~6	30~41	好
低	4以下	6~29	有待提高

二、领导者的个性特征

近年来，对领导者个人和个性特征的研究再次引起了人们广泛的兴趣。一些对成功商业领导的访谈和案例研究使我们重新关注个人类型、与人口统计有关的背景、个人特征以及其他有关个人而非情境的因素。现代领导理论不仅关注品质，而且也考虑了品质、行为和情境（比如，追随者的期望）之间复杂的交互作用。从这一观点出发，理解不同个性对领导方式和领导行为的作用，就显得非常重要。

1.个性与个性特征的概念

在日常生活中，个性是一个很常用的词。人们常用一种突出的心理特征来形容一个人的个性，如善良、温和、坚强、懦弱等。心理学中，个性的定义也是多种多样的，目前广泛运用的定义是：个性是在先天生理素质的基础上，在一定的社会历史条件下的社会实践活动中经常表现出来的、比较稳定的、区别于他人的个体倾向和个体心理特征的总和[1]。也就是说，决定我们每个人具有独特性的是许多因素的组合，包括人口统计学的、生理的、心理的和行为的差别，这些因素是决定每个人具有独特性的核心因素。

个体差异的交互作用观点认为，遗传与环境相互作用，影响个体差异的形成与发展。个性由许多个性特征组成，它是形成个体差异的主要因素，而且也影响着其他特征。首先，个性是"稳定"的，在一定的时期和不同情境中，它总是保持在同一状态。但它又不是完全不变的，在较长的时期内，它会逐渐发生变化。其次，个性包含一系列特质而不是一两种品质。这一系列特质使每个人呈现出的唯一性特征随着时间的推移而不断发展。

2.五大个性分类

在过去的一段时间内，组织行为和人力资源管理研究人员已经把数目众多的个性划分为五种主要类型，我们称之为五大个性分类法（Norman，1963；Digman，1990；Barrick Mount，1991）。五大个性分类如表2-2所示[2]。

① 张德.组织行为学[M].4版.北京：高等教育出版社，2011.
② 纳哈雯蒂.领导力[M].王新，译.北京：机械工业出版社，2003.

表 2-2   五大个性分类

个性分类	描述
尽责性	一个人的可靠性、责任感、组织性及其预先计划的程度
外倾性	一个人的社交性、健谈程度、独断性、积极性和野心的大小
开放性	一个人的想象力、意志力、好奇心以及对新鲜事物的体验程度
神经质	一个人焦虑、压抑、愤怒以及不可靠的程度
随和性	一个人谦恭、可爱、和蔼和灵活的程度

五大个性分类法把许多不同的特征进行分组，是一个对理解个性差别有意义的分类法。这种分类法对于个体行为具有一定的预测性，对领导绩效会产生重要的影响。

在这五种因素中，尽责性和工作绩效高度相关。因为可靠的、有组织的、努力工作的人在工作中付出更多，表现更好。大多数管理者认为，一位好员工，他一般情况下很守时，能够按规定期限完成工作，并且有努力工作的意愿。

外倾性是五大个性分类法中第二个与工作行为高度相关的因素，在那些和社会交往相关的工作中显得特别重要，比如管理和销售工作，而对生产线员工和计算机程序员来说，则显得不太重要。

开放性在有些情况下对绩效有所帮助，在另一些情况下则不能。比如，坦诚自己的新体验对正在接受培训的员工和管理者有益，将激发他们获取新事物的热情。但以同样的热情来探索新的方法可能会妨碍我们工作的绩效，因为这要求对现有程序和方法极为小心。

神经质也和与工作、绩效相关的行为有关。一般而言，神经质低的人通常具有稳定的正面情绪，不容易冲动，会产生较好的工作结果。然而，某种程度的焦虑可能使一个人将工作做得更好，这种情绪将激励他(或她)更加优秀。

在群体情形中，随和性可能是一种让人最想具备的个性，但通常和与工作绩效相关的行为没有关系。

作为一种方法，五大个性分类法的可信度很高，也具有很强的解释力，在临床心理、健康心理、发展心理和工业心理等方面显示出广泛的应用价值。

三、领导者的智商与情商

智商和情商，都是人的重要的心理品质，都是事业成功的重要基础。它们的关系如何，是智商和情商研究中一个重要的理论问题。正确认识这两种心理品质之间的差异和联系，有利于我们更好地认识人自身，有利于克服智力第一和智力唯一的错误倾向，有利于培养更健康、更优秀的人才。

1. 智商与情商的基本概念及其关系

智商是智力商数(intelligence quotient)的简称，可用 IQ 表示，是指智力年龄与实际年龄之比，用公式表示即为"智商＝智力年龄÷实足年龄×100"，即智力达到某一年龄的水平，表现为一个人对知识的掌握程度，反映人的观察力、记忆力、思维力、想象力、创造力以及分析问题和解决问题的能力。情商是情绪智力商数(emotional intelligence quotient)的简称，用 EQ 表示，是美国哈佛大学心理学家丹尼尔·戈尔曼在 1995 年出版的《情绪商数》一书中所阐述的一个概念。"情商"是测定和描述人的情绪、情感的一种指标，指一个人管理自己的情绪和处理人际关系的能力。它包括自我认知、自我调节、自我激励、认识和感知他人情绪、处理人际关系的能力这五个方面的内容。

情商与智商有什么区别呢？首先，智商和情商反映着两种性质不同的心理品质。智商主要反映人的认知能力、思维能力、语言能力、观察能力、计算能力和行动能力等。也就是说，它主要反映人的理性能力。它可能与大脑皮层特别是主管抽象思维和分析思维的左半球大脑的功能有关。情商主要反映一个人感受、理解、运用、表达、控制和调节自己情感的能力，以及处理自己与他人之间的情感关系的能力。情商反映了个体把握与处理情感问题的能力。情感常常走在理智的前面，它是非理性的，其物质基础主要与脑干系统相联系，而大脑额叶对情感有控制作用。

其次，智商和情商的形成基础不同。情商和智商虽然都与遗传因素、环境因素有关，但是它们与遗传、环境因素的关系是不一样的。智商与遗传因素的关系远大于环境因素。据英国《简明不列颠百科全书·智力商数》词条载："根据调查结果，约70%~80%智力差异源于遗传基因，20%~30%的智力差异系受到不同的环境影响所致。"情商的形成和发展，先天的因素也是存在的。"人类的基本表情通见于全人类，具有跨文化的一致性。"①美国心理学家艾克曼的研究表明，从未与外界接触过的新几内亚人能够正确地判断其他民族照片上的表情。但是，情感又有很大的文化差异。民俗学研究表明，不同民族的情感表达方式有显著差异。从近代史研究中也可以看到，人的情感容易受到环境的影响，人总是有着根深蒂固的从众心理。

再次，智商和情商的作用不同。智商的作用主要在于更好地认识事物。智商高的人，思维品质优良，学习能力强，认识深刻，容易在某个专业领域获得杰出成就，成为某个领域的专家。调查表明，许多高智商的人都成了专家、学者、教授、法官、律师、记者等，在自己的领域有较高造诣。情商主要与非理性因素有关，它影响着认识和实践活动的动力。它通过影响人的兴趣、意志、毅力，加强或弱化认识事物的驱动力。智商不高而情商较高的人，学习效率虽然不如高智商者，但是，有时能比高智商者学得更好，成就更大，因为锲而不舍等精神使得勤能补拙得以实现。另外，情商是对自我和他人情感把握和调节的一种能力，因此，与对人际关系的处理有较大关系。情商低的人，人际关系紧张，领导水平不高；情商较高的人，通常有较健康的情绪，有良好的人际关系，容易成为某个部门的领导人，具有较高的领导能力。

总之，智商更多地反映了个体的生物学特性，而情商更多地反映了个体的社会学特性。长期以来，人们习惯于将智商作为衡量人才的标准，而现代研究表明，人才成功的决定因素不仅有智商，还有情商。

2. 智商、情商对领导力的影响

智商与情商是领导者综合素质的最基本要素，对领导者的行为发挥着根本性影响，对领导力的产生与提高起着关键性的作用。

首先，智商通过其开发拓展功能为领导力提供作用的平台。通过启蒙、教育和培养，人类获得了基本的智商，拥有了基本的观察力、记忆力、思维力、想象力、自学力、判断

---

① 海云明.情感智商[M].北京：中国城市出版社，1997.

力、研究力、抽象力、表达力、创造力以及分析问题和解决问题的能力等。智商是一个人生存发展的基础和平台，是情商提升的基础。它为领导者形成和提高领导力提供了一个广阔的平台。领导者的智商越高，意味着他的洞察力、思维力、判断力、想象力、创造力、预见力、决策力越强，也就意味着他发展的空间舞台越大。

其次，情商通过其聚焦协调功能形成领导的合力。领导者通过了解自己，管理自己，激励自己，协调自己身心的发展，控制不良情绪的伤害，使自己的心理保持协调和健康，把自己的身心、兴奋点、兴趣爱好聚合在所确定的目标上，心无旁骛、矢志不渝地坚持下去。同时，能够敏锐地洞察上级领导、同事、下属的情绪反应和需要，具有同情心，乐于助人，宽容坦诚，和他们和睦相处，建立良好的人际关系。这样，就可以为自己的发展营造良好的氛围和环境，协调好与他人和环境的关系，把时间、精力聚集到自己的事业目标上去，使各方面的能力都能通过协调而成为一个合力，不仅使自身提高领导绩效，而且增强了领导力。①

再次，领导者的智商、情商等是动态的，是发展变化的。一个人的智商、情商会随着年龄、自身的努力程度和环境的变化而发生变化，一个人在18岁时智商是120，不可能到了40岁时，仍然是120。如果这个人在18岁以后仍然积极上进，勤奋努力，可能他的智商会有所提高；如果他不求上进，懒惰成性，那么他到40岁时智商不可能仍然是120，很有可能会降低。情商也是如此，如果一个人从小不养成良好的习惯，缺乏自知之明，一切以自我为中心，不会自我管理、自我激励，不锻炼与人打交道的能力，那么，即使到老了，他的情商也不会随着年龄的增长而有所提高。总之，领导者的智商、情商不会随着年龄的增长而自发地增长，也不会随着领导者职位的提高而自动提高。因此，作为领导者，不能因为自己的情商、智商都比较高就忽视了进一步的学习，而应该矢志不渝、坚持不懈地修炼和努力。否则，智商和情商就会下降，从而遭遇领导失败。②

四、领导者的价值观和道德观

价值观是一个人对值得和需要的事物拥有的一种稳定而持久的信念和偏好，是一个人对正确与错误、好与坏的判断。价值观决定着人们行动的方向，理解它对领导者具有非常重要的作用。③

1. 价值观对领导的影响

组织或个人优先选择价值观的方式形成个人价值体系，我们每个人都有自己优先的价值体系，对我们评价的多数事情做出优先选择与安排。有些人知道价值与顺序，而另一些人则不清楚自己优先选择的东西，仅仅在面临冲突时，才能分辨出这种顺序。虽然同一文化的社会成员可能拥有共同的价值体系，但每个人的价值体系都是唯一的。领导者必须明白自己的价值观，必须理解这些因素对领导行为造成的影响及其对追随者行为价值观造成的影响。

文化价值观是一个文化群体对他们需要的、有价值的、重要的事物的认识。文化价值

① 袁明旭.领导者的"四商"与领导力[J].党政干部学刊，2007(2)：2.
② 袁明旭，陈毅.走出对领导者智商与情商的认识误区[J].长春师范学院学报，2007，26(9)：4-7.
③ 纳哈雯蒂.领导力[M].王新，译.北京：机械工业出版社，2003.

观是形成领导者个人价值体系的基础。特定的价值观是普遍存在的，如公平、诚实、节俭、同情、谦虚等。一般而言，欧美文化强调个人主义，因而美国文化中的领导者高度评价个人的成就和荣誉，组织也给个人以回报和赞誉。鼓励个性展示，社会对企业家的尊重就是这种文化的表现。与此相反，集体主义文化对集体的评价高于对个人的评价。在中国人的精神谱系中，国家与家庭、社会与个人，是密不可分的。无论是"天下大同、人人为公"的朴素理想，还是"修身、齐家、治国、平天下"的现实追求，无不浓缩着集体主义的文化基因。

每个人都会有一套态度和行为的价值体系，它反过来又影响组织伦理和组织行为。对领导者来说，这是一个具有深刻意义的因素。

2. 道德对领导的影响

道德观是人的对错观。道德观的两种基本观点是相对主义观和绝对主义观。持相对主义道德观的人认为，正确或错误依环境和文化而存在，即在不同的环境或文化下道德的标准相异。法国人类学家克劳德·列维-施特劳斯在 1973 年的一次访谈中说："当我目睹我自己的社会中的某些决定或者行为模式时，我充满了义愤和厌恶，然而，假设我在一个所谓的原始社会中观察到了类似的行为，那么我并不试图提出一个价值判断——相反，我会去努力理解那个行为。"相反，在道德观的绝对主义视野中，一个人相信所有的活动应该有同一判断标准，而不是随情形或文化的变化而变化的。

摆在领导者面前的价值观和道德观问题非常复杂，全球的交叉文化问题又进一步加剧了这一问题的复杂性。

👉 第三节　领导行为理论

随着领导实践的演进与领导学理论研究的发展，早期的领导特质理论逐渐遭到质疑。

一、领导行为理论概述

20 世纪 30 年代，心理学研究越来越关注行为主义，这也影响到对领导理论的研究，人们开始根据行为理论从行为视角来研究领导活动及其规律。领导行为理论强调一个有效的领导行为，而不是判断谁应是一位有效的领导者。行为能被观察和测量，比品质更具有客观性且更精确，因此行为研究比特质研究更为有成效。这个时期的领导行为理论研究集中研究了两个方面的问题：一是领导者具备什么样的领导行为；二是什么样的领导风格才能提高领导绩效。

二、领导行为的特征

不同的领导行为有不同的特征。20 世纪 80 年代以前创立的领导行为理论是以交换型领导行为为基础的。这种领导行为的主要特征为：①目标导向，即领导者明确组织的任务和目标，要求被领导者完成任务，领导者基于任务完成的情况给被领导者回报；②以组织为依托，即依托组织的权威性和合法性，通过组织的奖惩来影响被领导者的绩效；③强调组织权威，强调被领导者对组织的遵从。

而富于变革性的领导行为，其特征主要包括以下方面：①超越了交换的诱因，即通过对员工的培训、智力激励，鼓励员工为群体的目标、任务以及发展前景超越自我的利益，实现预期的绩效目标；②集中关注较为长期的目标，即强调以发展的眼光，鼓励员工发挥创新能力，并改变和调整整个组织系统，为实现预期目标创造良好的氛围；③引导员工不仅为了他人的发展，也为了自身的发展承担更多的责任。①

三、领导行为的风格

领导行为理论并非只有一种，不同的学者总结出了不同的领导行为风格。这里主要介绍几种有代表性的。

（1）莱温的三种领导类型。莱温以及他的合作者在 1939 年进行了一个经典的研究，对比了独裁型领导、民主型领导和放任型领导。结果显示，民主型领导更有益于团体绩效。②

（2）领导的思维结构。美国俄亥俄州立大学的课题组则研究了四种领导力类型，分别为两个维度：一个是抓组织，另一个是关心人。这两个维度分别代表"工作为中心""职工为中心"两种取向，组成了一个四维结构图③（图 2-1）。

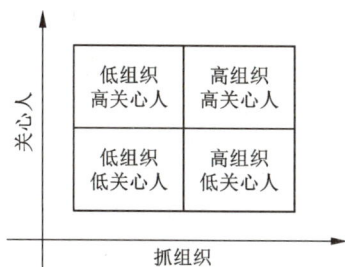

图 2-1　四种领导类型

从图 2-1 可得知，如果要使领导行为理论个人化，就是要根据两种领导效能来提升领导力——或者关心产出，或者关心员工。

（3）在后来的发展中，还陆续出现了管理方格模式（图 2-2）、PM 型领导模式（P 是指目标达成，M 是指团队维持，如图 2-3 所示）等模式。

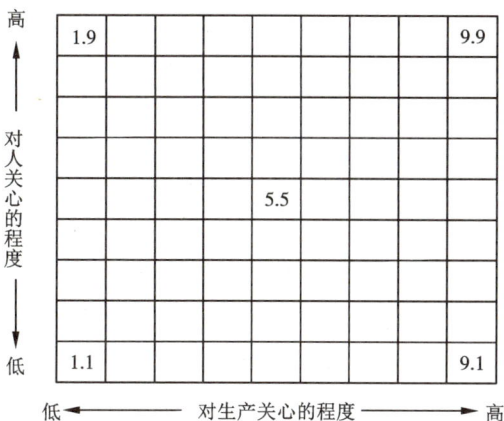

图 2-2　管理方格理论

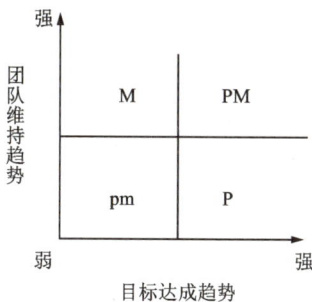

图 2-3　PM 型领导模式

---

① 戚振江，张小林．领导行为理论：交换型和变革型领导行为[J]．经济管理，2001，23（12）：33-37.

② LEWIN K，LIPPITT R，WHITE R K. Patterns of aggressive behavior in experimentally greated social climates[J]. Journal of Social Psychology，1939（10）：271-299.

③ MANNING G，CURTIS K. The art of leadership[M]. New York：McGraw-Hill International，2003.

（4）"第四种领导体制"。"第四种领导体制"是利克特提出的。利克特指出，在所有的管理工作中，对人的领导是最重要的工作，其他工作都取决于这一工作。因此，他提出了四种类型的领导方式和风格，即专权独裁型、温和命令型、协商型和参与型，称为"四种领导体制"。利克特认为只有第四种"参与型领导体制"才是高效率的，因为它注重人际关系，领导者以人为中心，本质上是民主的。

（5）领导风格连续统一体理论。罗伯特·坦南鲍姆和沃伦·施米特提出了领导风格连续统一体理论。领导风格连续统一体理论认为，并没有一种领导风格总是正确的，也没有一种领导风格总是错误的。他们认为，领导者有多种多样的风格，从以领导者为中心的专制风格到以下属为中心的民主风格，存在七种不同的领导风格，而哪种风格最为有用，需要考虑领导者的个性因素、被领导者的因素、环境方面的权变因素等多方面因素。

四、360 度反馈评价

360 度反馈（360-degree feedback）评价又称多评估者评估（multirater assessment）和多角度反馈系统（multisource feedback，缩写 MsF），是衡量和评估一个人领导行为及其胜任力的重要工具。一般来讲，评价的意见来自被评估人的直接上级、同事、下属和组织内外的相关人员。

360 度反馈评价的评价标准取决于一个组织的价值观，建立什么样的评价标准，也就意味着这个组织鼓励自己的成员成为什么样的人。在这个问题上有重素质和重绩效两种倾向。过于重素质，会使人过分重视人际关系，不讲求实效；过于重绩效，又易于鼓励人的侥幸心理，使人投机取巧。因此，确定考核标准，必须安排好素质和绩效的比例，使二者有机结合，在突出绩效的前提下，兼顾对素质的要求。

360 度反馈评价一般是让被评价者的上级、同事、下属和组织内外的相关人员对其进行评价，但是，并不是所有与被评价者有关的人都适合做评价者。在进行 360 度反馈评价之前，应对评价者进行选择。一定要选择那些与被评价者在工作上接触多、公允的人充当评价者，并且应事先得到评价者的同意，以保证被评价者对结果的认同和接受。一般参与评价的不少于 1 人，而同事和下属应分别在 3 人以上，并确保实施过程中的匿名性。确定评价者之后，为了提高评价结果的准确性和公正性，需要对评价者进行系统的指导和培训。培训的内容包括 360 度反馈评价的基本原理、过程、主要步骤，如何完成调查问卷，如何接受和使用评价结果等。

360 度反馈评价后应及时向被评者提供反馈结果，并提供解决问题的方法和资源支持。一般可由被评者的上级、组织人事部门或者外部专家，根据评价的结果，当面向被评者提供反馈，帮助其分析较好的和有待改进的方面，还可以比较被评价者的自评结果和他评结果的差异并找出原因。如果被评价者对某些评价结果有异议，可以由专家通过个别谈话或者集体座谈的方式向被评价者进一步了解相关情况，然后再根据座谈结果向被评价者提供反馈。[①]

---

① 慕彦瑾.360 度反馈评价：应用问题及建议[J].内江师范学院学报，2007，22（1）：25-28.

第四节　领导权变理论

一、领导权变理论概述

总体来说，领导特质论和领导行为论的研究并不成功。因为领导特质论并没有找到领导者所具备的特质，而领导行为论的研究也没有考虑到影响领导成功与失败的情境因素[①]。从 20 世纪 60 年代开始，人们发现前两种理论没有普适的答案。领导权变理论认为领导效能取决于领导者、被领导者和环境，领导方式应该随着环境的变化而变化。

领导权变理论的基本观点认为，不存在一成不变、普遍适用的最佳管理理论和方法，管理者应根据组织所处的内部和外部条件随机应变。领导权变理论把内部和外部环境等因素看成是自变量，把管理思想、管理方式和管理技术看成是因变量，因变量随自变量的变化而变化。管理者应根据自变量与因变量之间的函数关系来确定一种最有效的管理方式[②]。

领导权变理论比较有代表性的有：连续带模式、管理学家费德勒（Fiedler）提出的费德勒型、赫西（Hersey）与布兰查德（Blanchard）提出的情景领导理论、格里奥（Graeo）提出的领导成员交换理论、豪斯（House）提出的路径-目标理论、弗洛姆（Vroom）与耶顿（Yetton）提出的领导-参与模式等（表 2-3）[③]。

表 2-3　领导权变理论的几种类型

权变理论类型	内涵
连续带模式	认为在独裁和民主两个极端之间存在一系列的领导行为方式，要求领导者有较强的适应能力和应变能力
费德勒模型	认为领导行为的有效性，主要取决于领导者和被领导者之间的关系、工作任务是否明确、领导者职位权力这 3 种要素
路径-目标理论	认为领导者应当给下属明确的工作目标，帮助其排除实现目标的障碍，不断满足其需求；领导者应有针对性地使用 4 种不同的领导方式：支持型、参与型、指导型和成功取向型
领导-参与模式	强调有效领导取决于下属人员的参与程度
领导生命周期理论	认为领导的行为方式随着被领导者的成熟度的变化而变化，强调的是下级特征的动态性质，提出领导方式分为 4 种：命令型、说服型、参与型、授权型

[①] 余伟萍. 企业持续发展之源：能力法则与策略应用[M]. 北京：清华大学出版社，2005.
[②] 郑晓明. 领导权变论：西方领导理论的主流[J]. 中国人才，1999(11)：17-19.
[③] 余伟萍. 企业持续发展之源：能力法则与策略应用[M]. 北京：清华大学出版社，2005.

二、菲德勒模型

费德勒是率先进行情景研究的专家，他使领导研究从只考虑领导者本身因素的简单模型向包含权变因素的复杂模型转变，并逐渐形成了其权变领导模型。费德勒模型的基本观点是：领导者的个性行为方式和行为的有效性高度依赖于他自己所处的情境，并不存在一种普遍适用的"最好的"或"不好的"领导方式，领导是一个动态过程，领导者的有效行为应随着被领导者的特点和情境的变化而变化。领导者是在一定情景条件下通过与被领导者的交互作用来实现理想的。因此，领导绩效有赖于领导者自身因素、被领导者的因素、情景的因素的交互作用。

1987 年，菲德勒等在先前模型的基础上提出了认知资源理论，试图解释人格和情景相互作用产生不同的群体绩效的原因。简而言之，这一模型假设：为了反映领导效能，领导者要凭自己的智能闯过一系列难关和障碍。也就是说，领导者要有动力，要与他的直接上司保持良好的关系，并要得到群体成员的支持，如此才能取得较好的效能。

三、路径-目标领导理论

在菲德勒模型的基础上，加拿大多伦多大学豪斯教授于 1971 年提出了途径-目标理论。它从实质上阐述了领导者应该如何引导下属走上一条能够使下属和组织双方都能满意和受益的道路。该理论认为，只有领导者的谋略或行为适应于工作的特点与下属的人格、能力和要求时，他们的领导效能才能达到最佳。结构性的工作需要关怀型和支持型的领导行为，关怀型的领导者适合领导自尊较强的下属，指导型的领导者适合领导经验不足的下属。

该理论认为：领导者的工作是帮助下属实现他的目标，提供必要的指导和支持以确保他们各自的目标与群体或组织的总体目标一致；有效的领导者还要通过指明实现工作目标的途径，帮助下属排除实现目标过程中的障碍，使他们能顺利达到目标。豪斯还提出了支持型、参与型、指导型和成功取向型四种领导风格，他认为"高工作"和"高关系"的组合不一定是最有效的方式，还应补充环境因素，在考虑环境和下属这两个因素的情况下选择合适的领导风格。

四、领导生命周期理论

领导生命周期理论是根据俄亥俄州立大学的管理行为四分图理论和阿吉里斯的"不成熟—成熟论"结合而成的。该理论以三种相互作用的因素为基础，这三种因素存在于任何领导情景中，且容易被任何文化背景的成员所理解：第一，领导者提供的指导（工作行为）；第二，领导者提供的社会情感支持（关系行为）；第三，部属执行具体任务的成熟度。

工作行为，指领导者用单向沟通方式向部属交代工作计划和完成任务的要求；关系行为，指领导者用双向沟通方式和部属讨论工作计划，在指导中培育感情，并关照部属的福利；部属的成熟度，指部属用来完成一项任务的能力和意愿的组合，成熟度分为 M_1、M_2、M_3 和 M_4 四级。三种因素之间的关系如图 2-4 所示，基本的领导方式有四种，分布于四个象限。领导者视部属的成熟度灵活运用命令、说明、参与和授权这四种领导方式。

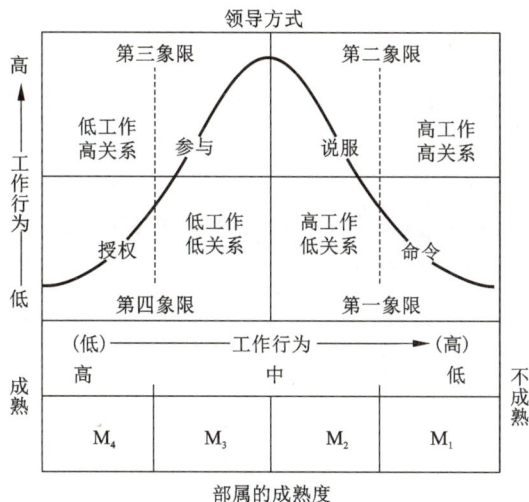

图 2-4 领导生命周期三种因素的关系

领导者还可以循循诱导部属，使其工作从不成熟走向成熟，从而培养、提高部属的工作能力。总之，领导生命周期理论促使领导者把重点放在具体的工作任务和部属完成该任务的成熟度上，这有利于领导者从客观的角度看待每一种情形。领导生命周期理论比较适合跨国公司的多元文化环境。[1]

第五节 领导理论的新发展

一、领导理论新发展的背景

20 世纪 70 年代以后，现代型领导理论出现了很多流派，但是各流派之间明显存在共同的基本主张。他们主张，"超越理性交易关系，以领导者和追随者的情感、价值和信念为基础展开领导"，"愿景是领导的核心要素"，"领导是实现变革的过程"[2]。那么，从传统型领导理论向现代型领导理论过渡是发生在怎样的场景下的呢？这里从现实基础和理论基础两个方面进行说明。

1. 领导理论新发展的现实基础

传统型领导理论无论是魅力型领导理论还是权变型领导理论，大多是以领导者为核心进行研究的，关注点是如何对追随者实施监管。到了现代型领导理论阶段，则更多地强调团队和组织，强调领导者与追随者之间的互动。

到了 20 世纪 70 年代后期，全球范围内的竞争日益加剧，成员对组织的承诺与忠诚缺失现象，促使人们期望领导者能够有效激发组织成员的动机与热情，变革并提升个体道德

---

[1] 梁勇. 领导生命周期理论及简图[J]. 管理工程师, 2000, 5(2): 11.
[2] 文茂伟. 西方新领导理论: 兴起、发展与趋向[J]. 社会科学, 2007(7): 98-111.

水平和组织业绩。研究者们发现，要解释和预测领导者对追随者的情感激发和对整个组织的影响，传统型领导理论存在明显局限，所以不得不寻找新的研究视角[①]。这个时候，研究者们已经突破了原来"以物质手段驱动下属""领导者是核心"等"自上而下"的单向思维。他们指出，组织的效能是领导者面对知识社会通过"理念再造""培植组织""创新基因"等路径提升整个组织的成员的思想境界后实现的。这些思想与理念无疑是一种突破。

2. 领导理论新发展的理论基础

不可否认，从传统型领导到现代型领导的转变实质上是领导理论从"领导技术"向"领导哲学"的转变。这种转变背后有理论转型的重要支撑[②]。

(1)人的假设从"经济人"向"社会人"转变。道格拉斯·麦格雷戈在《X理论，Y理论》中认为，领导主体的行为、领导风格与特点实际上取决于他对人的看法[③]，领导者应时常问自己"你对人性怎么看"，以此来审视自身，寻找答案。因此，领导者进行怎样的领导行为才能建设高质量的主客体关系，与理论界对人性越来越深刻的认识有关。从"经济人"的人性假设来看，人的行为仅仅围绕自利自私，需要权力威慑和经济利益的刺激，因而在传统型领导阶段，人们发现这些理论对于领导者对被领导者的威慑以及物质刺激非常重要。例如，泰勒就在此基础上，提出了"古典管理理论"，他认为组织的主客体都是为自己私利而精打细算的理性人，他们之间的矛盾源于经济上的纷争，所以解决他们之间矛盾的最好方法就是提高生产效率；为了提高效率，管理者非常强调标准化的作业方式、理性化的组织结构和集权化的领导方式；采用单一的个体工资激励机制，组织应以提高经济报酬的方式刺激人做出成绩。

"社会人"的概念是梅奥在霍桑实验中得出的结论。"社会人"理论认为，经济动机并不是人们唯一的动机，主导人们行为的也不仅仅是追求个人利益最大化的逻辑理性，人性中还有情感、情绪等非理性的更高层次的社会需求。该理论强调了人的社会性需要，突出了人际关系对个人行为的影响。"二战"后特别是进入后工业社会后，新兴行业不断出现，技术更新空前加快，社会结构和公民文化程度有了变化，严格按"分部—分层，集权—统一，指挥—服从"[④]为特征的官僚体制已无法适应社会动态发展的需要，领导者需要更先进的领导手段、更人性化的领导机制、更正义的领导行为来适应或调动领导客体的情境或积极性，而这些都源于领导理念的改变。这些认识上的转变，促进了领导理论的转型。

(2)从关心领导效率向关注领导效能转变。领导效率在领导过程中是非常重要的，但是它仅仅从属于工具性手段，它通过考虑各种可能的手段及其附带的后果，在现实中来选择见效最快、产出最大的手段，但是，领导效率本身是一种比值，容易造成对员工积极性的损伤，很难达到可持续发展的组织目标。与领导效率相比较，领导效能不仅考虑"什么对人是有用的""什么手段是最有效的"，更看重领导行为本身的价值与意义。领导效能是公共领导者运用目标导向，实施科学领导的行为、能力、绩效和贡献的有效程度。瓦纳考公司(一家衬衣制造商)的总裁琳达·瓦奇纳是美国商业界高收入的女性之一，尽管她的公司股票业绩良好，股东满意，但她在美国却有"最粗暴的老板之一"的名声，部分原因是她

① 文茂伟.西方新领导理论：兴起、发展与趋向[J].社会科学，2007(7)：98-111.
② 彭忠益.公共组织视角下政府领导力研究[D].长沙：中南大学，2008.
③ 周三多，陈传明，鲁明泓.管理学：原理与方法[M].4版.上海：复旦大学出版社，2005.
④ 丁煌.西方行政学说史[M].2版.武汉：武汉大学出版社，2004.

不考虑内部员工的情绪。[①] 因此，相对于领导效率，领导效能有三大特点：公共性、目标效应和群体效应。在现代文明的孕育下，人们越来越遵从"人本主义"，即通过满足人的需求来推动组织的发展。这种关注点的转向，也促进了领导理论的转型。

二、新领导理论的主要流派

到 20 世纪 70 年代后期，新领导理论伴随着社会的发展、组织的变革应运而生。具体来看，新领导理论主要有以下几种流派。[②]

1. 伯恩斯的变革型领导理论

伯恩斯认为，变革型领导就是"寻找追随者的潜在动机，使其追求更高层次的需求，把追随者看作完整的人。结果就形成一种把追随者转化为领导者，把领导者转化为道德代表的相互激发和升华的关系"[③]。

2. 豪斯的魅力型领导理论

豪斯从三个方面构建了魅力型领导的模型（表 2-4）。他在 1976 年创立的魅力型领导理论为新领导理论踏上定量和实证研究之路奠定了基础。

表 2-4　魅力型领导者的个性特征、行为表现以及对追随者的影响

个性特征	行为表现	对追随者的影响
支配性	唤起动机	服从、无怀疑地接受
渴望影响他人	树立强烈的角色榜样、寄予高期望	情感投入、喜欢领导者
自信	表露信心、显示出能力	认同领导者、增强自信
坚定的价值观	清晰表达目标	信任领导者的理念、追随者与领导者的信仰接近、目标提升

3. 巴斯的变革型领导理论

巴斯认为，变革型领导者同交易型领导者的行为方式有本质区别。交易型行为聚焦于领导的管理方面，是指业绩监控、纠正错误和奖励成绩这样的行为；而变革型领导者能够把追随者从以自我为中心的个体变成忠于群体的成员，激发追随者取得超出预期的成绩。巴斯的变革型领导理论对伯恩斯的变革型领导理论和豪斯的魅力型领导理论均进行了拓展，他把伯恩斯提出的概念具体转化成了一种心理学的研究。

4. 本尼斯和纳拉斯的愿景型领导理论

本尼斯和纳拉斯在 1985 年对美国 60 位成功的企业执行主管及 30 位杰出的公共组织领导者进行了非结构性的、开放性的深度采访，这些领导者因成功变革其所在的组织而声名远扬。他们总结出了变革型组织中领导者常用的四种策略：第一，有远见的领导者拥有对组织的清晰愿景，该愿景描绘的是吸引人的、可能实现的和可以信赖的未来图景；第二，

①　纳哈雯蒂. 领导力[M]. 王新，译. 北京：机械工业出版社，2003.

②　文茂伟. 西方新领导理论：兴起、发展与趋向[J]. 社会科学，2007(7)：98-111.

③　BURNS J M. Leadership[M]. New York：Harper & Row，1978.

虽然领导者在阐释愿景中扮演着举足轻重的角色，但愿景反映的应是组织中领导者和追随者的共同意愿；第三，领导者坚守信念，并始终如一地为实现愿景而努力，以此在组织中建立信任；第四，领导者创造性地发展自我，充分利用个人资源和能力，使其长期适合组织需要。

5. 萨希金的愿景型领导理论

萨希金的愿景型领导理论最初建立在本尼斯和纳拉斯研究的基础之上，经过多次修订、扩展，其研究成果反映在不同版本的测评工具中。2003 年版的愿景型领导理论详细论述了四种行为方式、三种个性特征和一个情境因素。四种行为方式分别为交流、建立信任、关怀追随者和创造授权机会；三种个性特征分别为自信、授权和远见；一个情景因素即文化。

6. 蒂希和德瓦纳的变革型领导理论

蒂希和德瓦纳关注领导者怎样应对外部环境变化与挑战的课题，侧重研究领导者如何实施组织变革，尤其关注领导者实施变革的过程。他们访问了 12 名在大型公司中实施变革型领导的首席执行官。访谈结果显示，领导者们通常通过三步法实现组织的变化：第一步，确定组织需要变化；第二步，创建愿景；第三步，将变更的内容制度化。

7. 科特和赫斯珂特的建构组织文化观点

根据在两百多个组织中进行的一系列定量研究，科特和赫斯珂特认为，领导的有效性取决于领导者对文化的影响和他们改变组织文化的能力。科特和赫斯珂特列举了一系列有效领导者的个性特征和行为方式。其中比较重要的有 6 种行为方式：营造危机感以激活追随者、将追随者的需求融入愿景、挑战现状、讨论愿景、构建愿景和授权追随者实现愿景。还有 3 种个性特征：远见、局外人的视角和局内人的知识。在他们的模型中，组织文化不是领导的情境条件，而是衡量领导力的指标；判断领导者特质和行为方式是否合适的标准是能否促使组织文化变革[①]。

8. 鲁森斯等的诚信领导理论

组织行为学家鲁森斯等提出了一种全新的领导理论，即诚信领导理论。鲁森斯等的诚信领导理论中的诚信领导是指一种把领导者的积极心理能力与高度发展的组织情境结合起来发挥作用的过程。鲁森斯等认为，诚信领导过程对领导者和下属的自我意识及自我控制行为具有正面的影响，并将激励和促进积极的个人成长和自我发展。诚信领导者自信、乐观，充满希望，富有韧性，具有高尚的品德并且是未来导向的；他们对自己的思想（包括信念、价值观和道德观等）、行为以及所处的工作情境具有深刻的认识。[②]

9. Chan. K. Y 的领导动机理论

Chan. K. Y 于 1999 年提出领导动机理论，他将领导动机界定为：想要成为领导者的个体决定是否参加相关培训、承担相关角色和责任以及为此付出的努力程度和坚持程度的内在动力。该理论一方面强调研究领导力时要关注个体差异，不能仅仅将领导行为归结为简单的行为关联。另一方面是突出领导者能力发展的过程以有别于现在的领导力研究[③]。

① 文茂伟. 西方新领导理论：兴起、发展与趋向[J]. 社会科学, 2007(7)：98-111.
② LUTHANS F, AVOLIO B J. Authentic leadership: a positive developmental approach[C]//CAMERON K S, DUTTON J E, QUINN R E. Positive organizational scholarship[M]. San Francisco: Barrett-Koehler, 2003.
③ 申晓月, 胡中锋. 领导动机理论：一种新的领导理论[J]. 上海教育科研, 2011(7)：34-37.

思考题

1. 阐述新领导理论发展的背景。
2. 分析领导特质理论、领导行为理论和领导权变理论的特点。
3. 分析新领导理论的几种类型。

案例讨论

格力电器董事长董明珠的领导风格

在2023年上半年，以格力电器为旗帜的中国制造业再次掀起了一波壮丽的浪潮。作为格力电器的董事长兼总裁，董明珠在这段时间内展现出了坚定的领导力和创新精神，带领着公司在多个领域取得了显著的成绩。她的领导艺术不仅在公司内部引起了广泛关注，更在行业和社会中产生了深远的影响。

董明珠一直将创新作为格力电器取得成功的关键。2023年上半年，她强调了创新在技术和环保方面的重要性。通过加大对人工智能、智能制造等领域的投入，公司成功推出了一系列高效节能的新产品，巩固了在家电行业的领先地位。董明珠的智慧决策使得格力电器不仅满足了市场需求，而且以创新的力量引领了整个行业的发展方向。

环保始终是董明珠关注的焦点。在2023年上半年，格力电器在环保领域取得了显著的进展。公司不仅推动了更高效的能源利用，还通过降低生产过程中的能源消耗，减少了对环境和生态的压力。董明珠坚信，企业的成功不仅仅在于有好的经济效益，还应该肩负起对社会和自然环境的责任。格力电器在环保方面的努力获得了社会的广泛认可和赞誉，将绿色发展理念融入了公司的发展战略之中。

在国际市场上，格力电器也取得了令人瞩目的成绩。在董明珠的领导下，公司通过与全球多家知名企业的合作，进一步拓展了国际市场份额。她积极倡导开放合作，为格力电器在国际舞台上赢得了更大的影响力。格力电器的产品在全球范围内得到了广大消费者的认可，这不仅是格力电器品牌实力的体现，更是董明珠领导力的杰出表现。

在员工培养方面，董明珠同样给予了高度重视。她认为优秀的团队是企业成功的基石。2023年上半年，格力电器加大了对员工的培训和激励力度，为员工提供了更多的发展机会。这不仅增强了员工的专业技能，而且还培养了一批又一批的技术、管理和创新人才，为格力电器的持续发展提供了源源不断的动力。

回顾2023年上半年，格力电器在董明珠的智慧引领下取得了斐然的成就。不论是技术创新、环保发展、国际合作还是员工培养方面，都展现出了格力电器在多个领域的强大实力和领先地位。在董明珠的引领下，格力电器将继续在创新驱动、可持续发展等方面发挥更大的作用，为中国制造业再创辉煌，为全球消费者提供更多优质产品。

讨论：

1. 通过对本章的学习，试分析董明珠的领导风格。
2. 要成为一名优秀的领导者，应该具备哪些素质和能力？

第三章

领导主体论

领导主体是指某一具体社会系统中充当一定角色、专司领导活动职能的特殊行为主体，包括个人和群体。领导主体中的个人就是指领导者、被领导者、追随者个体；群体是指领导者集群，即领导班子、领导团队等。

第一节　领导者

一、领导者概念

1. 领导者的内涵

领导者是指在社会共同生活中，经过选举、任命、聘用或从群众中涌现出来的能够指导和协调组织成员向着既定目标努力的、具有影响力的个人或集体。

领导者必须具备三个要素：第一，必须有下属或追随者；第二，拥有影响追随者的能力或力量，它们既包括由组织赋予领导者的职位和权力，也包括领导者个人所修炼而成的影响力；第三，领导行为具有明确的目的，可以通过影响下属来实现组织的目标。

2. 领导者与管理者的差异

如同领导与管理的关系一样，领导者和管理者也有着密切的关系，从表面上看，两者似乎没有什么差别，人们通常将它们混为一谈。但实际上，两者既有紧密联系，又有很大差异。领导者与管理者的共同之处在于：从行为方式看，领导和管理都是一种在组织内部通过影响他人以协调活动来实现组织目标的过程。从权力的构成看，两者也都与组织层级的岗位设置有关。关于领导者与管理者的差异有许多学者进行过长期研究（如 Bennis，1985、1989；Isotter，1990；Eairholm，1991；鲍春雷，2009；朱孝峰，2014；刘丽君，2015；沃伦·本尼斯，2016；叶志桂、万君宝，2020 等）。综合研究成果，领导者与管理者的差异[1]具体如表 3-1 所示。

---

[1]　周三多. 管理学[M]. 北京：高等教育出版社，2005.

表 3-1 领导者与管理者的差异

领导者	管理者
剖析	执行
开发	维护
价值观、期望和鼓舞	控制和结果
长期视角	短期视角
询问"做什么"和"为什么做"	询问"怎么做"和"何时做"
挑战现状	接受现状
做正确的事	正确地做事

3. 领导者的分类

按照不同的分类标准，领导者可以分为以下不同的类型。

(1)按领导者权力运用方式，分为集权式领导者和民主式领导者。

所谓集权式领导者，就是把管理的制度权力相对牢固地进行控制的领导者，这就意味着对被领导者而言，受控制的力度较大。同时在整个组织内部，资源的流动及其效率主要取决于集权式领导者对管理制度的理解和运用。这种领导者的领导方式在组织发展初期和面临复杂突变的环境时，是有益的。但是领导者长期存在的话，会将被领导者视为某种可控制的工具，不利于被领导者职业生涯的良性发展。

和集权式领导者形成鲜明对比的是民主式领导者。这种领导者的特征是会向被领导者授权，鼓励被领导者的参与。这意味着民主式领导者通过对管理制度权力的分解，以进一步激励被领导者的需求，去实现组织的目标。这种权力的分散性会导致决策速度降低，进而增大组织内部的资源配置成本。但是，通过激励被领导者的需求，发展所需的知识，能够大大地提高组织的能力，成员的能力结构也会得到长足的发展。因此，这种领导者更能为组织培育 21 世纪需要的人才。

(2)按领导者在领导过程中进行制度创新的方式，分为交易型领导者和变革型领导者。

交易型领导者的概念是贺兰德(Hollander)于 1978 年提出的。贺兰德认为领导行为发生在特定情境之下时，领导者和被领导者相互满足的交易过程，即领导者凭借明确的任务及角色的需求来引导与激励下属完成组织之目标。交易型领导者的特征是强调交换，在领导者与被领导者之间存在着一种契约式的交易。在交换中，领导者给被领导者提供报酬、实物奖励、晋升机会、荣誉等，以满足被领导者的需要与愿望；而被领导者则以服从领导者的命令指挥，完成其所交给的任务作为回报。交易型领导建立在一个人在组织中的与位置相关的官僚制权威和合法性的基础上。它强调任务目标、工作标准和产出，往往关注任务的完成和成员的顺从，更多地依靠组织的奖励和惩罚手段来影响成员。交易型领导者看重"一物换一物"，欣赏"你为我干活，我为你办事"。他们只懂得用有形、无形的条件与被领导者交换而取得领导地位，不能够赋予被领导者工作上的意义，也就无法调动被领导者的积极性和开发被领导者的创造性。

变革型领导者的概念是巴斯(Bass)于 1978 年提出的。变革型领导者鼓励为了组织的利益而超越自身利益，能对被领导者产生深远而不同寻常的影响，有着鼓励被领导者超越他们预期绩效水平的能力。这种领导者善于创造一种变革的氛围，热衷于提出新奇的、富有洞察力的想法，把未来描绘成诱人的蓝图，并且还能用这样的想法去刺激、激励和推动其他人勤奋工作，改变现状，甚至创新制度。此外，这种领导者对被领导者有某种情感号召力，可以鲜明地拥护某种达成共识的观念，有未来眼光，而且能就此和被领导者沟通并激励被领导者。这种领导者关注被领导者的生活和发展的需要，帮助被领导者用新观念分析老问题，进而改变他们对问题的看法，同时他们能够激励、唤醒和鼓舞被领导者为达到组织或群体目标而付出加倍的努力。

（3）按领导者在领导过程中的思维方式，分为事务型领导者和战略型领导者。

事务型领导者也可称为维持型领导者。这种领导者通过明确角色和任务要求，激励被领导者向着既定的目标活动，并且尽量考虑和满足被领导者的社会需要，通过协作活动提高被领导者的工作水平。他们以把事情理顺、使工作有条不紊地进行为己任。这种领导者重视非人格的绩效内容，如计划、日程和预算，对组织有使命感，并且严格遵守组织的规范。

战略型领导者的特征是用战略思维进行决策，他们拥有洞察力，保持灵活性并向他人授权，以创造所必需的战略变革的能力。战略领导是多功能的，涉及通过对他人进行管理，包括整个组织的管理，并帮助组织处理随着环境的变化而变化的组织事务。战略领导者行为的有效性，取决于他们是否愿意进行坦荡的、鼓舞人心的但却是务实的决策。他们强调上级和组织成员对决策价值的反馈信息，讲究面对面的沟通方式，重视未来愿景的谋划。

4. 领导者的作用

领导者在带领、引导和鼓舞下属为实现组织目标而努力的过程中，具有用人、指挥、协调和激励四个方面的作用，概而言之，就是用人与决策的作用。

第一，用人的作用。领导者与常人最大的差别在于能做到知人善用。得人才者得天下。一切的竞争，归根结底是人才的竞争。领导者勤于观察，善于思考，永不满足于一己之见、一得之乐，能做到识人、知人、用人、信人，能使得人尽其才，争得优势，成就伟业。

第二，指挥的作用。在组织活动中，领导者需要时刻保持头脑清醒、胸怀全局，做到高瞻远瞩、运筹帷幄，从而帮助组织成员认清所处的环境和形势，指明活动的目标和达到目标的路径。

第三，协调的作用。组织在内外因素的干扰下，需要领导者来协调组织成员之间的关系和活动，使全体组织成员朝着共同的目标前进。

第四，激励的作用。领导者为组织成员主动创造能力发展和职业生涯发展的空间。

二、领导者的素质

领导者素质是指一名领导者应具备的各种基础条件和内在要素的总和，是适应领导岗位、履行领导职责、获得领导效能的资格和条件。21 世纪是知识经济时代，我国在经济体制和政治体制改革进程中将会出现许多前所未有的复杂问题，这对领导者提出了巨大的挑战。改革的成功与否，一个重要因素就是领导者素质的高低。高素质的领导者是推进各项改革事业取得成功的基本保证。

那么，现代领导者应该具备哪些素质呢？在领导科学理论的研究中，人们一般把领导者的素质分为政治素质、思想素质、道德素质、文化素质、业务素质、身体素质和心理素质，以及领导和管理能力等，归纳起来，领导者的素质具体包括以下4个方面。

1. 政治品德素质

政治品德素质是确保领导者在政治上合格的要素，是一个领导者在政治问题上的道德品质，是领导者从事领导活动必备的政治立场、政治观点、政治态度和政治品质等方面的基本素质。

第一，过硬的政治素质是现代领导者成功的前提。由于行政领导干部不同于一般的行政人员，他们是一个国家、一个地区、一个单位大政方针的决策者或者是一个部门工作的指挥者，他们处于特殊的地位，肩负着特殊的使命。尤其是国家级领导者，他们的思想政治素质，直接关系到党和国家的前途和命运，影响到国家的长治久安和整个社会的生活。思想政治素质不仅决定着领导者自身的发展方向，也决定领导活动的性质，是领导者素质的根本和核心。

第二，高尚的道德素质是领导者成功的基本保证。领导者的道德素质包括：正直诚实、严于律己、廉洁奉公、谦虚谨慎、豁达大度等。领导者由于所处职位的重要性和特殊性，其行为直接地对党、国家、人民的利益产生重要影响，他们在任何时候都要保持清醒的头脑，严格要求自己，以身作则，办事公道，为政清廉，自觉地接受群众的监督。

第三，要有全心全意为人民服务的奉献精神。领导者的权力来源于人民。领导者要坚持以人民满意不满意、赞成不赞成、拥护不拥护作为自己的行为准则，始终同人民群众保持密切联系，深入群众，了解群众，倾听群众的呼声，关心群众的冷暖，权为民所用，情为民所系，利为民所谋。

心无百姓莫为官。"领导者的权力是党和人民赋予的，只能用权于民，不能以权谋私。做到'权高不忘责任重，位尊不忘公仆心'，把权力同责任和服务统一起来，为人民掌好权，用好权。"做人民的贴心人，首先要思想"正"——领导者必须树立正确的权力观，牢记权力来自人民、属于人民，必须服务于人民，从而端正态度，为人民用权，为人民造福，为人民解忧，"始终把为人民群众谋利益、密切联系群众的思想观点作为决策的根本思想"。其次要方法"对"——坚持从群众中来、到群众中去的思想路线，认真倾听群众的意见，善于集中群众的智慧。为此，必须深入群众、体察民情、善解民意、通晓民心，设身处地感受群众处境，第一时间回应群众所急所想，并且自觉接受人民监督。最后，要成果"实"——出真成绩和真实效。新时代，领导者应有新作为；新形势，领导者要出新成绩。

> 焦裕禄同志以自己的实际行动塑造了一个优秀共产党员和优秀县委书记的光辉形象。做县委书记就要做"焦裕禄式"的县委书记，始终做到心中有党、心中有民、心中有责、心中有戒。干部就要有担当，有多大担当才能干多大事业，尽多大责任才会有多大成就。不能只想当官不想干事，只想揽权不想担责，只想出彩不想出力。①

2. 科学文化和专业知识素质

科学文化和专业知识素质是指领导者从事领导工作必备的知识储量和知识结构，主要

---

① 习近平：做焦裕禄式的县委书记[EB/OL].（2015-09-07）[2023-10-10]. http://cpc.people.com.cn/n/2015/0907/c64094-27551147.html.

内容有：掌握广泛的人文社会科学、自然科学知识和先进的科学技术知识；掌握与领导工作密切相关的政治、经济、法律以及组织领导和管理方面的知识；掌握必要的专业知识，力求成为业务上的内行。

早在改革开放之初，邓小平就曾强调："能不能把我国的科学技术尽快地搞上去，关键在于我们党是不是善于领导科学技术工作。"习近平总书记指出："现在，我们的各级领导干部承担着执政兴国、执政为民的重要职责，肩负着为官一任、造福一方的重要使命，要认清科学发展大势、把握科学发展规律、统领科学发展全局、创造科学发展业绩，所有这些都离不开读书学习。"

聂荣臻一贯倡导科学求实的精神，提出要尊重客观规律，坚持按科学规律办事。在尖端武器研制初创时期，针对轻视仿制、急于求成的思想苗头，聂荣臻告诫科研人员，要先学会走路，然后再学跑步，一定要通过仿制，向独立设计发展。仿制是为了独创，但必须在仿制中把技术吃透，为转入自行设计创造条件。当仿制阶段完成后，他又及时果断地指示，要立即转入自行设计，走独立研制的道路。为了提高研制工作的预见性、计划性，聂荣臻还提出了著名的"科研三步棋"思想，即预先研究、新品研制和小批生产三阶段①。

3. 工作能力素质

工作能力是一个人的技能、职能和体能的综合体现。从人才学角度来说，知识、能力和业绩是构成人才的三要素。这三要素之中，能力是本质的要素。领导者若缺乏必要的工作能力，就不能胜任领导工作。

习近平总书记高度重视提高领导干部的本领，强调领导干部要成为经济社会管理的行家里手，必须具备领导工作应具备的专业思维、专业素养和专业方法。在党的二十大报告中，习近平总书记要求"加强实践锻炼、专业训练，注重在重大斗争中磨砺干部，增强干部推动高质量发展本领、服务群众本领、防范化解风险本领"。②

4. 身体与心理素质

身体素质是指领导者其他素质赖以存在和发挥作用的物质载体。在身体素质方面，领导者需要具备健康意识、健康知识、健康能力和健康体魄。心理素质是指领导者的心理过程和个性特征方面表现出来的根本特点，是领导者进行领导活动的心理基础，它对领导行为起调节作用。领导者的心理素质主要包括：强烈的事业心和责任心、积极的自尊心和自信心、顽强的意志、良好的性格和气质等。

1913年春至1918年夏，毛泽东在湖南第一师范学习。湖南第一师范非常重视学生的课外活动。在"文明其精神，野蛮其体魄"的思想指导下，毛泽东和他的同学们非常热爱体育锻炼，如日光浴、风浴、雨浴、冷水浴、游泳、登山、露宿、长途跋涉以及体操和拳术等。毛泽东对游泳情有独钟，他和罗学瓒等同学常到湘江挥臂击水，"自信人生二百年，会当水击三千里"。1916年前后，毛泽东的同学贺果还参加了在上海举行的远东运动会全国预备会，当时湖南选派了7名代表，

---

① 战琳琳.聂荣臻：新中国国防科技事业的奠基者[EB/OL].（2018-06-13）[2023-10-16].http：//qstheory.cn/2018-06/13/c_1122977945.htm.

② 肖伟光.努力成为本职工作的行家里手[EB/OL].（2023-04-04）[2023-10-01].http：//opinion.people.com.cn/n1/2023/0404/c1003-32657036.html.

其中湖南第一师范就有 3 名代表。体育锻炼不仅强健了同学们的体魄，更激发了同学们的自信和意志。①

三、卓越领导者

卓越领导者既要求有出色的右脑智慧(右脑擅长直觉、想象、空间认知等能力)，也要求有优秀的左脑分析思维。这就意味着，卓越领导者要富有想象力且善于判断，富有创造力且感觉敏锐。《领导力》一书的作者库泽斯和波斯纳在 20 年中分三个不同阶段对 7500 人进行调查后发现，尽管经历不同、行业不同、专业不同，但卓越的领导者身上都有着四项突出的素质：真诚待人、远见卓识、胜任其职、鼓舞人心。

作为一名卓越的领导者，首先要尊重被领导者，互相尊重是建立信赖关系的前提。善于发现被领导者的优点和长处，通过面对面的沟通交流和工作中的观察发现，使每一个被领导者"人尽其才"，这既是卓越领导者的一项基本素质，也是其需要具备的一项技能。其次，卓越领导者具有远见卓识、心怀全局、放眼未来等素质。再次，卓越的领导者一定是严于律己、以身作则的人，工作中一丝不苟，精益求精，这也是保证一个组织形成良好工作氛围的关键。最后，卓越的领导者并不等同于"工作狂"，也绝不是个"孤立者"，他们会通过一些聚会交流感情，让整个团体在一个和谐、温馨、自由的环境下高效运转。

根据卓越领导者的表现，我们总结出了成为卓越领导者的"三要件"。

1. 有思维力

卓越领导者不一定是理论家，也不一定是思想家，但必须有思想、有理念、有预见、有对未来的思考与架构。请看下面案例。

阿诺德和布鲁诺同时受雇于一家店铺，一开始拿着同样的薪水。可是不久后，阿诺德青云直上，而布鲁诺却原地踏步。布鲁诺到老板那儿发牢骚。老板耐心地听完他的抱怨，说道："布鲁诺，麻烦您去集市一趟，看看今天早上有什么东西卖。"

布鲁诺从集市上回来向老板汇报说，今早集市上只有一个农民拉了一车土豆在卖。"有多少?"老板问。布鲁诺赶快又跑到集市上，然后回来告诉老板说一共有 40 袋土豆。"价格是多少?"布鲁诺第三次跑到集市上问来了价格。"好吧……"老板对他说，"现在请你坐在椅子上别说话，看看别人怎么说。"然后老板把阿诺德喊来，安排他做同样的事情。

阿诺德很快就从集市上回来了，向老板汇报说，到现在为止，只有一个农民在卖土豆，一共 40 袋子，价格是 1 元/斤;土豆质量很不错，他带回来一个让老板看看。这个农民一个钟头以后还会运来几箱西红柿，据他看价格非常公道。昨天这个农民铺子的西红柿卖得很快，库存已经不多了。他想这么便宜的西红柿老板肯定会要进一些的，所以他不仅带回了一个西红柿做样品，而且把那个农民也带来了，农民现在正在外面等回话呢。此时，老板转向布鲁诺，说："现在你知道为什么阿诺德的薪水比你高了吧?"

2. 有团队力

现代人类活动是有组织的群体活动，更是竞争与协作共存、进取与妥协平衡的团队活

① 张旭东，张育成.恰同学少年：毛泽东和他的同学们[EB/OL]. (2019-08-16)[2923-10-16]. http：//dangshi. people. com. cn/GB/n1/2019/0816/c85037-31298820. html.

动，只有依靠集体的智慧，才能走得更好、走得更远；个人可以做到优秀，但只有团队才能实现卓越。

《西游记》中，唐僧、孙悟空、猪八戒、沙和尚去西天取经，这四个在各方面差异如此之大的角色竟能容在一个群体中，而且相处得很融洽，甚至能完成去西天取经这样的大事情，就是因为这个由不同角色组建的团队，虽然有分歧、有矛盾，但是在这个团队中，唐僧、孙悟空、猪八戒、沙和尚各自分工并各尽所能，唐僧作为领导者发挥了很好的协调作用，创造出条件使得团队成员在关键时候总能相互理解和团结一致，最后形成了一个有力量的团队。

3. 有领导力和执行力

现代科技及社会的快速发展，要求领导者必须有统率力、影响力、行动力及实现力。

哈佛大学管理学教学中有以下案例：有一个登山队在登喜马拉雅山，登到一半的时候，发现了另一个登山队遗留下的一名奄奄一息的队员，这时这个登山队长要做一个决策：我们是把这个人抬下去，破坏我们登山队的计划，还是把这个人留在这儿？而这个人又不是我们队的……作为登山队长，在此情境中要领导登山队实现其团队目标，则必须表现出卓越的领导力及执行力。

四、领袖的成长

领袖的成长，就是领导者应该具备的素质的培养和发展过程，也就是一名卓越领导者的塑造过程。这一过程不仅需要个人的天资和努力，更离不开教育。总结当前的大学教育，哪些方面与领导能力的开发有直接关系？或者说，个人应从哪些方面自觉努力，才能成为一名卓越的领导者、成功的领袖呢？

第一，社团活动与实习。社团活动把有领袖潜质的年轻人集合在一起，让他们互相观摩与学习，实际就是领导能力的开发。一个不容争辩的事实是，当今政府部门的大多数领导人都在大学担任过学生干部、社团领袖。在社团活动中，学生表现自己的机会比课堂内多得多。而且，学生在课堂内主要是锻炼表现自己的能力，在社团活动中则是锻炼人际交往的能力和征召追随者的能力。最明显的例子是，一位年轻人可能因为他是学校橄榄球队的队长，从而得到锻炼，掌握了作为领导者所需的一些人际交往能力。至于实习，则是有组织、有计划地到社会中经受锻炼，从一个领域进入另一个领域，代表一个群体和另一个群体打交道。这样，就能感受如何与不同的组织文化相接触，学会调解不同文化群体之间的关系，很多校外公共服务的志愿者组织都有这种功能。实践表明，大部分领导能力都是从实践中学习而得的。

第二，素质教育与人文精神的熏陶。领导者应该是通才，他们必须跨越不同部门的界限，必须了解整个系统如何运作，以及如何积极地处理与邻近系统的互动。领导者不是纯粹的技术专家、效率专家，而是熟知人和人类社会的社会学家。即使是很多理工科出身的高级领导人，也都有深厚的人文文化底蕴。所以，在大学阶段发展领导能力最好的预备工作是"通才教育"，即素质教育。

第三，从提高概念、理论水准方面着眼，培养领导能力。这是大学教育的强项，甚至非大学莫属。马克思说："科学的本质，就是理性地处理感性的材料。"大学通过引导学生系统地学习科学知识，使学生把握事物的本质，从而提高认识世界的能力，也从中学会抽象思维、建构理论体系的方式方法，提高理论水准。大学的很多课程，如哲学、逻辑学等，都能训练人的思维能力，提升领导素养。

第四，大学在形成价值观、政治态度方面发挥着重要作用。而价值观、政治态度是成为公共行政领导者的首要素质或条件。学校是对公民进行教育的主要场所，近几十年来，大学已经成为学生形成政治意识和价值观念的中心，并对其一生都有着重要影响。大学的思政课程，帮助学生树立正确的世界观、人生观、价值观，是落实立德树人根本任务的关键课程。大学中洋溢着的高涨的爱国热情，都有其实质的政治内容。大学生在政治参与的过程中，受到了政治洗礼。他们在观察、评价领袖人物的政治活动、国务活动以及处理突发事件的过程中，使自己逐渐变得成熟老练。一位公共行政领导者的成长，总是从政治兴趣开始，先是把政治兴趣和政治活动联系起来，继而使它们和整个政治生涯联系起来。

第二节　被领导者

一、被领导者概念

1. 被领导者的内涵

一般来说，被领导者是相对于领导者而言的，指的是在领导活动中，根据领导者提出的方案、措施等相关内容进行具体组织实施并实现组织目标的成员的总称。通常情况下，被领导者可以分为两种：第一种是领导者直接统领的下级部属，也被称为相对被领导者；二是领导者为之服务的广大社会公众，也被称为绝对被领导者。本书所指的被领导者主要是指相对被领导者。

2. 被领导者的地位和作用

领导活动是领导者与被领导者相互作用的过程，被领导者具有领导者所不可替代的重要地位和作用。

其一，被领导者是领导活动中与领导者相互依存、相互作用的重要角色。领导活动是领导者与被领导者主客体相互作用的矛盾运动。也就是说，领导不单纯是领导者的行为，而是领导者与被领导者的互动行为。领导者与被领导者，好比是一枚硬币的两面，没有了其中一面，另一面也不存在。

其二，领导者是从被领导者中产生的，被领导者起着选择领导者的根本作用。领导者一般是从被领导者中成长起来的，领导者的基本素质、领导风格和领导能力，不可能没有它赖以产生的被领导者群体的特点，不可能不受这一群体总体素质所制约。古代的被领导者群体中产生不了现代领导者，西方的被领导者群体中也出不了毛泽东、邓小平这样的中国式的领袖人物。"伟大的人民造就伟大的领袖人物"，被领导群体的政治素质、文化素质和道德水准较高，从中产生的领导者素质一般也会比较高。

其三，领导者的决策由被领导者来实现，被领导者关系着领导活动的成败。自己出主意自己去干，这是操作；自己出主意由别人去完成，这是领导。有效领导就是领导者的决策能够在实践中由被领导者变为现实。因此，被领导者能否正确领会决策意图、认真贯彻落实决策，直接影响着领导工作的成败。

3. 被领导者的方法观

（1）扬长避短，创造性工作。

被领导者的身份地位绝不意味着只能被动地开展工作。一个被领导者在创造性地完成上级布置的工作任务之前，首先要清楚自己的能力和工作条件，扬其所长避其所短，从而顺利开展上级安排的工作。同时要充分发挥自己的聪明才智，创造性地完成各项工作任务。执行上级的指示，要同本地区、本部门、本单位的实际情况相结合。上级指示，即使是正确的意见，也不能满足于照抄、照转、照搬、照套，一定要根据实际情况加以具体化，充分发挥创造性和主动性。

（2）及时汇报，反复沟通。

这是领导者愿意帮助被领导者的重要条件之一。被领导者要向领导者及时汇报，反复沟通，其目的是让上级领导了解自己工作的重要性，以求得必要的支持。被领导者应寻找适当的场合，如会议上、办公室里、家中等，说明情况，提出要求，寻求支持。当自己的身份和影响力还不足以改变上级态度时，可巧妙地选择与上级领导者情投意合的同级或深得上级领导器重的其他人等，来沟通解释、传递信息、寻求支持。但这类方法不宜过多使用。

（3）大事讲原则，小事讲风格。

在与领导者的交往中，作为有责任心、事业心的被领导者，要敢于反映群众对上级领导的意见、要求和呼声，有时甚至可以仗义执言。切忌投上级所好，歪曲事实，一味讨好。在领导者与被领导者发生一般分歧时，被领导者要做到既坚持原则，敢于提意见，又避开感情冲突，能让步的一定让步。对领导者的某些不当的处事方式，下级要甘愿承受。总之，大事上讲原则，小事上讲风格，被领导者应从不同方面修正与上级领导者的关系，使其在符合原则、大体合理、上下级都基本上能够接受的范围之内，力争与领导者有一个良好、和谐的关系。

（4）如实反映，诚实可信。

一个合格的被领导者要向领导者如实反映，做到诚实可信。一方面，被领导者要真实地传达自己所掌握的客观情况，言不背实；另一方面，被领导者要真实地表达自己的主观想法，口不违心。总的说，就是不加隐瞒。唯有如此，才能建立领导者与被领导者之间信任的基础，从而保障领导活动的正常运行。

（5）当好领导者的参谋。

被领导者除了"执行"决策之外，也应该具有"参与"决策的能力。这种参与，不是作为一个领导集体的成员去参与，而是作为一个被领导者通过影响领导者去参与，如提合理化建议，提出对某些计划、指示更加完善的修改意见，反映在执行上级决策中遇到的困难或难题以及发现的问题等。被领导者的这些意见或建议，正是领导者完善决策所急需的"材料"。领导者与被领导者处于同一个组织中，双方的利益有着明显的相关性，有时甚至是一损俱损、一荣俱荣的，被领导者必须善于发现并利用这种相关性，以求得自身与上级领导者的共同发展。

（6）拒绝执行上级领导违法违纪的决定和命令。

为了保障管理的统一和高效，被领导者有服从上级决定和命令的义务，同时，根据法治原则的要求，被领导者也有遵守国家法律、法规的义务。当上级领导者的决定、命令合法时，这两个义务是一致的，而当上级领导的决定、命令违法时，被领导者应区别情况，认真对待。当被领导者认为上级领导者的决定有错误时，可以向上级领导者提出改正式撤销该决定的意见；上级领导者不改变该决定或者要求被领导者立即执行时，应该执行；但是，如果上级领导者的决定明显违法，应当拒绝执行，否则，应当依法承担相应责任。

二、被领导者的特征

1. 服务性

被领导者应具有服务性。被领导者主要服务于领导者，这是被领导者的本质特性，也是被领导者应该具备的基本职业特性。在领导活动中，被领导者要将领导者的指示牢记在心，按照领导者的要求办事，在工作中遇到问题要及时向领导者请示，并及时汇报工作。

2. 受动性

首先，依据团体的分工，被领导者必须听从领导者的安排和指示。其次，被领导者的个体素质也具有一定的滞后性，一般都落后于领导者。再次，领导者比被领导者更有威信、影响力、凝聚力和统驭力，这是被领导者受动性成为现实的内在依据。

3. 对象性

对象性是由被领导者在社会中的经济地位和政治地位所决定的。在服务型社会建设中，被领导者在"服务对象"上由被动转为主动，由义务转为权利，这样也使被领导者在权利上得到了根本性的保障，从而也更好地服务于领导者。

4. 源泉性

领导者的决策是从相对被领导者的工作过程中或者广大人民群众的实践中直接"拿来"或是对其强烈愿望、意识意向、创作雏形等进行加工、整理、提炼而成的。而被领导者是领导者开拓创新、制定决策的基础，具有源泉性。

5. 不担任领导职务或担任较低领导职务

相对于领导者而言，被领导者不担任领导职务或担任较低领导职务。在现代社会，被领导者有无领导职务或者职务高低，就其实质而言并不意味着其所处的社会等级层次有高低之分，仅仅意味着职业的分工不同而已。

三、被领导者的修养

一个好的被领导者，应该具有清醒的政治头脑和参政议政的知识、能力，能够与领导者共同把握住社会主义领导的正确方向，脚踏实地地实现领导者的目标。

1. 服从领导者

"下级服从上级"，历来是我们党奉行的组织原则。下级不能擅自改变上级决定，更不能搞"上有政策，下有对策"那一套。当然，在服从的前提下，应做到：尊重而不阿谀，服从而不盲从。

其实，在工作中服从领导者安排是每一位被领导者都应该具备的一种美德，也是日后取得工作成绩的必备条件。这是由领导活动的客观规律决定的，但是前提是领导者的命令或指示必须是合法的。只有一切行动听指挥才能步调一致打胜仗。这是人民军队在长期的革命战争实践中形成的优良传统。

首先，懂得服从是一种美德。对于一个组织来说，无条件执行的服从精神非常重要，只有拥有了这一美德的被领导者才可能在组织中游刃有余，才可能得到领导者的赏识和重视，也才可能比其他人拥有更多成功的机会。因此，很多组织领导者在考虑"最想要一个怎样的被领导者"的问题时，都指出了一个共同点，那就是被领导者懂得服从领导。无条件执行，不仅是受相应纪律的约束，而且是对领导者的一种服从和欣赏。但在大多数人看来，服从都是卑微的象征，因此，很多人在想方设法地不服从。然而实际上，服从却是行动的第一步，要想有所成就，首先需要放弃一些个人想法，正确地处理好个人与组织之间的利益关系。从这一层面来说，服从就是一种美德。

其次，服从需要技巧。只懂得服从的重要性还不够，还必须懂得如何去服从。在任何一个行政组织中，唯唯诺诺、没有自己想法和思想的人即使再服从，也不会受到领导者的重用，在行政组织里，被领导者应该首先清楚领导者的期望是什么，而不是盲目地服从，毫无头绪地执行任务。

服从命令是军人的天职，军人要学会的第一件事情就是服从，即使被领导者不是军人，作为组织中的一员，也同样需要学会服从和懂得服从，将服从变成一种习惯并懂得服从的应用技巧，这对于任何一个想要取得更大发展的人来说，都非常重要。因为在一个组织中，只有服从命令，并且立刻着手去做，才能把握先机。

2. 支持领导者

被领导者是达到一定群体目标的积极主动的力量，被领导者对所处组织的关心程度，对完成本职工作的自觉性和主动性以及被领导者的素质、能力等，都直接决定领导者的效能。作为一名被领导者，支持领导者应该是一项基本的工作。众所周知，懂得如何适应领导者，并积极主动地当好领导者的参谋，维护领导者的权威，是每一个被领导者所要具备的首要条件。特别是在两者有冲突时，被领导者应对领导者予以尊重，并提出富有建设性的建议，尤其忌讳与领导者发生不应有的争论。

第一，被领导者应该维护领导者的威信。作为被领导者，首先要对领导者分配的任务积极贯彻执行，并将执行过程中的具体情况及时向领导者汇报；其次要懂得尊重领导者，维护领导者的尊严和威信，不要通过贬低领导者来抬高自己。领导者有一定的社会地位，其身份和尊严在一定程度上代表着组织，所以被领导者应该懂得维护领导者的威信，这样才可以更好地赢得领导者的信任和认可。

第二，被领导者应该在工作上配合和支持领导者。虽然领导者在领导活动中占据主导地位，但被领导者并不是完全消极、被动的角色，而是达到一定群体目标的积极、主动的力量。领导者的一切意愿、决策只有通过被领导者的行动才能实现，得不到被领导者支持的领导者，办任何事情都不会顺利。作为被领导者，要多站在领导者的角度想问题，多在工作上给予领导者配合和支持，使领导者在工作绩效上更加理想。领导者如果由于工作绩效带来了心理满足感，会对被领导者产生器重和信任感，这是维持良好的上下级关系的重要基础。

第三，被领导者应该在生活上关心和爱护领导者。领导者与被领导者彼此关心爱护，是相互尊重的重要表现。被领导者在日常生活中对领导者多关心和爱护，不仅是尊重领导者的重要体现，也是拉近上下级之间心理距离的行之有效的方法，这样也能更好地促成工作任务和组织目标的完成。

3. 监督领导者

被领导者不仅应该适当地监督领导者是否按照党和国家的方针、政策履行职责，而且也可以对领导者的成绩和能力做出恰当的评价。

领导权力是国家和社会组织中由特定的机构和人员所行使领导职能的权力。领导权力必然只能由极少数的领导人员来行使，由于人性的弱点，可能发生权力异化、权力腐败等现象，这样就必须对行使权力的领导者实施监督。此外，权力本身具有强制性、扩张性和腐蚀性，不受制约的权力必然带来腐败。因此，也必须对领导者的权力进行合理的约束，使之发挥正确的作用而尽量减少其副作用。

监督的目的就是使领导者的领导活动合法、合理，增强领导者的"公仆"意识，防止领导者滥用职权，从而保证领导者正常地履行职责，提高领导者的绩效。它包括四个层次：一是组织内部的被领导者对领导者的监督；二是组织系统内部专设的监督机构对领导者及其相关人员的专业监督活动；三是领导者及其相关人员对自己所进行的监督，即自我检查、自我反省、自我督促，也就是人们常说的同体监督；四是组织外部对领导者的监督，组织外部的监督主体包括执政党、权力机关、司法机关、行政机关、社会团体、社会舆论和公民个体等。

被领导者对组织的领导者的领导活动比较熟悉，因此被领导者对领导者的监督具有其独特的优势。但是由于监督领导者主要是对领导者所行使的权力进行的制约，而被领导者作为监督主体却不具有相应的权力作为监督的后盾，而仅仅以举报的形式存在，此外，由于被领导者与领导者之间存在共同的组织利益，且被领导者受领导者权威的威慑，因此被领导者对领导者的监督常常呈现出"名不正，言不顺，气不足，力不够"的状态。

可见，虽然监督领导者对预防和控制领导权的滥用与腐败，确保领导者勤政廉洁具有重要作用，但是这是一项关键而又长远的工作。因此，在我国深化改革、扩大开放、建立社会主义市场经济体制、全面建成小康社会的新时期，在全球化和信息化时代的背景下，重视和研究对领导者的监督，建立健全领导监督体系，强化对领导者的有效监督，并发挥被领导者在监督领导这一工作中的积极作用，实现领导活动的科学化、民主化、法治化、高效化，具有十分重要的现实意义。

> 魏徵状貌不逾中人，而有胆略，善回人主意，每犯颜苦谏；或逢上怒甚，征神色不移，上亦为霁威。尝谒告上冢，还，言于上曰："人言陛下欲幸南山，外皆严装已毕，而竟不行，何也？"上笑曰："初实有此心，畏卿嗔，故中辍耳。"[1]魏徵是唐朝著名的谏诤之臣。魏徵进谏"思竭其用，知无不言"，从不畏龙颜之怒。由是，君臣合璧，相得益彰，终于开创了大唐"贞观之治"的辉煌盛世。魏徵死后，太宗如丧考妣，恸哭长叹，说出了那句千古名言："以铜为镜，可以正衣冠；以古为镜，可以知兴替；以人为镜，可以明得失……魏徵殂逝，遂亡一镜矣？"他还令公卿大臣们把魏徵遗表中的一段话写在朝笏上，作为座右铭，以魏徵为榜样，做到"知而即谏"。君临天下的皇帝，对一个老臣竟倚重、倾心如此，这在历史上的确并不多见。

---

[1] 司马光.资治通鉴[M].北京：中华书局，2011.

☞ **第三节　追随者**

一、追随者概念

1.追随者的内涵

彼得·德鲁克说："一些人是思想家，一些人是预言家，这些人都很重要，而且也很急需，但是，没有追随者，就不会有领导者。"可见，在领导活动中，每一个领导者都无法离开其追随者而独立行事，追随者确实起着举足轻重的作用。

追随者是指在领导活动中与领导者有相同的信仰和利益的个人或群体。他们能不断掌握所需的新技能，对自己的个人要求超过制度的要求，主动做事，敬业负责，尤其是当领导不在时，他们能兼顾各方利益，独立思考并取得成功，他们勇敢、诚实、可靠、精力充沛，并能承担责任①。由此可见，追随者成就领导者。领导者因为有追随者而存在，追随者赋予领导者领导权力。优秀的领导者培养优秀的追随者，优秀的追随者造就优秀的领导者。

2.追随者与领导者的关系

追随者与领导者的关系，随文化的不同而不同。随着时代的发展与进步，全社会人员的整体素质的不断提高，追随者与领导者的关系也呈现出新的特征。

第一，追随者与领导者在人格上是平等的。他们之间所体现的是一种民主、自由、平等的社会关系。为了与领导者实现共同的愿景，追随者不仅仅是在追随领导者，而且是在追随愿景。这个愿景正是追随者和领导者之间的心灵契约。现在，领导者和追随者之间不再是人身依附关系，而是平等的契约关系。

第二，追随者与领导者在身份上是相对的。追随者与领导者的身份处于不断变化之中。在不同的时间、不同的场合、不同的组织中，领导者可以变成追随者，追随者也可能变成领导者。随着组织的发展，追随者也可以成为新的领导者。而且，在不同的组织联盟之中，领导者与追随者的地位也是不断变化的。

第三，追随者与领导者存在着互相追随的关系。本尼斯认为："好的领导者应该也是好的追随者。领导者和追随者有很多共同之处，如善于倾听、具有良好的合作精神、与同伴共同对付竞争的问题。"②领导者有主动权，追随者也有很大的主动权，如果领导过程中发生了变化，追随者可能追随到底，也可能放弃追随。

第四，追随者与领导者在权力上是相互制约的。领导者的权力来自组织的法定权力，更来自追随者的认可，没有追随者的认可，领导者将是有权无威，形同虚设。追随者也要服从自己认可的领导权威的指挥，与领导者默契地合作，否则，追随者违反自己认可的领导者权威的意志，也就是违背自己的意志。同时，追随者对上级领导者也有潜在影响力，这种潜在影响力亦称"对抗权"，对上级领导者行使权力有制约作用。因为领导者必须依赖

---

① 吴维库.领导学[M].北京：高等教育出版社，2006.
② 本尼斯，汤森.重塑领导力[M].方海萍，等译.北京：中国人民大学出版社，2008.

追随者,所以追随者的行为就会制约领导者的权力行使。

二、追随者的特征

追随者具有以下特征①:

1. 参与的积极性

追随者只有积极地追随自己的领导者才能成为真正的追随者。所以,在领导实践的过程中,追随者应积极参与,保持灵活性,面对复杂的组织问题时能提出自己的见解,并主动提出解决问题的方案,参与重大问题的组织与探讨。

2. 思考的独立性

追随者并不是盲从者,他们明白自己"想做什么事,能做什么事",在具体的领导活动中,他们不是盲目地接受并执行上级下达的各种命令,而是站在组织愿景的高度来独立地思考问题,最终和领导者一起,使组织变得更好。

3. 能力的专长性

追随者一般都会有特殊的专业才能或技巧,同时,他们还掌握着重要的资源,包括物质资源和信息情报等,这样就能通过增加领导者对其的依赖性,从而提升自身的地位。

诸葛亮作为一个政治家、军事家、思想家,自比管仲、乐毅,才能非凡。后来在刘备的"三顾茅庐"之下,他衷心地追随刘备,造就三分天下的格局。可见,一个好的追随者,必须是一个有能力的人。

4. 潜在的对抗性

随着时代的发展,领导者与追随者是相互依赖、相互追随的。领导者是追随者所选出和公认的,追随者有权更换领导者。所以,领导者必须满足追随者,以此来保持领导地位。但是当领导者不能维系其职务的组织目标,并且不能满足追随者合理的需求时,追随者就会出现潜在的对抗性,表现出不服从领导者下达的命令,或者采取集体行动,请求更换领导者的行为。

5. 敢于承担责任

由于追随者具有思考的独立性,能根据实际的情况进行自我激励,并且能够独立地解决问题,所以他们对于问题的后果,敢于承担相应的责任,积极主动地为自己所做的工作负责。

三、追随者的愿景

1. 成为优秀追随者的条件

(1)高认同感。

高认同感是成为一个优秀追随者的基础。一个优秀的追随者,要对自己的领导者持有高度的认同感,尤其是在价值观、信仰和对组织未来的愿景方面,他们能和领导者一起规划组织的未来蓝图,为组织的发展提出很好的意见与建议,但是认同并不等于盲从,他们有自己的思维,能够进行独立思考。具有高认同感的追随者才能造就高绩效的领导者,才能实现高水平的组织目标。

---

① 贺丽芳,郑官清.追随者及成为优秀追随者条件的探讨[J].传承,2010(12):2.

（2）高忠诚度。

高忠诚度是成为一个优秀追随者的必要条件。追随者之所以追随自己的领导者，是因为他们之间有良好的默契，对某些问题有共同的看法。但是，随着环境的变化，有些事情也在发生变化，而作为追随者，应该要从一而终，忠诚于自己的领导者，尤其是当领导者做出错误行为时，要诚恳地提出意见，并协助其改进。具有高忠诚度的追随者才能造就高水平的领导者。

（3）高信任感。

信任感是人与人之间的一种安全和愉悦关系的反映，是形成一种健康开放的组织气氛所必备的条件。优秀的追随者应该高度信任其领导者，这样才能增强其对工作的自信心，并和组织的其他人员一致，维护组织的利益，增强组织的凝聚力。只有具有高信任感的追随者才能造就高凝聚力的组织和优秀的领导者。

（4）高表现度。

高表现度也就是掌握关键任务来表现自己。因为组织面临着很多事情，而这些事情里面又有重要和次要之分，如果追随者想让自己的职业生涯更有价值，就必须掌握组织里面的关键任务，知道哪些任务对组织来讲是比较有价值的，所以，追随者要去做这些事情，要去表现，让领导者和同事知道自己做的事情的价值和贡献。这样，才能和谐共事，既有利于组织的发展，也有利于追随者自己的价值的实现。

2. 追随者的发展趋势

（1）追随者的职能进一步扩大，领导者与追随者的相互依赖性进一步增强。

随着经济社会的发展，各种类型的组织都面临着资源减少、工作压力日益增加的情况。资源的减少和组织的精简，使得组织的管理层次减少，但同时也得组织领导者的管理幅度扩大了，这就要求追随者要承担起传统上由领导者完成的职能，追随者的职能进一步扩大；同时组织内部在更大的程度上实现了权力分享和职权分散，进而增强组织内各部门间的相互依赖性，增加了各部门合作的需要。此外，在很多组织中，问题的性质非常复杂，变化异常迅速，需要越来越多的人参与进来共同解决。这样，领导者和追随者的相互依赖性进一步加强。

（2）追随者在处理组织问题时变得更加主动。

随着组织的发展，追随者的角色也在发生根本性的变化。同时，组织的美好愿景使得追随者和领导者在思想上达到了高度的认同。所以，在组织实际运作方式与理想运作方式存在差异时，追随者会更加积极、富有建设性地与领导者协作来解决问题。

（3）追随者对领导者的影响力进一步加强。

社会的快速发展，预示着未来会有更多的变革。变革是伴随着问题的产生而进行的，由于追随者所在的组织层次正是大量组织问题发生的层次，他们可以向领导者反映相关的信息，进而实施更好的解决方案。所以，领导者要想追随者在领导过程中做出更大的贡献，必须重视追随者，尤其是以正面、积极的态度面对变革、愿景并进行自我开发的追随者的行为。因此，灵活的、积极向上的追随者的影响力会随着领导实践而得到进一步加强。

第四节　成功的领导主体

领导主体是由领导者、被领导者和追随者共同构成的。就其本质而言，领导者和被领导者、追随者的关系是一种追随关系甚至是伙伴关系，而不是等级关系。领导者可以作为被领导者和追随者的榜样，激励被领导者和追随者进步。领导者还可以作为交流者，与被领导者和追随者交流信息、思想和感情。此外，领导者还是被领导者和追随者需要的资源的提供者。而被领导者和追随者是对领导者施加影响的源泉。那些希望成为领导者的人，只有拥有追随者，才能成为真正的领导者，在这一点上，领导者与被领导者、追随者是共存的、互动的，甚至是可以互换的。总之，被领导者对领导者和追随者的认可与支持程度以及被领导者和追随者自身的素质对领导者来说都是至关重要的，而领导者能否赢得追随者的认同将是决定其能否成为一名成功的领导者的关键因素之一。

一、被领导者与追随者的关系

追随者可能是领导者的下属，也可能是领导者所属组织之外的主体，还可能是领导者的上级，然而，追随者一定是以认同或服从领导者意志为前提的，但被领导者不一定是追随者。追随者最为本质的特征是"追随"，而不是"被领导"。被领导者的追随有主动追随和被动追随、积极追随和消极追随之分。所以，追随者不同于一般的被领导者，好的、优秀的追随者不仅仅是按照领导意见和指令办事的被领导者，而且是主动的、积极的特殊被领导者，是具有创造性的被领导者。

无论从组织目标还是从领导者自身利益而言，领导者都不能只有被领导者而没有追随者。显然，领导者所需要的追随者并不是被领导着的一般意义上的追随者，他所需要的是对组织、对自己具有积极作用且能够产生优异绩效的追随者。从这个层面上讲，领导者如何赢得追随者仅仅是一个低级别的命题，而高级别的命题应该是：领导如何赢得有效的、模范的追随者。

二、成为优秀的被领导者

在现实工作中，大多数人都是处于从属、执行的地位，是组织的普通一员，充当着被领导者的角色。对于一名领导者而言，也可能受到各种条件的制约，含有被领导者的因素。而且，领导者与被领导者的角色是相互转化的，一般而言，领导者都是成长于被领导者群体中的。因此，要想成为一名成功的领导者，首先必须扮演好被领导者的角色。

1. 一个优秀的被领导者是一个忠于事业、服从领导的被领导者

领导者与被领导者是为共同的事业、目标、利益而奋斗的分工合作关系。领导者与被领导者忠诚于共同的事业，是领导与被领导关系能维持的价值基础。一个被领导者只有忠于事业才能处理好领导者与被领导者之间的矛盾关系。在此基础上，一名卓有成效的被领导者必须自觉服从领导。服从而不是盲从，自觉服从领导是对事业忠诚的必要延伸。服从而不是依赖，一个优秀的被领导者，应是一个有主观能动性的被领导者，他不只是在领导者的指导下工作，还可以在被领导者的位置上协助领导者工作，成为领导者工作中不可缺

少的一员。

2. 一个优秀的被领导者是一个对领导者有影响力的被领导者

在领导者与被领导者矛盾体中，领导者运用组织法定权与个人影响权对被领导者施加作用，但是被领导者并非完全是"被动的"，被领导者同样可以运用"权力"对领导者施加作用。这是一种反方向的"领导权"，其来源于领导必须依赖被领导者。对于民主选举的领导者，被领导者可以通过多数不信任票实施罢免权；对于上级委任的领导，虽然其职务任免与被领导者无直接关系，但是领导者必须依赖被领导者实现业绩目标。认识到并运用好被领导者对领导者的权力，是做一个优秀的被领导者的突破点。

激励上级、推动上级干出成绩，是被领导者角色出现的一种创造性功能。上级有成绩，下级才能有成绩。一个优秀的被领导者必须明白：不管是一位能干的上级，还是一位平庸的上级，推动上级出成绩是使自己做出成绩的最佳途径。但是这里有三点是值得被领导者注意的①：第一，要自觉维护领导权威，在组织系统中形成一个指挥中心，从而使领导力顺利发挥；第二，要了解上级的特点，创造条件，推动上级充分施展其长处，同时自觉承担领导者无法履行的功能，从而增强整体领导效能；第三，对于某些拥有无法替代的专业才能或特殊技巧的被领导者，不应把"专长权"封锁起来或待价而沽以"要挟"领导，而应自觉地把自己的专长用于支持领导工作。

具体来说，要做到以上三点，应该从以下四个方面着手：

第一，提高自身素质和能力，提高执行力。被领导者的行为是领导工作的延伸，因此，被领导者工作完成的好坏会影响到领导者工作的效果。作为被领导者，应不断提升素质、能力和扩展知识面，这是提高执行力的基础。此外，还应培养良好的敬业精神，不论处在哪个岗位，不论处于哪个发展阶段，也不论处于哪个工作环境中，都能一如既往、兢兢业业。

第二，加强与上级的沟通。被领导者的工作是否有效，还取决于与上级是否有及时、充分和有效的沟通。领导者的工作需要大量的信息作为支撑，而仅靠其自身的力量往往难以获得，被领导者是上级获得有效信息的重要来源之一。与上级充分的沟通还可以帮助被领导者开展工作扫清障碍或获得上级一定的理解和支持。

第三，自我激励，自我管理，自我约束。在知识经济条件下，工作对成员尤其是知识型成员来说不仅仅是谋生的手段，更是实现自我价值的工具和平台。因此，对被领导者的要求也就进一步提高了，需要被领导者加强主动性，进行自我激励，自我管理，自我约束，并主动对自己的职业生涯进行规划，设计好自己的发展通道，不断地进行知识储备，主动把握各种机会。

第四，协调人际关系。被领导者的优秀不仅取决于其个人目标的实现情况，更取决于团队目标、组织目标的实现情况。而团队目标、组织目标的实现仅靠个人的力量是无法完成的。因此，应建立与同事的合作关系，帮助他人处理问题，接受为大家所公认的兴趣爱好、价值观、目标和期望。

① 傅劲松. 做一个有效的被领导者的理性思考[J]. 行政论坛，1998(4)：1.

三、赢得追随者

积极的追随来自领导者的诚实、远见、能力和号召力，领导者要树形象、多交心、换真诚、交朋友，以真心、真诚赢得忠诚的追随者。此外，当追随者与领导者有共同的自我概念、情感附着时，更容易产生追随。具体来讲，领导者要赢得追随者，应该从以下六个方面着手。

1. 领导者要充分了解和考量追随者选择追随的动机

只要是人，他的活动就必然带有自己的动机和目的，领导者如此，被领导者亦然。人们之所以选择追随，直接的动机和目的就是能满足自身的某个或某些需求，对自己有利，至少没有损害。领导者要赢得追随者，就必须主动地采取各种方式：一方面是充分了解、考量和尊重追随者的利益；另一方面是让追随者知晓选择追随能够实现他们的利益诉求。如果领导者只考虑自身利益或组织绩效，只是将追随者作为实现目的的手段，那么，被领导者就难以选择追随，或者说难以选择主动的、积极的、富有创造性的追随。

2. 领导者要具有亲和力

良好的亲和力，对于融洽领导者与追随者之间的关系，拉近双方距离，增强组织的凝聚力，有着独特的作用。作为领导者，要主动接近追随者，加强交流沟通，以实际行动树立亲和自然、真挚坦诚、关爱追随者的良好形象，进而赢得追随者的尊重和亲近，也能极大地增强追随者对组织的归属感和对领导者的认同感。

3. 领导者要提升自己的概念能力

领导者的概念能力是指领导者通过自己的概念体系，比如组织目标、愿景以及战略等，赢得追随者的追随。[①] 不难理解，概念能力强的领导者每一次面向追随者的讲话，都有可能激励追随者热血沸腾、信心满满，发挥持续强化追随者选择追随的作用，而概念能力弱的领导者的讲话，则更有可能使追随者情绪低落、死气沉沉，发挥着不断弱化追随者选择追随的效果。

4. 领导者要优化自己的行为表现

追随来自领导者的诚实、有远见、能力和号召力。比如，领导者能够很好地将主持制定的组织战略转化为具体的可操作性强的战术方案和配套措施，能够将组织制定和提倡的有关制度严格地加以执行，如此就更有可能以自己与概念高度一致的模范行为，极大地激励追随者强化选择追随的意愿。反之，当领导者不能将战略加以很好地贯彻，或对制度不能很好地加以模范执行，或当有人不执行但没有得到相应惩处时，追随者就难以相信领导者的承诺能够在实际中得到很好的落实，就更有可能产生"领导者言行不一"的总体认识，于是就有可能在思想上构建不确定性的预期，进而就有可能在行为上做出不追随的选择。

5. 领导者要善于与追随者进行有效的沟通

领导者往往十分重视计划、组织、领导和控制，但对沟通常有疏忽，认为信息的上传下达有了组织系统就可以了，这表明领导者没有从根本上对沟通给予足够的重视。组织内部的沟通以与命令链相符的垂直沟通居多，也就是正式沟通居多，以非正式组织或个人为渠道的沟通交流则较少，而非正式沟通却更能增强追随者对领导者的信任和认同感。因

---

① 曹元坤. 领导如何赢得追随[J]. 唯实（现代管理），2016（1）：50-51.

此，领导者应该重视与追随者的有效沟通，尤其是非正式沟通。领导者应该要培养"听"的艺术。而要进行积极的倾听并不是件容易的事，以下是一些积极倾听的要点（表3-2）。

表3-2　领导者积极倾听的要点

应该做的	不要做的
表现出兴趣、全神贯注	从事与谈话无关的活动
该沉默时必须沉默、留适当的时间进行辩论	打断追随者的发言
选择安静的地方	当众进行询问
注意非语言暗示	用词过于直接和犀利
没听清楚时礼貌地要求重复一遍、发觉遗漏时适当地指出	草率地给出结论

6. 领导要善于对追随者进行非物质激励

物质激励是提高追随者积极性的重要手段，但由于人的情感性特征，单纯的物质激励有时有局限性，而适当的非物质激励，不仅可以满足追随者的心理需求，也可以体现领导者独特的领导艺术。一是及时肯定追随者在工作中取得的成绩，使追随者感受到领导的关注和对自己的认可，更大地激发追随者的奉献精神和进取心。二是注意发现追随者的优点，并及时给予适当的鼓励，以增强追随者的自信心，引导追随者不断放大优点，创造更好的成绩。三是对追随者的缺点和不足，给予善意、诚恳的批评指正，并为其指明解决问题、改进提高的思路和方法，帮助追随者尽快提升自己，使追随者感到领导对自己不抛弃、不放弃。

总之，领导者要赢得有效的、模范的追随者，就必须从自己全方位的修炼入手，提升概念能力和优化行为表现，尽可能做好上下级的沟通联络工作，全面且深入地了解追随者的需求。可以说，能否以及多大程度地设身处地了解和考量追随者的需求，就直接成为能否赢得追随者的起点。更进一步的是，领导者能否言行一致，则直接决定着赢得追随者的成败。

思考题

1. 按照不同的标准可以将领导者分为哪些类别？试举例说明。
2. 简述被领导者与追随者之间的区别和联系。
3. 卓越的领导者应该具备哪些素质？
4. 如何成为一名受领导者赏识的被领导者？

案例讨论

华为技术有限公司①创始人任正非的领导风格

任正非领导力的核心在于他非常清楚华为的目标——成就客户梦想。任正非也确实身体力行，满怀激情地追寻这一梦想。因此，华为也就成为任正非天生的使命。他总是想方设法为客户创造价值，通过一个个故事，不断向员工传递一个理念：华为员工应致力于实现公司使命，即提供通信技术实现联接。

任正非充满激情，努力将公司目标转化成公司愿景，将华为发展成为国际领先企业。在实现公司愿景的过程中，他不断证明了自己的战略规划能力，根据公司面临的挑战适当调整愿景。虽然他推崇灵活应变的理念，但是从来不会偏离公司的目标和价值观。这种领导能力源自他积极主动的态度。他总是关注未来，很少停留在过去。

任正非能够激发他人斗志，这也是他一直被称道的人格特质。任正非特别爱讲故事，他经常通过一个个故事，慷慨激昂地向员工传递他的理念。在华为早期，任正非经常给员工讲故事。他相信，二十年后，世界通信市场三分天下，华为必有其一。当时，华为仅有200名员工，很多人都觉得他是痴人说梦。尽管如此，多年来，任正非一直秉承这一信念并在各种场合向员工传递这一信念。

任正非在引领华为追求梦想时，非常清楚自己的不足，他从不认为自己无所不知。在谈到他所具备的才能和特质时，他总是强调：他的知识并不是最丰富的。很显然，他拥有远大的抱负和很强的执行力，但同时保有谦卑的心态。尽管他的这种领导风格激励了很多人，引领公司渡过了转型期，但他还是经常讲：自己能力有限，在团结员工这方面可能不如很多人认为的那样好。他总是避免被扣上"传奇领袖"的帽子，而是强调没有艰苦奋斗，就没有华为的成功。

讨论：

1. 如何评价任正非的领导风格？
2. 你认为领导者是天生的，还是可以通过后天培养塑造的？

---

① 简称华为。

第四章

领导客体论

领导客体就是领导对象，是领导主体发挥主观能动作用时所涉及所改变的一切事物；是指为领导行为所影响者或领导影响之所及者，即被领导主体所领导的所有人和事物的总称。其中，人是最主要的组成部分，是领导主体实施领导时的直接对象，从学理上说也是决定领导行为的主要因素。

根据这一界定，人、物、财等资源以及思想、技术、客观环境等一系列要素，除发挥保证领导活动正常运转的作用以外，还直接成为领导所要加以触及、影响、改变的对象，即领导目的和领导目标直接指向的对象，也是领导职能和领导职责所要施加其上的对象，因而均成为领导客体，即具体的领导对象，是领导过程中所处理的全部内容。

第一节　领导愿景

领导愿景是领导活动作用的对象及目标，是指组织可靠的、真实的、具吸引力的未来发展蓝图、前景，它代表所有目标努力的方向，能使组织更成功、更美好。集体通过形成、实现和审视共同愿景，引领个人成长、团队建设、组织发展、事业进步、社会和谐和环境保护。领导愿景是现代领导理论成果在实践中的运用，是对传统领导活动模式的发展。领导愿景包括形成愿景、实现愿景和审视愿景三个步骤。形成愿景的关键是发现组织成员的心声，激发对未来的希望。实现愿景的关键是通过愿景引领和协调组织成员行动，不断积累，推动社会变革。审视愿景，关键是要评估绩效，确保组织良性发展。

愿景包括组织长期的计划与未来发展的景象，是组织现况与未来景象相连的桥梁。对于领导者而言，它提供行动的目标，并帮助领导者超越目前的情境，实现组织的改进与成长。在组织发展的过程中，有愿景的领导者常会提出真知灼见，并驱使成员采用新的行动，去完成新的目标，因此也常被视为革新者或理想的楷模。

一、领导愿景的价值

1.愿景领导理论引领了领导学的理论范式变迁

本尼斯认为，自从 20 世纪 80 年代开始，社会环境更加多变、动荡和不确定，领导者要摒弃建立在 19 世纪官僚制基础上的 COP 范式，即控制（control）、命令（order）和预测（predict），采用适应新时代和环境要求的 ACE 范式，即联系（align，为了实现目标而联合各种资源，尤其是人力资源）、创造（create，创造学习型组织和文化）和授权（empower，赋予人们真正自主做事的权利）。[①]

2.愿景领导理论融合了西方领导科学与东方领导智慧

美国的彼得·圣吉的理论不仅继承了西方管理科学的成果，而且吸收了东方传统文化的元素；印度的帕瑞克的理论具有印度文化的色彩，也吸收了西方领导科学成果。科林斯不仅坚持严格的科学研究方法，而且也开始借鉴中国文化。

3.愿景领导理论突出了领导科学的软科学特征

领导愿景关系到意义、信任、直觉、心智模式、双赢思维、共同心声、组织学习、系统思考等主题，这些都是软的、柔的、敏感的、玄妙的、深入心灵的、关乎文化的。通过形成、实现、审视愿景，引领个人成长、团队建设、组织发展、事业进步。

二、领导愿景的架构

领导愿景的定义告诉我们组织实现领导愿景的过程有两项主要任务：建立共同心智模式和持续激励组织成员实现愿景。除此之外，在实施愿景领导的过程中，还应思考的因素包括：价值选择、社会进步、组织条件和科技因素。其中价值选择是构建愿景的核心问题，外部的社会进步和内部的组织条件是影响愿景的两类因素，科技因素是对愿景影响最大和最直接的因素，这六大因素及其相互关系就构成了愿景领导力模型。对于领导者而言，要不断培养和提升自己的愿景领导力，就需要认真学习、领会、把握和娴熟地运用愿景领导力模型。

1.建立共同心智模式

在这个过程中领导者应对组织内外部情境有深入透彻的认识，并在树立组织目标和组织愿景之前完成此项工作。组织不同于领导者本人，组织要超越领导者或者是创始人的生命而长存于世，一个合理的目标和价值选择是必不可少的。而充分了解组织内外部条件是设定合理目标的必要前提。内部条件包括组织所在的领域、所提供的服务和组织内部结构等；外部条件有组织所处的社会条件、行业发展以及科技进步等因素。组织在充分了解这些情况之后才可能因地制宜地制订组织目标和发展任务，才能确定优先发展顺序以及组织的未来发展计划和资源配置等。而这些计划不仅能改善组织目前的管理，而且有助于组织长期发展，甚至决定着一个组织是否能够成长为一个卓越组织。所有这些工作回答的就是"组织是个什么组织"和"组织将是个什么组织"的问题。

2.制订愿景实现战略

在组织内部推广愿景是领导活动的首要工作，是领导者实现卓越的首要任务，要让组

---

① 本尼斯，汤森.重塑领导力［M］.方海萍，等译.北京：中国人民大学出版社，2008.

织内部成员和外部相关利益人都了解和接受组织愿景。另外，应根据组织内部情况和外部环境的变化不断调整组织愿景，以求得愿景的激励功能最大化地实现。在这一过程中，领导者首先要明确的是组织内部成员和外部利益相关者的所思所想。在组织愿景执行的过程中充分尊重和兼顾他们的利益，使他们能够在组织愿景实现的过程中分享利益，这有助于增强组织的凝聚力和吸引力，推动组织不断进步。

3. 确立价值选择

价值选择是实施领导愿景的首要外部问题。实际的价值选择是异常复杂的价值重组过程。从价值观的层面上理解，领导者必须从小到大整合个人、组织、民族甚至全人类的价值观。在人类社会发展的各个阶段，那些优秀的组织或个人，都能够站在更高层面对不同利益相关者的价值观进行合理重组，并以此作为组织愿景。那么，领导者首先要思考组织成员的个人价值观，因为任何一个组织都是由一个个有性格的人所组成的集合，组织的愿景首先要体现组织成员个人的意愿和价值观。其次，组织愿景是由个人愿景组成的，组织的大愿景需得到组织成员的认可和接受，并且为之付出努力，将组织愿景的实现作为实现个人目标和利益的前提和基础。成功的组织都会将组织成员的个人愿景有效地融入组织的共同愿景中去。

4. 考虑社会因素

社会因素主要包括社会心理、社会制度、社会结构和社会进步等。其中，社会心理是人们对社会结构和社会运行现状较为直接的主观反映，在个体层面主要表现为社会认知、社会感情、行动倾向，在群体层面主要表现为风俗、习惯、成见等等[①]；社会制度是维护社会形态与社会关系的一系列规范体系；社会结构是组成一定社会体系的社会成员的组成方式与关系格局；社会进步既包括物质进步，也包括精神进步。这些社会因素均会影响组织愿景的产生和发展。

5. 呼应科技进步

自近代以来，科技对组织发展的影响越来越重要，科技不仅提高了制造产品的效率，而且也推动了管理思想和管理方法的变革。领导者在制订组织愿景的过程中应善于发掘和利用科技进步为组织发展带来的机遇，将组织发展与科技进步相呼应，推进管理方法的创新。总之，现代科技的发展为领导方法的创新创造了现实条件。

6. 改变组织自身

愿景是组织未来的发展目标的综合体现，是组织历史和现实的延续。在制订组织未来发展愿景的过程中，领导者虽然要综合考虑外部的社会价值观、社会进步和科技等因素，但对于组织而言，未来发展状况也受组织内部因素的影响，主要包括以下五个因素：第一，组织发展过程。第二，组织提供的服务。组织过去和现在所提供的服务对组织愿景有很大的影响，领导者在制订组织愿景时通常要规划未来的服务发展方向，而它很大程度上是基于组织过去的发展以及主要提供的服务而制订的。第三，组织的成员结构。组织成员主要是指组织内部的领导者和普通成员，组织成员构成的变化对组织愿景有直接的影响。第四，组织的战略制订。战略是组织对未来发展路径的选择。战略是愿景的具体实现路径，愿景则是战略发展要达成的结果。领导者要善于把一些普适性的战略整合到组织愿景中，

---

① 沈杰. 中国社会心理嬗变：1992—2002[J]. 中国青年政治学院学报，2003，22（1）：133-139.

为组织成员提供发展指南。第五，组织的核心能力。核心能力是战略成功实施的结果，是愿景所要表达的核心内容之一。

三、领导愿景的实现

领导愿景是组织中所有成员的共同愿景。共同愿景是个探索的过程，不能期望一蹴而就，必须根据组织的实际情况逐步探索。建立共同愿景，有两个相关的因素十分重要：成员的参与程度和学习能力。有的组织一开始就推行共同愿景，而且让成员参与组织目标的设定，经常带来很不好的效果。共同愿景的建设分为告知、推销、测试、咨询和共同创造五个阶段。

1. 告知阶段

组织刚开始还不成熟的时候，共同愿景的建设是处于告知阶段。在这个阶段，就是由组织领导制订一个既定的目标，包括愿景以及从愿景延伸出来的战略、宗旨、价值观、信条等，告知自己的成员，要求成员必须无条件执行。如果首先不给成员指定一个目标，成员的力量就无法集合在一起。

在告知阶段必须注意如下问题：第一，传达给成员的信息必须直接、清晰、一致，不能用模糊的话。第二，对组织现状要说实话。说实话可能引发危机，但人们经常说实话和听实话，大家就会锻炼出适应力。只有说实话，只有建立了信任，才能使愿景不断清晰。第三，信息传达要适当地注意细节，但也不能太细。如果成员不了解一些架构性的信息，将无从下手，但若组织所做太细节化，则成员没有发挥的余地。

2. 推销阶段

推销阶段就是站在组织成员的立场来推销组织的目标。首先是要改善领导和成员的关系及成员的工作生活条件。先把这些成本比较低、代价小的工作做好了以后，成员对组织有了信任感，才更能接受组织的愿景。领导者在推销组织的愿景的时候，要着重愿景的好处，同时注意以个人的意见发表观点，而不是以组织的意见发表观点，并以多渠道、多形式开发回应渠道来协助成员的自我开发。

3. 测试阶段

测试阶段主要是组织抛出一些信息，测测风向。这个阶段有如下要点：

第一，提供高质量的信息，给所有组织成员。

第二，真诚地询问。

第三，保护隐私：对事不对人，对愿景探询阶段所探知的成员信息进行保密。

第四，结合问卷与访谈。

第五，测试效益、动机和能力。

测试阶段只是部分了解成员的信息，决策和愿景都是部分的、片段的，组织不能期望把愿景的全部内容都由测试来决定。

4. 咨询阶段

咨询阶段要开展一定的双向沟通。在咨询阶段就是要用串联法把部分的、片段的信息组合起来，把各个部门搜集的信息和意见进一步汇总。如果领导者不是真心想接受成员的建议，而扭曲信息，那么容易失去成员的信任。在咨询阶段一定不要同时告知，咨询是在做沟通，如果此时又做告知，则会引起成员的强烈反感，成员会认为组织并不重视他的想法。

5. 共同创造阶段

经过前面的几个阶段，每个成员都被激活了，迸发出了很多智慧，组织则可采用归纳法，把大家的意见放到一起，整合大家的思路，从而凝聚出组织的共同愿景。共同愿景既包含了领导者的原始个人愿景，又整合了各层级成员对组织的期望，这时愿景领导才成为可能。不难看出，领导愿景的实现是需要一个过程的，也是有条件的，并非一蹴而就，也不是拿来就能使用的一个简单的工具和方法。但是，共同愿景一旦构建完成，其体现出的领导的威力和持久性也是其他工具和方法无法比拟的。

当然，作为领导客体的愿景也应随社会的发展而不断完善与提升。

第二节　领导体制

一、领导体制的内涵

领导体制指独立的或相对独立的组织系统进行决策、指挥、监督等领导活动的制度或体系，它用严格的制度保证领导活动的完整性、一致性、稳定性和连贯性。领导体制的内容包括领导的组织结构、领导层次和领导跨度以及领导权限和责任的划分。领导体制的核心内容是用制度化的形式规定组织系统内的领导权限、领导机构、领导关系及领导活动方式。任何组织的领导活动都不是个人随意进行的、杂乱无章的活动，而是一种遵循明确的管理层次、等级序列、指挥链条、沟通渠道等进行的规范化、制度化或非人格化的活动。

同时，任何组织系统内的领导活动也不是一种千变万化、朝令夕改的活动，它有一套固定的规则、规定或组织章程，各种领导关系、权限和职责具有一定的稳定性和长期性。组织内领导活动的这些特点是由组织的领导体制所决定的，没有一定的领导体制，领导活动就不能正常进行。

具体来说，领导体制主要包括以下几个方面的内容：

第一，领导体制的核心是各级各类领导机关职责与权限的划分。

第二，领导体制的载体是各级各类领导机构的设置。

第三，领导体制的内容包括领导者的领导层次与幅度。所谓领导层次，是指领导体制中纵向组织结构的等级层次，有多少等级层次，就有多少领导层次。所谓领导幅度，亦称"领导控制跨度"，是指领导者可直接下达命令发出指示并直接向他汇报、对他负责的人数。领导幅度的"二八定律"理论的基本要点是：在一般的领导机构中，担任正职的领导者宜有两位副手和八位被领导者，担任副职的领导者也宜有两位助手和八位被领导者。

第四，领导体制的内容体现为领导者的管理制度，即狭义上的人事制度。

二、领导体制的特征

领导体制除了具备自然属性与社会属性这两种根本属性之外，还具备以下几种基本特征：

1. 系统性

领导体制作为一个系统，是一个包括各级各类领导机关职责与权限的划分、各级各类领导机构的设置、领导者的领导层次与幅度以及领导者的管理制度在内的有机整体。

2.根本性

任何社会的领导活动，其成败归根结底取决于领导者的思想与活动是否符合社会发展的客观规律。

3.全局性

领导者作为个体的人，在自身所属的单位或部门中虽然起着驾驭全局的关键性作用，但在总体上却必须接受领导体制的规范与制约。

4.稳定性

领导者或领导集体是经常变动的，每一个领导者的思想作风与行为方式也会因人、因时、因地而异。而领导体制相对而言则是长期稳定的，它一旦形成，其根本内容就会在较长时期内保持不变。

三、领导体制的完善准则

要确保领导活动的效能，关键在于体制制度建设。完善的领导体制，应当遵循如下准则。

1.根本性

任何社会的领导活动，其成败归根结底取决于领导的思想与活动是否符合社会生产力发展的客观规律，以及由此引起的"适应性"的人或组织是否同外部环境相适应。体制的根本性作为制度的重要环节之一，对于领导科学研究领导体制的完善有重要的意义。根本性既要体现社会主义民主原则，形成民主决策、民主管理、民主监督的机制，又要成为领导行为的依据。领导者在适合领导活动要求的制度框架下开展各种领导活动，体制既能激励，又能制约和影响领导者的思想和行为。

2.科学性

科学性实质上是实事求是，是思想在领导体制建设中的表现，是制度建设的根本要求。不符合科学性的制度是没有说服力和可行性的。体制的确定，不仅要与时俱进，符合当代社会背景下的体制机制发展方向，而且要与客观发展的科学性相统一。必须要考虑体制是否符合客观实际和领导活动的规律，是否适应当代社会所处的环境和领导任务的要求。同时，任何体制都是一定的历史条件下领导关系的反映。

3.规范性

领导体制的规范作用是结合体制机制自身客观发展规律而不断完善的，会对领导活动产生直接的影响。规范性表现为对领导体制的规范，包括领导目标、领导组织结构、领导过程的责权关系及领导行为方式、约束监督、领导评估等诸多方面。体制的规范性，就其意义上说，是提高领导水平和执政能力、预防腐败、提高领导效率的根本基础。

第三节 领导机制

一、领导机制的内涵

领导机制，是为了正确有效实施对组织的领导，而对行政组织的领导活动方式、领导要素使用、领导体制运行中的一些重要方面、重要环节、重要过程、重要制度尤其是对组织的领导决策制度、领导干部选用制度和领导干部监督制度等做出的科学化、程序化、形式化、方法化和细则化的规范与保证。它是依据有效实现行政组织领导的规律性、科学性、效率性、可靠性要求，在行政组织的领导体制及其基本制度的框架下，经行政组织的领导实践而逐渐形成和丰富起来的。它是对组织的领导体制及其主要制度在运作方面的一些重要补充、发展、明确和具体化，从而使组织中的领导活动及其主要制度运作起来有更完备、详细、清楚、条理的指导、规范和保障。

二、领导机制的构成

领导机制包含两层含义：一是该机制由哪些部分组成；二是这些部分是如何组成并以何种方式相互联系和相互作用的。

领导机制在运行过程中出现的民主不够、集中也不够并存的问题，在集体领导与个人分工负责关系上出现的分工不负责和分工即分家并存的问题，在少数与多数的关系上出现的多数人正确意见得不到采纳而少数人的错误意见却能够形成决策的现象，在个人与组织的关系上出现的个人不执行组织决定与组织不敢大胆管理的现象，在组织内监督问题上出现的同级监督不力与上下之间互相监督无序的现象等，都是领导机制结构不合理的具体体现。

因此，组织的领导制度改革应该是组织的领导机制各组成部分重新组合的过程，是组织的领导机制的结构优化过程。结构优化可以理解为：通过改革达到领导机制各组成部分内部的各要素的最佳结合或者说是合理组合，例如，改变领导班子年龄、智能要素、知识要素的构成；促进领导体制各组成部分之间的合理组合，例如，理顺组织的各个核心职能部门之间的关系以形成整体效能等。

三、领导机制的优化

优化领导机制，必须健全监督机制，而监督机制建设的首要任务就是组织内部监督。为适应不断完善的社会主义市场经济体制，我们必须加快经济、政治体制包括领导机制方面的改革，进一步完善现行领导机制。

社会主义市场经济体制的主要环节不能协调循序推进，经济结构转换的变革、领导机制的监督、经济管理体制的改革这三者之间的不相称、不适应，正是腐败案件多发的不利因素。说到底，这是生产力与生产关系、经济基础与上层建筑这一社会发展基本规律在经济转型时期的具体体现。按照这一客观规律要求，必须努力促进领导机制的改革，因为体制机制改革越是滞后，所付出的腐败与反腐败的代价也就越大。进入新时代，改革与发展都已进入关键阶段，领导机制的优化更需基于使经济和政治体制适应市场经济发展这一现实需求。

👉 第四节　领导责任

一、领导责任的内涵

作为领导者，责任是第一位的，权力是第二位的，权力是尽责的手段，责任才是领导者的真正属性。

所谓领导责任，是指领导者对某项工作或某一事件所担负的责任。可以从积极意义与消极意义两个方面理解领导责任。积极意义的领导责任是指领导者在其岗位上积极作为、开拓进取，主动地履行岗位职责，取得优异的工作业绩；消极意义的领导责任是指领导者不作为或不主动履行职责，不对突出问题及群体性事件承担与领导工作职责相关的责任。

一般而言，领导责任主要是指消极意义的责任。领导者的主要职责是用人、决策、检查和落实，因而领导责任就具有间接性的特点。但是，领导责任不是一句空话，不能成为搪塞责任、逃避处罚的"挡箭牌"，而必须认真、严肃地予以落实。消极意义的领导责任可分为直接领导责任、主要领导责任、重要领导责任和一般领导责任。直接领导责任者是指在职责范围内，不履行或者不正确履行自己的职责，对造成的损失起决定性作用的人员。主要领导责任者是指在职责范围内，对直接主管的工作不负责任、不履行或不正确履行职责，对造成的损失负直接领导责任的人员。重要领导责任者是指在职责范围内，对应管的工作或者参与决定的工作不履行或不正确履行职责，对造成的损失负次要领导责任的人员。一般领导责任者是指对下属单位存在的重大问题失察或发现后纠正不力，以致发生重大事故，对造成的损失负一定领导责任的人员。[①]

二、领导责任的分类

1.依据承担责任的原因不同，可以分为行为领导责任和结果领导责任

行为责任中产生责任的原因为某个特定的行为，这个行为是否造成了损害后果或者损害后果是否严重对领导责任的成立不产生影响，只对责任大小发生作用。这个行为在客观上包括作为和不作为，在主观上包括故意和过失。结果领导责任的成立标准则与之大相径庭，行为造成的后果才是责任承担的前提，如果享有领导职权的集体或个人仅做出了一个符合法规规定的行为，但并没有出现法律法规规定的后果时，责任的承担主体仍然可以以此为抗辩理由要求免除领导责任。

2.依据承担责任的主体不同，可以分为个人领导责任和集体领导责任

这两种责任最大的区别在于是否实行双罚制。个人领导责任表现为对行政机关或军队的首长或负责人直接进行处罚，独立承担行政领导责任。在集体负责制中，真正承担领导责任的是集体，但这些行为是通过个人行为实现的，集体中的组成人员对该责任负有不可推卸的责任，所以法律才对参与其中并直接影响结果的人采取各种措施。这不是领导责任，而是单位领导责任的内部分配。

3.依据承担责任的内容不同，可以分为警告、记过、记大过、降级、免职、撤职、开除、罚款和没收违法所得等

这些措施通常可以被再次划分为身份处分和惩戒处分。身份处分是以处于领导地位主体的职务资格性质为制裁内容的，惩戒处分则是对领导主体实施的除身份以外的不利处分。

---

① 张西京.建立引咎辞职和责令辞职制度的五个关键问题[J].甘肃社会科学，2003（4）：46-49.

三、领导责任的内容

领导权力实际上是来自人们对权利的一种让渡。当人们让渡权利形成领导权力之后,如马克思所揭示的,权力是分配社会性权利的一种有用且有力的工具,领导权力也是以不侵犯人们的自由权利为上限,而这恰恰也是领导权力所应该肩负的最基本的领导责任。[①]这就是领导制度存在的根基,人民对领导者的信任和服从是社会正常运作、国家构建并稳定发展的重要因素。

中国的领导者多数是通过选举以及权力机关任命的方式产生的,一般包括中央人民政府和地方各级人民政府及其工作部门的正、副职。无论以直接选举和间接选举的方式产生,还是以权力机关任命或其他法律规定的方式产生,他们都体现了民意,也都蕴含着人民的信任、服从。在中国,根据民主集中制的要求,行政机关的责任制分为首长负责制和集体负责制。但对于首长负责制中的首长,不应视作领导责任的唯一承担者,否则有些以偏概全。在具体案例中进行领导责任分配时是落实到具体的个人,但是在研究行政责任主体时必须看到对外承担责任的法律主体还有集体。在集体负责制中,个人承担的是内部责任,而非领导责任。这就好比刑法中,单位犯罪的主体只能是单位,而承担刑事责任的却可以是个人。

领导责任不是一句空话,还有另一层重要的意思,就是当工作中出现了问题和失误的时候,领导者要勇于承担责任。从这个意义上讲,工作中出现一些问题和失误,虽是正常的,但这决不能成为推卸责任的借口。领导者对自己工作中出现的问题和失误,必须实事求是地弄清其产生的原因,自觉主动地查找自己在主观意识和工作方式、方法上的责任,不推不拖,不遮不掩,诚心诚意地接受群众的监督,不断总结经验教训,改进工作,这才是责任意识强的表现,才有助于达到改进和推动工作的目的。也正是从这个角度上讲,对一些领导者在重大事故中应负的领导责任必须予以追究,决不能姑息迁就。

四、领导责任追究制

众所周知,权力与责任,是一对互相依存的矛盾,相随相伴,不可分离。从来就没有无权力的责任,也没有无责任的权力。如果抛开责任,孤立地对待权力,那么权力就会成为伤人害己的双刃剑,危害无穷。不受制约的权力必然滋生腐败。现代管理科学的一个重要内容,就是强调权力与责任的有机融合和相互制约。

对所有的制度法规而言,原则是支撑起整个组织体系的中流砥柱。领导责任作为行政责任的表现形式之一,在对责任认定和追究的过程和结果上,都体现着原则的要求。

1. 权责统一原则是前提和基础

权责统一原则要求领导者在任职以后,对做出的行为承担责任,不允许行政机关只享有行政权力,而不承担相应的责任。领导责任本身是对领导权力的一种对应性的约束,有权必有责,有权须有责。[②] 权责统一原则反对无责任的权力,使所有的领导行为均纳入责任的统筹下,从而控制权力,形成权力与责任相制衡的平衡体系。领导权有两面性:一方

① 马正立. 领导权力与领导责任析[J]. 重庆社会科学,2017(5):19-25.
② 马正立. 领导权力与领导责任析[J]. 重庆社会科学,2017(5):19-25.

面它是一种权力，具有天然的扩张性和滥用的倾向，这种特性决定了权力和责任从产生之初就不可分割，不允许无权力的责任存在，也不允许无责任的权力存在；另一方面它是一项义务，享有领导权的领导者必须履行这些法定的职能，否则就会产生责任。因此，制度规定某些应当承担领导责任的主体享有职权——这是责任的前提，如果一个主体不享有领导权，也就不存在什么领导责任了。

2. 程序公开原则是保证

程序公开原则包括程序公正原则、程序公平原则、程序公开原则。随着时代的发展，行政裁量权广泛存在于整个行政管理领域，被认为是现代行政的标志，对行政自由裁量权进行限制是行政法的核心。行政责任作为一种限制行政自由裁量权的方式，表现为一种实实在在的惩罚，是一种实体上的结果。从法理学角度分析，领导责任就是一个法律决定，法律决定的正当性来自确定性和合理性，而在两者发生冲突时，确定性具有优先性。因此，想要证明领导责任的正当性，考察法律规定的认定和追究责任的行政程序是否被遵守才是前提。也许在个案中，按照法定程序得出的结论可能是不合理的，但应当是合法的。只有以实现程序正义为优先选择，才能有更大的概率做出更多正当性的法律决定。同时，做出领导责任决定的依据应当公开。人们在维护自己合法权益的行动中发现，只有了解行政决定做出的法律依据以及裁量基准，才能有效防止行政裁量转变为随意行政。程序公开原则是制止自由裁量权转换形式最有效的武器。

3. 合法性原则和合理性原则是评价标准

第一，在认定行政责任大小、追究程度如何时，应当以履行职权的合法性、行使自由裁量权合理性作为评价标准。在中国，领导主体履行职权的合法性取决于其所在的行政组织行政权力的范围和大小，行政领导主体依附于行政组织而存在，所以在认定和追究行政领导责任时，首先应当对行政领导所在单位的职权进行调查和确认进而明确领导责任的大小和范围。如果发现领导行为是符合法律规定的，就应当确认领导行为在自由裁量权范围内行使得是否合理。领导者之所以要承担领导责任，最主要的原因就是具有自由裁量的权利，而非简单地依令执行。领导者依据其管辖范围的具体情况和自己的职权，合理决策工作目标、实施途径、执行方式等事项，这也是确定责任的根本标准。

第二，在对承担领导责任的主体做出惩罚时，应当以做出处罚决定的程序的合法性以及处罚结果的自由裁量的合理性作为衡量的标准。对领导责任的认定和追究行为是一个具体的领导行为，因而领导责任认定和追究的过程和结果必须符合法律制度对具体领导行为的要求。同时，领导责任行为属于负担性行政行为，所以必须严格按照法律规定的程序进行，从而为实现结果的公正打下坚实的基础。

思 考 题

1. 简述领导愿景的实现过程。
2. 什么是领导体制？领导体制的特征有哪些？如何完善领导体制？
3. 简述领导体制与领导机制的区别与联系。
4. 什么是领导责任？领导责任的分类有哪些？
5. 简要分析领导责任追究制。

案例讨论

娃哈哈集团创始人宗庆后的领导风格

自 1987 年成立以来，从当年的娃哈哈儿童营养液，到如今涵盖包装饮用水、蛋白饮料、碳酸饮料、茶饮料、果蔬汁饮料、咖啡饮料、植物饮料、特殊用途饮料、罐头食品、乳制品、保健食品等十余类 200 多个品种，娃哈哈的"产品王国"更加丰富多彩，这个家喻户晓的国民品牌也不断被赋予新内涵。

"娃哈哈要变得更加年轻化、健康化、颜值化。"这是宗庆后对品牌新内涵的目标定位，也是一个已令消费者明显感受到的变化。

娃哈哈的变化，与娃哈哈近年一系列大刀阔斧的改革创新密不可分，新潮产品、跨界营销、数字赋能，风生水起。宗馥莉从 2018 年入主娃哈哈品牌公关部，到 2021 年出任集团副董事长兼总经理，也为娃哈哈的品牌焕新输入新生代力量。

2023 年，36 岁的娃哈哈品牌，在宗氏父女的携手下，加速新消费与新制造融合，在时代的潮流中不断焕发新生。

娃哈哈与许多改革开放之后成长起来的中国品牌一样，经历了从学习到创新的发展阶段。宗庆后说："娃哈哈已走过'三次创新'，从跟进创新、引进创新到自主创新。"

目标百年品牌的娃哈哈，围绕以消费者为中心，对其进行精准定位，把握消费趋势及市场潜在需求，做好品牌焕新、产品推新，投消费者所好，供消费者所需。

近年来，娃哈哈实施从安全到健康的产品升级，不断细分消费场景，并拓展产业链。

宗庆后认为，当前不仅仅是国内老龄化趋势带来对大健康产品的需求，年轻人对健康产品的需求也很大。

在这样的大背景下，娃哈哈将大健康产品做到了全龄覆盖，比如从 4~10 岁、11~17 岁的钙维生素 D 咀嚼片，到"妙眠"保健食品，再到适合中老年人群的鱼油、辅酶 Q10 等。

数字赋能实体经济，助推制造业转型升级，是娃哈哈加快创新发展的又一抓手。娃哈哈已着手在杭州乔司基地、徐州基地、温州文成基地和萧山基地，建设 5 条无菌智能化生产线，采用最先进的智能化技术，打造饮料行业智造升级的样板工程。

讨论：

1. 请分析宗庆后的领导行为。
2. 通过对该案例的分析，谈谈你对领导体制改革的认识。

第五章

领导环境论

随着人类社会的不断进步和发展，环境对于人类来说显得越发重要，环境已成为现代人类生活和实践中的大概念。人们对环境的研究也从地理环境、生态环境扩展到社会环境等诸多方面，并且还产生了专门研究环境的科学——环境科学。人们对于环境的认知与界定已从生态学视野扩展到综合性科学范畴。美国哲学家、教育家约翰·杜威（John Dewey）在定义环境时指出："所谓环境，即生物实行它的特别活动时所有关系的种种情况的总和。"①而"所谓社会环境，即同伴的一切活动，这种活动与每个当事分子的活动有密切联系"。"一切个人的活动与别人的活动有了关系的时候，他就有了环境。"可见，环境的本质在于划分事物间的相互联系，是一个发展的综合性概念。

而所谓领导环境，就是指领导者（或领导集团）在实施领导的过程中，所必然遇到的那些影响和制约领导行为过程的各种因素的总和。领导环境按照性质的不同，可分为自然环境、社会环境和人文环境。任何领导活动总是同客观存在的物质世界乃至人们的精神世界发生各种各样的联系，并受其影响和制约。环境影响领导者和组织成员的情绪，影响领导方式和方法，影响领导职能的发挥，影响领导者的作风和素养。领导活动正常、高效地运行，离不开对环境的认识、适应、利用和改造。

第一节　自然环境

一、自然环境的内涵

自然环境是环绕人们周围的各种自然因素的总和，是一切直接或间接影响人类的、自然形成的物质、能量和现象的总体，是人类出现之前就存在的、人类赖以生存和发展所必需的自然条件和自然资源的总称，即地球的空间环境、阳光、地磁、空气、气候、水、土壤、岩石、动植物、微生物以及地壳的稳定性等自然因素的总称。这些是人类赖以存在的物质基础。通常把这些因素划分为大气圈、水圈、生物圈、土壤圈、岩石圈等五个自然圈。人

---

① 杜威.民主主义与教育[M].王承绪，译.北京：人民教育出版社，2001.

类是自然的产物,而人类的活动又影响着自然环境。

二、自然环境的特征

1. 客观性

自然环境是客观存在的,它独立于领导活动之外并制约着领导活动。空间环境、阳光、地磁、空气、气候、水、土壤、岩石、动植物、微生物以及地壳的稳定性等自然因素,都有其各自的存在方式和运行规律,都是不以主观意志为转移的。

2. 系统性

自然环境是一个系统。自然环境中的各个要素是相互关联、互相制约的,形成了一定的结构。自然环境的系统性还表现在动态平衡上,系统内各个要素相互作用,使整个系统保持动态的平衡。

3. 复杂性

自然环境包含的因素很多,并且处于运动的过程中。自然环境的这种复杂性,不仅表现在诸多因素的相互交叉和运动上,而且当领导活动与自然环境结合的时候,则更表现出错综复杂的情况。

三、自然环境对领导活动的影响

自然环境是天生的,即先天性的,人们无法在一开始就去选择或者改变它的原始面貌,这就是它的客观性。客观的环境对人类活动尤其是领导活动而言有两个方面的影响:第一,因互动而形成的对立统一的关系,领导者只能主动适应自然环境,无法选择客观存在的环境;第二,自然环境对领导活动存在着限制性,自然环境对领导活动的限制主要是指资源上的约束。领导活动本身就是调动各方面的因素去完成预期的目标的,而困境就是自然环境上已经给定的资源,包括地理空间位置、自然能源等,这种资源对领导活动造成影响。

四、领导者对自然环境的把握

自然环境的客观性告诉我们,领导者在实施领导活动中必须采取客观的、主动的和实事求是的态度去认识和把握自然环境,绝不应采取回避的态度,更不能以自己的兴趣和爱好轻率地对待自然环境。自然环境的系统性说明,领导者在对待自然环境的问题上,首先要树立系统观念,重视系统整体功能的发挥;其次,领导者必须注意到协调构成自然环境系统的诸多子系统之间的结构、层次和制约关系。自然环境虽由于其客观性对领导主体的客观活动造成了一定的影响,但是,领导活动又具有主观能动性,这就意味着领导主体可以充分发挥主观能动性去认识客观的自然环境,领导者可以根据具体的自然环境特色,掌握当地自然环境的规律,从而使领导活动符合地方实际,这样领导活动就有了生存及发展的土壤,这也会使得领导活动在实际操作中具有强大的生命力。例如位于湖南省邵阳市的绥宁县曾经十分贫困,县政府领导根据该县自身生态良好、自然风景优美、旅游资源丰富的特点,以发展乡村特色旅游业为引擎,使其走上了"旅游扶贫"的道路。

第二节 社会环境

一、社会环境的内涵

社会环境是指人类生存及活动范围内的社会物质、精神条件的总和。广义的社会环境包括整个社会经济文化体系，狭义的社会环境仅指人类生活的直接环境。社会环境按包含要素的性质和功能分为不同种类。

二、社会环境的特征

1. 客观性

社会环境是领导过程中不以领导主观的意志为转移的客观条件。不管领导者承认与否，认识到或认识不到，它都必然地存在着，并对领导活动产生影响。比如，政治环境安定、人际关系和谐等会形成领导主体的良好工作环境，为领导主体充分发挥才干、做出显著政绩提供有利条件。

2. 作用的多样性

社会环境对领导活动所产生的作用是多样的、复杂的。其主要表现为以下几个方面。首先，社会环境的不同决定了领导方式的不同，如战争时期与和平时期领导方式的不同；自然经济与商品经济领导方式的不同；经济工作与政治工作领导方式的不同；常规领导方式与非常规领导方式的不同。总之，社会环境的性质与特点，决定了领导方式的性质与特点。其次，社会环境的不同决定了领导工作的成效不同。对于同一领导主体来说，有利的社会环境可以形成充分发挥其才干的舞台，使领导主体的领导活动成果累累。不利的领导环境可能限制、阻碍领导主体才干的正常发挥，甚至可以使领导主体的才干湮没在无谓的纠缠之中，而得不到应有的发挥。再次，不同的社会环境可以对领导主体产生不同的心理影响。良好和谐的社会环境，可能使领导主体心情舒畅，处于创造性、能动性、主动性的兴奋状态，有利于提高工作效率；不利的领导环境，可能使领导者厌烦、苦闷、麻木等，使其创造性、能动性、主动性处于被压抑的状态。

3. 运动变化性

任何事物都处于永恒的运动之中，社会环境也不是静止不变的，而是运动变化的。随着人类认识与改造自然能力的不断提升，人类社会的政治、经济、文化等各方面也都在发展，因此社会环境也必将随之不断地发生变化。2020 年，党的十九届五中全会指出，我国发展环境面临深刻复杂变化，我国已转向高质量发展阶段，制度优势显著，经济长期向好，创新能力不适应高质量发展要求，民生保障存在短板，社会治理还有弱项。① 在全面深化改革的关键时期，随着经济体制改革的深入，政治体制改革也正在逐步展开，我国在党政分开、简政放权、精简机构，以及干部队伍的革命化、年轻化、知识化、专业化等方面都取

---

① 新华网. (受权发布)中国共产党第十九届中央委员会第五次全体会议公报[EB/OL]. (2020-11-15)[2023-10-03]. http://www.xinhuanet.com/politics/2020-10/29/c_1126674147.htm.

得了一定的成绩，对优化社会环境起到了良好的作用。可以预料，随着政治体制改革的不断深入，社会环境必将得到进一步优化，而社会环境的优化，对于提高领导效能，必将发挥重大的作用。

三、社会环境对领导活动的影响

领导工作离不开一定的社会条件。任何领导者都是处在一定的社会环境之中，受社会环境的制约的。领导工作的成败与所处的社会环境密切相关。

1. 政治环境对领导活动的影响

政治因素涉及一个国家的政治制度、政党制度、阶级状况、政治文化、法律制度、政府的政策倾向以及公众的政治倾向等，它对于领导活动有着极其重要的影响。在社会环境中，政治环境对一个国家的领导性质和领导体制影响最大，因为它们同属上层建筑的组成部分，关系密切。一个国家的政治制度、政党制度以及政治体制等环境因素，对领导活动的根本性质、领导体制具有直接的作用。

风清气正的政治环境对改革目标顺利实现、经济社会平稳发展具有重要保障作用。法律健全、阶级层次分布合理、政治文化积极向上、政府的政策能够得到绝大多数目标群体认同、公民的政治素质较高、国际关系良好等，这样的一个社会政治环境会对领导活动产生较少的约束，因为政治体制的稳定健全会减少一些突发情况带来的危害。因此领导主体在这样的政治环境中能够把精力更多地集中在领导方法科学与否、领导决策正确与否上，从而使领导活动更加科学合理①。

当年的延安就是很好的例证。延安本是中国最贫穷落后的农村地区之一，远离城市文明，自然环境恶劣，物质条件匮乏。但是，成千上万的爱国青年却冒着生命危险奔赴延安，1940年代初期就已形成约4万人的知识分子群体。延安为什么会具有如此巨大的吸引力？对此，毛泽东同志给出了答案："陕甘宁边区是全国最进步的地方，这里是民主的抗日根据地。这里一没有贪官污吏，二没有土豪劣绅，三没有赌博，四没有娼妓，五没有小老婆，六没有叫花子，七没有结党营私之徒，八没有萎靡不振之气，九没有人吃磨擦饭，十没有人发国难财。"②换言之，就是延安的政治生态好。也正是因为当年延安良好的政治生态，才使这里成为群英荟萃、群贤毕至的革命圣地，并培养造就了一大批对党对人民对革命无限忠诚的先锋战士、运筹帷幄决胜千里的优秀领导人才和为中华民族的独立、解放不惜抛头颅、洒热血的仁人志士。

2. 经济环境对领导活动的影响

经济环境是由社会生产力和生产关系的状况决定的，具体说就是社会生产力的性质、发展水平，生产资料的所有制形式、性质和成熟程度等。

物质决定意识，经济环境对领导活动具有重要意义。因此，领导者开展任何领导活动都必须以组织所处的经济环境为基础。同时，领导者开展领导活动还必须根据特定的经济环境提出的要求和提供的条件及其变化来进行适当的调整和改革，以便使组织能更好地适应经济环境，从而更有效地开展领导活动。

---

① 郝凤岐.论领导环境对领导工作失败的影响及对策[J].理论探讨，1993（1）：36-40.
② 毛泽东.毛泽东选集：第2卷[M].北京：人民出版社，2007.

但是不利的经济环境，如不利的人口情况、市场需求、技术设备以及资金的匮乏等，对领导者的职能活动都有一定的负面影响。现代社会，经济活动的范围越来越广泛，社会生活的联系越来越紧密，社会发展的节奏越来越快。现代社会的这些特点，急需要领导者运用电子计算机等工具，借助现代化的领导手段，对经济、社会发展问题进行分析和综合。如果社会生产力低下，社会财富极度贫乏，缺少先进的科学技术设备，领导者就无法运用先进的科学领导方法去从事领导工作，也就不能使领导科学化的水平得到提升，领导活动就会在宏观或微观的指导上出现失误。

3. 文化环境对领导活动的影响

社会文化主要指一个国家、地区的民族特征、价值观念、生活方式、风俗习惯、宗教信仰、伦理道德、教育水平、语言文字等的总和。一个百花齐放、相互取长补短的文化环境会给领导活动带来很多有利条件。这样一种积极向上的文化环境能够使领导对象更易于接受与自身观点不同的领导决策。同时，在领导活动中，领导主体和领导对象可以相互交流各自的知识，互相学习，有益于消除一些在领导工作中产生的小团体主义。

如果文化环境中没有良好的思想因素，就不能使领导工作置于一个健康向上的环境之中从而获得极大的思想文化动力，也不会更有力地造就一大批有觉悟的、有文化的领导者和被领导者，更不会使领导工作充满生机和活力。在中国古代文明发展进程中，中华民族创造了灿烂的中华文化，积累了丰富的治国理政经验和智慧。习近平总书记深刻指出，中华民族有着五千多年的文明史，我们要敬仰中华优秀传统文化，坚定文化自信。要善于从中华优秀传统文化中汲取治国理政的理念和思维。党的十八大以来，习近平总书记高度重视中华优秀传统文化的继承与弘扬，要求各级领导干部注重学习历史，结合我们正在干的事业和正在做的事情，善于借鉴历史上治理国家和社会的各种有益经验，不断提升人文素养和精神境界。

四、领导者对社会环境的优化

领导者应从不良社会环境对领导活动的影响中吸取教训，并采取以下相应的对策。

1. 正确认识社会环境

领导者要把握住领导工作的社会环境的特点，并要认识和掌握领导环境发展变化的客观规律，掌握马克思主义辩证唯物论的认识论观点，防止主观性、片面性，正确把握社会环境的各个方面，既要把握其量，又要把握其质；既要认识积极的一面，又要认识消极的一面；既要搞清社会环境状况，又要搞清工作环境的状况等。领导者要具有统筹全局的战略头脑、多谋善断的决策魄力和不断创新的进取精神，在经验和学识等方面也必须有较高的水平，以更好地适应社会环境。

2. 充分利用社会环境

领导者要善于在认识和适应社会环境中利用各种环境因素，根据不同的任务、不同的对象、不同的条件，审时度势，把握时机，采取灵活的方式方法，把领导目标转化为现实。当前，我国领导者应在认清国内外新形势的前提下，充分利用世界新技术革命浪潮向前涌进的环境，积极地采取对策，研制和开发"5G、大数据、区块链"等先进技术；充分深化经济体制改革，促进经济从高速发展转向高质量发展；充分把握日趋复杂的国际环境，积极构建人类命运共同体。领导者只有能够充分利用有利的社会环境因素，才会使事业获得成功。

3. 积极改造社会环境

领导者应善于创造良好的小环境、小气候，从而促进良好的大环境、大气候的形成与发展。这就需要每个领导者积极地借助于行政手段、法律手段、科技手段和具体深入的思想政治工作，把人们的积极性充分地调动起来，率领干部群众去改造领导环境，努力营造出一个工作精力集中、思想活跃上进、有利于身心健康和便于开展领导工作的良好的领导环境。

第三节　人文环境

一、人文环境的内涵

人文环境可以定义为一定社会系统内外文化变量的函数。文化变量包括共同体的态度、观念、信仰系统和认知环境等。人文环境是社会本体中隐藏的无形环境，是人为因素造成的、社会性的，而非自然形成的。人文环境变量主要体现在文化传统、社会心理、意识形态、个人价值取向等方面。不同文化中的决策活动和领导方式是否不同？在不同的国家到底会发生哪些变化？这是领导学要研究的重要问题，即不同文化中的领导。也就是说，领导理论提出的那些领导方式对于跨文化情境是否适用？斯道戈迪尔说，我们必须思考独特的或一般的领导活动与特定环境之间的关系，这种特定背景下的领导要求对一般的文化制度进行检验和考察。随着经济全球化的深入发展，领导活动必须在多种文化体系的交融中才能得到完整的理解。

二、人文环境的特征

1. 结构的复杂性

人文环境可分为内部环境和外部环境。内部人文环境包括社会主义核心价值观、人们的生活取向、人际关系等；外部人文环境指领导主体职权范围以外的、能够影响领导活动的诸多人文因素的总和。外部环境与内部环境可以通过信息流、物质流、能量流的交换而相互影响，优良的外部环境可以使内部环境优化，不良的外部环境，则会使内部环境劣化。同时，人文环境还可以分为可控环境与不可控环境，有些环境，领导主体可以掌握、运用、控制，这类环境就是可控环境；但是，有些可以影响领导活动的因素，领导主体不能对其加以控制，这类环境即不可控环境，这些因素若处理不当，就会干扰领导活动。

2. 可塑性

人文环境的可塑性主要是说明人文环境本身是一个弹性系统，是可以被领导者改造和利用的。人文环境是客观的，但这并不意味着领导者只能听其自然、顺应环境，受环境摆布。领导者不仅能认识环境和利用环境，而且还可以治理环境和改造环境。当然这种"治理"和"改造"不是随心所欲的，而是在认识和掌握人文环境发展规律和趋势的基础上，加以科学的和恰当的引导，推动人文环境的发展，使人文环境为领导活动服务。根据辩证唯物主义的观点，决不应把人和客观环境对立起来，而应该将二者结合起来，做到既重视人文环境，又在认识人文环境的基础上改造和利用人文环境，使客观环境的规律性和领导主体的能动性结合起来。

三、人文环境对领导活动的影响

人文环境不像自然环境和社会环境，它本身是一种思想观念和价值观的整合。人文环境对领导活动的影响是从领导主体自身的主观能动性开始的。人文环境同样具有客观性，但是它主要是通过影响领导主体对客观环境的认识，以及对这种认识所采取的价值观来体现。所以人文环境更像是一种软性的环境，通过影响领导主体的内部主观状态来作用于领导活动过程。针对人文环境对领导活动的影响，我们主要从价值观、思维方式和民主意识三个方面来阐述。

1.价值观念对领导活动的影响

随着社会变革深入推进，人们思想观念和价值取向的多样性、独立性、选择性、差异性不断增强。在价值观念从一元向多元转变的过程中，领导主体在进行领导工作时，不能简单地从自身的价值观念出发，不顾及被领导者的需求，理所当然地认为被领导者也是和领导者保持相同的主观状态的，这样会使领导主体的决策变成空中楼阁，设想得很好，但是却脱离了实际，不能有效地得到执行。这就要求领导主体在领导活动的过程中，在制定一项决策、决定采取措施的时候，要顾及被领导者主观上的接受状态，并积极地与被领导者进行沟通，彼此间能够达到相互理解、相互包容的状态，这样领导效能就会得到较大的提高。

2.思维方式对领导活动的影响

唯物辩证法告诉我们，物质决定意识，意识反作用于物质，主观意识在对客观环境的改造上发挥着很大的作用。同样，在人文环境中，领导者及被领导者的思维方式在很大程度上决定着领导活动的效能，因为它决定着领导者采取何种具体的方法、策略来实现预期的领导目标。在计划经济时代，计划的无所不包和强制性，使被领导者形成了对上级指令和领导者要求言听计从的思维方式。而随着信息时代的到来，人们的思维方式逐渐多样化、开放化，不再是铁板一块，被领导者对上级的指令、决策有了自己的看法，有了自己的思维方式。这就意味着，领导主体不能单纯地通过强制性和硬性的规定来要求被领导者无论是在思维上还是行动上都与领导者保持一致，如果领导主体还是采用计划经济时期的做法，很可能就会导致整个领导工作停滞不前，从而产生死气沉沉的工作氛围，被领导者不能够积极地对待上级交代的工作。这就需要领导者在领导活动的过程中注重领导方法的灵活性，了解被领导者的思维特点、办事特点，要积极授权，给予被领导者更多的灵活性，这样才能发挥出整个团队的能动性、积极性和创新性。

3.民主意识对领导活动的影响

被领导者思想呈现的新特点是社会的进步，也是对领导者的执政能力的一项挑战。执政不同于在实验室里做实验，失误了可以继续再来。比如爱迪生为了发明电灯泡，仅仅为了选择灯丝就试验了1600种耐热的材料和600种植物纤维，但在执政过程中一次决策失误所带来的损失就是无法估量的。近年来因为工作出现重大失误而被免职和引咎辞职的领导者不在少数。中共中央办公厅、国务院办公厅印发的《关于实行党政领导干部问责的暂行规定》提到对领导干部的乱作为要问责，同时对不作为、无作为的也要问责，以后想做四平八稳的太平官是没有可能了，没有政绩要追究法律责任。领导者要勇于担当负责，积极主动作为,保持斗争精神,敢于直面风险挑战。[①] 与计划经济时代相比,领导者面对的领导生态是复杂多变的,面对的工作任务是紧张繁重的,这种生态环境既给领导者提供了施展才华的难得机遇,同时也对其提出了严峻的考验。

四、领导者构建和谐的人文环境

任何领导活动都存在于一定的人文环境之中,人文环境对组织中个体的行为产生着重要的影响,只有当领导者和人文环境达到最和谐的状态时,才能取得最佳的领导效能。因此,探索建立和谐人文环境的有效途径和方法,最大限度地提高领导效能,具有十分重要的意义。怎样才能建立和谐的人文环境呢?人文环境是一个组织最有影响力的心理环境,在这里,建立良好的人文环境,主要是指领导者要处理好与上下左右人员的关系,以便更好地发挥被领导者的积极性,取得同级领导的密切配合,得到上级领导的大力支持,使自己处于一个比较宽松、和谐的人文环境之中,集中精力做好领导工作[②]。作为领导者,应该从以下几个方面着手来创造和谐融洽的人文环境。

1. 知人善任

只有知人善任,才能处理好与下级之间的关系,充分发挥下级的才能,调动其积极性。同时,还要能历史地、全面地、辩证地知人,并能容人之短、避人之短、用人之长。

2. 尊重上下级职权

对上级的决定,要坚决地贯彻执行,如果发现上级的决定和意见有不妥甚至错误之处,应及时向上级反映,但在上级的决定和意见改变之前,不能自行其是;对下级要充分地信任和尊重,使其有职、有权、有责,属于下级职权范围的事,不要随意干预和插手;凡属于同级领导职权范围的事不争,属于自己该做的事、该负责的事不推诿。

3. 加强沟通

加强沟通,能使领导者的指示、命令和意图得以贯彻,能使领导者了解组织成员的需求、组织的士气、各部门之间的关系,能使领导者得到更多的理解、配合和帮助以及上级的大力支持。加强沟通能增进彼此之间的理解和信任,减少不必要的冲突和误解,与组织成员建立良好的工作关系。随着互联网技术的普及,沟通交流越来越便捷,5G 技术、VR/AR 等新兴技术会造成沟通方式的多样化,领导者要根据实际适当改变沟通方式,加强与组织成员的沟通。

4. 建立规范有效的工作秩序

规范的工作秩序可以使领导者按部就班、井然有序地处理好各项事务,使整个组织高效、和谐地运转,对领导者的有效领导起着保证和推动作用。

(1)有科学的工作程序。

领导者要处理的事情很多,需要将有限的精力发挥出最大的效能,这就要根据事情的主次和轻重缓急,科学地进行分类排序,按顺序一一处理,急事要立即办,一般的事要按常规程序办,不该办的事坚决不办。

---

① 央广网.解读习近平在"不忘初心、牢记使命"主题教育工作会议的重要讲话[EB/OL].(2019-06-14)[2023-10-01].http://china.cnr.cn/yaowen/20190604/t20190604_524637672.shtml.

② 张亚伟.如何优化领导环境[J].领导科学,1998(8):1.

（2）建立严格的责任制。

要使组织有效地运转，实现有效的领导，必须在管理体制上处理好职责、职权和利益三者之间的关系，要在组织内建立严格的责任制，使组织成员都明确分工、各司其职、各负其责、各尽其能，并严格考核，奖罚分明，做到责任与权利要统一。

（3）健全科学的管理规章体系。

管理规章规定了组织活动的方向、程序、方式和方法。科学的管理规章是推动组织有效运行的重要保证，可以使组织成员、组织各部门分工合作、协调一致、统一行动，从而大大提高领导效能。制定管理规章要坚持科学性、稳定性、发展性、严肃性、平等性的原则，同时还必须有强有力的执行、监督措施，以保证管理规章的顺利实施。

5. 提高领导者"场能"，增加辐射力

领导者处于领导环境的中心，其自身"场能"的大小与优良人文环境的建立有着极为密切的关系，这种"场能"与物理学中的场力（如电磁力、核力）极为相似，场力的作用是无形的，但无所不在，而且是持久的，领导者的"场能"越强，对人文环境的辐射力、对组织成员的作用力也就越大。

（1）强化权力影响力。

领导者掌握着相应的权力，而这种权力是人民赋予的。因此，领导者必须正确行使这种神圣的权力，指挥组织成员有效地实现组织目标，若滥用职权，权力就会大打折扣，久而久之，就容易出现令难行、禁不止的局面。

（2）提高领导才能。

有才能的领导者会给组织成员带来成功的希望，使人产生一种敬重感。通常，领导者在其位就应努力使自己具有与职位相称的才能，高职低能不仅不能服众，而且也会大大减弱其权威影响力。

（3）增强人格魅力。

优良的人格品质也会使人产生敬重感，能对人产生强大的吸引力，无论职位多高的领导者，如果在人格品质上有缺陷，其权威影响力都会大大削弱甚至会荡然无存。

（4）改进领导作风。

领导作风关系着组织的生存与发展，良好的领导作风是无形的命令，又是有形的榜样，能潜移默化地在组织中树立起领导的权威，对个体行为起着极大的激励作用。

第四节 领导环境的作用

之所以分析领导环境与领导活动之间的关系，是因为领导环境在领导活动过程中有重大作用，它直接影响着领导活动的成败。领导环境，无论是自然环境、社会环境还是人文环境，都是相对独立的客观存在，都有其自身的发展规律。领导者在实施领导活动时，不只是要树立环境意识，重视环境的作用，更重要的是科学地认识环境，揭示环境发生发展的规律，因势利导地利用环境自身的发展规律，以期实现领导目标，获得最佳的领导效能。

领导环境与领导工作密不可分，认清领导环境对领导工作的作用，对各级领导者来说都是十分重要的。领导环境对领导工作的作用和功能，集中表现在对领导者活动的影响和

制约上,具体来说有以下几点。

1. 领导环境制约领导决策

现代领导决策,大到治国安邦,小到组织经营管理,远到宏观发展战略,近到微观具体战术,凡需领导和管理的区域、单位和项目,都需要在选择目标后,围绕着目标做出行动、决定、对策、方略,这些统称为决策。然而,领导者的任何一项决策的出台,都必须从实际情况出发,在权衡领导系统与领导环境的基础上做出,在思考领导环境时,要求领导者不仅要眼望中国,而且要眺望世界;不仅要观察历史与现实,而且要预测未来;不仅要着眼于局部利益,而且要重视长远利益。所有这一切不同性质的环境,都从不同的角度制约着领导决策的做出,忽视领导环境的这种制约性,单凭主观臆断,必然会导致领导决策的失误。

2. 领导环境决定领导方式

各种领导方式的产生,都与具体的领导工作特点的客观环境相联系。领导方式是领导者实现领导目标的中介,领导方式的正确与否直接关系着领导目标的实现程度。因此,随着领导工作的任务和特点的变化,领导者必须随时选择正确的领导方式。然而大量的领导实践证明,一种好的领导方式的选择和确定往往是由领导目标的性质和具体的领导工作的内外环境所决定的。一般来说,领导方式的选择是根据领导环境因素的多少、领导环境因素的清晰和模糊程度,以及领导环境的有序和无序状况等条件所确定的。当领导环境因素不多、因素间联系又很清晰,即领导环境处于有序的状态下时,领导者比较容易采取正常的领导方式从事领导活动,如直接领导的方式、民主方式、协调方式等;但当领导环境因素多且多变,又有许多因素模糊,即领导环境处于无序的状态下时,领导者须采取灵活多变的领导方式,如间接的领导方式、沟通的方式,甚至采取必要的强制领导方式等。

3. 领导环境影响领导效能

领导者是以追求高效能领导为目的的,但是衡量领导者的工作效能不能脱离领导的具体工作环境。领导环境的优劣直接或间接地影响着领导效能的高低,如果领导环境好,可以使领导者很顺利地达到领导预期的效能;如果领导环境差,领导者将常常加倍工作,还不能取得应有的效能,甚至会出现某种负效能。所以,人们在评价领导效能时应充分认识到领导环境的作用,而且领导者要正确地认识领导环境、科学地利用领导环境。领导环境对领导效能的影响是多层次和多方位的,或影响领导效率,或影响领导效益,或影响领导效果,或从总体上影响领导效能。领导者在实施领导的过程中,与其说是千方百计追求领导活动的高效能,还不如说是想方设法协调好领导环境。因为无序的领导环境是低效或负效领导的根源,而和谐的领导环境才是保证领导活动高效能的充分且必要条件。

🔷 思 考 题

1. 何谓领导环境?
2. 简述自然环境与社会环境的特征。
3. 简述如何优化人文环境。
4. 请谈谈领导环境的作用。
5. 如果你是一名领导者,你将如何利用好你身边的自然环境?

案例讨论

湘江新区的领导环境

湖南湘江新区是 2015 年 4 月经国务院批复设立的全国第 12 个、中部地区首个国家级新区，规划面积 1200 平方千米，涵盖岳麓区全境、望城区和宁乡市部分街镇；拥有 5 个国家级园区、2 个省级园区，常住人口 252 万。2022 年 GDP 突破 4 千亿元，达 4282.3 亿元，增长 5% 左右，经济总量居国家级新区第六位，以全省 5‰ 的面积创造了 8% 的 GDP。

湘江新区是先进制造聚集的现代产业重地。培育形成 3 大千亿级产业集群，占全省 14 个千亿级产业集群数量的五分之一，工程机械、新一代自主安全计算系统集群入选国家产业集群，成为先进制造"国家队"，智能网联汽车、先进储能产业走在全国前列，有上市公司 51 家，列全国新区第二位。

湘江新区是创新活力涌动的科技创新高地。湘江实验室、岳麓山实验室等全省"四大实验室"布局新区，3 所双一流高校、22 所高等院校、33 名"两院"院士、40 余万名在校大学生汇聚岳麓山下，岳麓山大学科技城成为湖南"最强大脑"和创新策源地。正加快建设湘江西岸百里科创走廊和 145 平方千米的湘江科学城，全力打造中部地区科创新引擎。

湘江新区是国家战略叠加的投资兴业福地。新区叠加国家级新区、高新区、综保区、"两型"社会配套改革等政策，复制自贸区政策，正系统集成全国先进地区优惠政策，致力打造营商环境最优新区，政务服务事项压缩 2000 余项，140 个政务服务事项实现"就近办"，营商环境居全国新区第 8 位。

湘江新区是山水人文交融的宜居宜游胜地。湘江新区集"山水洲城"风貌于一体，森林覆盖率达 42%，居国家级新区第一，一座岳麓山记录半部近代史，也是中共实事求是思想路线策源地，湘江水、橘子洲构成新区最美风景线，高端品质彰显、综合配套完善的品质新城正崛起湘江西岸，成为长沙城市新客厅。

讨论：

1. 湘江新区的领导环境有哪些特点？
2. 湘江新区的领导环境对领导活动有哪些影响？
3. 你认为领导者该如何利用领导环境，提高领导效能？

第六章

领导过程论

领导者通过确立决策目标、制定备选方案、综合评价方案、选定优秀方案并确保方案顺利实施等环节来确立组织的发展目标和发展方向。为了保证决策者制定的决策目标能够付诸实践，同时使组织的运行达到最高效率，领导者需要将组织的任务划分，即进行领导授权，使得组织内部能够进行有效的分工和协作，实现组织的扁平化。组织实现目标的前提是组织内成员向着同一目标努力，而领导指挥就是保证组织成员个人的意志服从于一个权威的统一意志，各司其职。在领导过程中，为了实现领导者的决策、授权、指挥等职能，沟通的必要性不言而喻。良性的沟通，可以提高组织的工作效率，同时也可以确立领导者的权威地位。组织在实现目标的过程中，由于受到周围复杂环境的影响，会或多或少地偏离既定的方向，领导控制就显得尤为重要。在领导控制中，领导者要及时掌握信息，充分发挥作用，及时纠正执行中的偏差或者解决执行中遇到的问题，从而确保预期目标的实现。

☞ 第一节 领导过程概论

领导过程是一个科学化、艺术化的过程，具有周期性、层级性和系统性三个特征。在具体的领导活动进行之前，要有充分的准备；在领导活动进行之中要统一思想与意志，及时发现与纠正偏差，推进方案的具体实施；领导活动完成之后要对整个领导过程进行总结评价。领导过程的关键是完成领导目标，因此，要根据战略目标制订周密的实施计划，从而科学有效地完成领导过程。

一、领导过程的内涵

领导过程是指领导者开展活动的全过程，即实现领导目标的过程。领导过程，有的时候是以时间为节点，如从年初的计划制订到年终的考核总结，可以称为一个年度领导过程；有的时候是以事情发展为节点，如从一个项目的启动到圆满完成，可以称为一个项目领导过程；有的时候是以活动为节点，如从活动提议、方案设计、活动开展再到活动结束，可以称为一次活动的领导过程等。在领导活动中，无论是计划方案的制订，还是对被领导者信念、信心或者价值观引导的实现，都是基于一定基础而实现的。领导者必须自觉树立过程意识，关注和认识领导过程对组织目标实现的重要性，从整体的角度去把握领导过程，实施领导。如果领导者缺乏过程意识，那么在领导工作的开展中就可能会出现凌乱、随意或者失控的现象，也可能会在领导活动的开展中出现急于求成、行动偏离目标、多走弯路等问题，从而影响领导者有效实施领导。

由上可知，领导过程包含三个方面的内容：①领导过程是领导活动中不同阶段、不同环节的综合体；②领导过程是领导者实现有效领导的过程；③领导过程是为了实现某一目标而开展的一系列工作的历程。

综上所述，领导过程就是领导者在开展活动中，在不同阶段、不同环节依据领导情境和目标的变化而相应采取一系列措施以实现有效领导的过程，是领导者确立计划、制定决策、实施决策和实现目标的过程。

领导过程是一个科学化、艺术化的过程。领导过程的科学化体现在领导活动之中，就是要遵循客观规律、个人的情感和心理的客观需要以及领导活动的程序、原则的科学性。只有这样，领导活动才不至于陷入失控或者南辕北辙的局面。领导过程的艺术化体现在领导过程中，就是指领导者要不断提升自己在动员、协调、激励、用权等方面的艺术，运用领导艺术调动被领导者的积极性与主动性，实现有效领导。

二、领导过程的特征

领导过程具有以下三个特征。

1. 周期性

领导活动的顺利开展和延续是一系列具体的领导过程累加的结果。某一次具体领导过程的结束并不意味着领导过程的结束，而只是完成了领导过程中的一个周期，接下去还有第二次、第三次、第四次等周而复始的具体的领导过程。可以说，只要有领导者存在，就会有领导活动的开展。同样，只要有领导活动存在，就会有领导过程存在。在周而复始的过程之中，前后的领导过程之间是相互影响的，前面的领导过程能为之后的领导过程提供经验或教训，而后面的领导过程则可以在前面领导过程的基础上，探索新方法、新思路，推进领导活动的更好开展。

2. 层级性

对处于不同层级的被领导者有与之相对应的不同级别的领导者对其实施领导。因此，领导过程具有层级性，并且处于不同层次的领导过程是有差别的。比如对于越靠近高层的被领导者，与之相对应的领导者级别越高，且在领导过程中涉及的工作越具有宏观指导性；而越靠近基层的被领导者，与之相对应的领导者级别相应要低，且在领导过程中涉及的工作越具有具体指导性。此外，不同层级的领导过程，对领导者的能力素质要求不同，领导过程中适用的具体方法也有所不同。

3. 系统性

领导过程是一个动态的系统性过程，在这个过程中，领导者、被领导者、领导情境、领导方法等要素都至关重要。同时，这些因素之间有很大的关联性，它们相互作用、相互联系、相互影响、密不可分。因此，要抓住领导过程的系统性规律，根据领导的规律建立科学的领导体系，以实现领导者与被领导者之间的协调、领导活动与领导情境之间的协调，从而共同推动领导目标的实现。在这个系统中，某一因素的变化会引起其他因素的变化，甚至可能延缓整个领导过程的进程。

三、领导过程的环节

领导过程分为三个环节：准备环节、实施环节和总结环节。

1. 准备环节

准备环节最主要的是树立全局意识，在此基础上进行调查研究，掌握充分翔实的信息，从而提出相应的解决方案。首先，要树立全局意识。只有站在全局的高度，才能使谋划更全面、准备更充分。对领导者而言，要在领导过程中积极地发挥作用，就得从全局的角度来做相应的准备，包括心态和知识方面的储备。其次，要注重调查研究。这主要是在进入领导过程之前，对领导活动面临的相关情况进行一次摸底，充分掌握内外环境的基本状况，以及领导者、被领导者的能力素质状况及相互关系等。掌握这些情况后能够明确领导过程中具体工作的方向，避免像无头苍蝇一样到处乱撞，从而为有效实施领导打下坚实的基础。最后，要提出方案。这是准备阶段最核心的任务，因为方案是对实施环节工作的指导。要有科学的态度和方法，在调研充分掌握情况的基础上，认真思考，理清思路，集思广益，博采众长，形成一个或者多个待选方案。此后，在对各个方案进行反复论证、对比分析的基础上，选择一个最合适的方案。

2. 实施环节

实施环节最主要的是统一思想与意志，及时发现与纠正偏差，严格检查、督促，推进方案的具体实施。首先，要统一思想与意志。主要是对方案进行宣传，积极号召各位被领导者自觉主动地参与领导方案的实施过程，形成齐心协力、共同奋斗的集体氛围。此外，还应做好相应的人力、物力、财力方面的准备，协调理顺各种关系，统一各方面的认识，调动被领导者的积极性，统一被领导者与领导者的意志，为共同达到方案的预期目的而努力。其次，要及时发现与纠正偏差。这是领导过程中必不可少的一个环节。在领导过程中，随着内外环境的变化，可能会遇到各种矛盾和困难，有可能使方案偏离预期目标。因此，领导者需要积极观察，及时发现偏差，并掌握各种方法和技能，增强自身的应变能力，保证方案向着预期方向发展。最后，要严格检查、督促。在方案实施过程中，要阶段性地进行定期检查，寻找工作中的差距和薄弱环节，并积极采取措施，监督改进，以确保方案能够如期按质完成。

3. 总结环节

总结环节最主要的任务就是总结评价，承前启后。首先，要做好总结评价。当一个领导过程即将结束，方案顺利实施，各项任务也都基本完成后，最主要的就是对这一过程中的各个方面进行总结，包括获得的经验和吸取的教训，对表现优秀者加以奖励，对表现懒惰或者犯了错误的人加以惩罚。其次，要承前启后。虽然上一领导过程在总结评价阶段就已经基本结束，但是只要有领导者存在，领导活动就不会间断，往往是此过程才完结，新的过程又开始了。因此，在这个"新旧交替"的过程中，要做好两个过程之间的过渡。

总之，领导者在领导工作中要把握领导过程中各个环节的主要任务，在此基础上加以准备，以全面推动领导工作的开展，促进预期目标的实现。

四、领导过程的目标

按照领导过程的层级性可将领导过程的目标分为三个：高层领导过程的目标、中层领导过程的目标和基层领导过程的目标。其中，高层领导过程的目标侧重于领导过程中全局把握、整体战略制订、资源分配方案确定等；中层领导过程的目标主要是协调处理上下级之间的关系，制订具体的实施方案，确定资源的具体分配方案等，是对高层领导过程目标的细化；基层领导过程的目标则更侧重于具体关系与资源的处理，包括掌握具体翔实的信息、调动广大群众的积极性等。

同时，依据领导过程准备、实施和总结的三个环节，可以将其目标分为准备环节的目标、实施环节的目标与总结环节的目标。其中，准备环节的目标是要在全局意识指导下，深入调查研究，掌握实际，在此基础上制订并选取合适的方案；实施环节的目标主要是及时发现和纠正偏差，并积极检查、督促，保证领导过程的顺利推进，不偏离预期的方向；总结环节的目标则是要奖功罚过，奖勤罚懒，并承前启后，做好前后两个领导过程之间的顺利衔接，保证领导活动的延续性。

不论是按照哪种方式来对领导过程目标进行分类，在领导过程目标的实现过程中都要做好以下几点：一是要制订周密的实施计划。毫无疑问，领导方案中有相关预期目标和实现措施的内容，但这只是一个大的指导框架，要使这些目标落到实处，在领导过程中应针对参与活动的主客体进一步细化实施计划。二是要明确领导过程中的主次矛盾，确定目标实施的战略重点。三是要将战略目标细化为阶段目标，确定目标实施的战略步骤，从而将目标实施的时间更加具体化。四是将领导过程中要实现的目标细化到参与领导过程中的领导者与被领导者，及领导过程中的各部门、各单位，构成一个既有分工又互相协作的目标责任系统。五是要建立健全相关机制，包括奖惩激励约束机制、监督机制等，促进领导过程的顺利推进。

总之，领导过程目标的实现，不能单单依靠领导者或被领导者某一方面的努力，要促进两者之间的互动，使两者共同推进领导目标的实现。

第二节 领导决策

领导决策是管理工作的重要一环，在整个领导活动中处于核心地位，是一个动态的发展过程，它是多主体多才能综合作用的结果。领导决策不只是决策者个人之事，是既有分工又有协作的多部门、多职能和多人的多种才能的共同作用过程。它意味着集体成员经过周密的思考和协商之后做出了最后的决策。领导者水平的高低与其做决策的能力有直接关系。

一、领导决策的内涵

关于"决策"的含义有多种说法，例如《哈佛管理丛书——企业管理百科全书》认为，决策是指思考的"对策"，以解决目前或未来问题的用脑行为；《现代科学技术词典》认为，所谓决策，是指在几个可能方案中做出的选择；《美国现代经济词典》认为，决策是指公司或政府在确定其政策或选择实施现行政策的有效方法时所进行的一系列活动，其中包括搜集必要信息以对某一建议做出判断，以及分析可以达到预定目的的各种可供选择的方法等活动。

决策是一个系统的动态发展过程，不是瞬间的事。用通俗的话说就是"做出决定""拍板"。毛泽东说过，"领导的责任，归结起来，主要是出主意、用干部两件事"。这里的"出主意"指的就是决策，它是领导者的一项基本职能，做领导就要做决定，就要决策。从更深层次理解，决策实际上是包含了人的主观期望和对客观环境的认识以及它们相互之间的统一协调的过程，这样就划分出了几个步骤：明确问题、确立目标、收集资料、制定备选方案、对方案进行可行性分析、做出决定、选择最优方案。[①] 从广义上讲，决策是人们为实现一定的目标所做的路径设计及其选择。它存在于社会生活的各个领域，大到国家对社会的管理，小到个人生活的行为选择。从狭义上讲，决策就是决定出政策和策略，是国家和社会中的一些组织为实现某个目标而制定出的行动方案并加以优化选择的过程。现代社会中，决策基本上是由领导者做出的，因此我们一般称其为领导决策。决策与领导很难分离开来。

二、领导决策的内容

领导决策一般由决策者、决策目标、决策备选方案、决策方案评价和择优、方案实施修正五部分组成。

1. 决策者

决策者是决策活动的主体，是享有决策权力的、对决策有较大影响的人，他们具有法定的政策制定权利，参与政策制定的全过程。每一个决策，人们无法知道即将降临的是"挫折"还是"机遇"，它的实施是一个心理矛盾不断斗争、紧张、艰难的过程。所以决策者拥有良好的心态、科学细致的思考能力、高明的决策手腕对做出正确的决策而言十分重要。决策者既可以是领导个人，也可以是领导集体。

2. 决策目标

领导活动的核心是决策，决策目标是决策的重要组成部分之一。目标决定着组织群体行动的方向，一旦目标偏离将关系到决策的成败。

3. 决策备选方案

决策可以简单定义为"决定一种选择或行动方案"。这就要依靠智囊团的力量，全面分析可能遇到的各种情况。在确定目标之后，便是搜集各种有关的信息，拟定多种可供选择的方案。

4. 决策方案评价和择优

备选方案拟定完成后，就要对方案进行评价并择优。领导者采用各种分析法，运用已有的知识和经验并结合实际情况，比较各种备选方案的针对性、目的性和可行性，最后对某一方案做出决断。

5. 方案实施修正

方案实施修正是方案选择后的贯彻执行以及拍板后的具体行动过程。要随时记录方案实施的效果并纠正偏差，以确保方案正式实施后能顺利进行。

---

① 罗大明，张梦，朱世宏. 领导学[M]. 成都：四川科学技术出版社，2006.

三、领导决策的方式

1. 调查研究

"没有调查，没有发言权。"制定决策和实施决策同调查研究的关系十分密切，所以，调查研究是领导者的基本功。它需要深入实际，详尽占有材料，在科学理论指导下，对感性材料进行加工、升华、概括，从中得到规律性的认识。尤其是在推进中国式现代化的进程中，要用好用活调查研究"传家宝"，不断增强调查研究这个基本功。可以采用的调查研究方式有实地观察法、民意调查法、专家调查法和专项调查法等。

2. 科学预测

科学预测是领导者通过对已有数据资料和信息，对未来或未知事物的发展趋势进行估计和推测，然后做出决策的方法。例如德尔菲法，它采用匿名通信和反复征求意见的形式，使专家们在互不知晓、彼此隔离的情况下交换意见，将意见集中整理后匿名反馈给各位专家，再次征询意见，最后再加以综合和反馈。如此多次循环，最终得到一个比较一致并且较可靠的预测结果。此外还有回归分析法、因果联系法等。现代社会灵活地运用信息技术收集大数据，利用大数据、云计算全面、宏观地分析问题，增强决策的科学性。

3. 智囊技术

智囊技术也称为专家会议法，是把有专长、权威的专家学者组织起来，充分利用现代科学技术和社会学的研究成果协助决策的方式。例如国外的头脑风暴法，一定数量的专家在宽松的氛围中畅所欲言，各抒己见，对决策对象未来的发展趋势及状况做出集中的判断。它需要先后召开两次会议，第二次会议是对第一次会议提出的已经系统化的设想进行质疑。此外还有国内的"神仙会"、名义小组法等。

四、影响领导决策的因素

1. 决策问题的性质

如果决策的问题十分紧迫，那么对决策的速度要求高于对决策质量的要求。比如说战场上军事指挥官的决策就属于此类。相反，如果时间宽裕，对决策质量的要求高于对决策速度的要求，那么领导者就要掌握足够的知识，未雨绸缪。另外，问题的重要性对领导决策也有很大的影响：越重要的问题越可能引起领导者的重视；越重要的问题越需要集思广益，全面认识问题；越重要的问题越需要领导者慎重[①]。

2. 环境因素

一般来说，在比较稳定、确定的情况下，过去针对同类问题所做的决策有很好的借鉴作用，领导决策会容易些，决策失误的可能性也低一些。相反，处于风云变幻的复杂环境中时，就不能照搬过去的决策方式，领导者要及时调整决策。

3. 组织文化

组织文化，尤其是价值导向会影响组织成员对决策目标、决策准则所愿意付出的代价，以及对可能接受的方案的要求。此外，重大问题的决策最终由最高层级的领导人决策还是通过集体讨论决策，也取决于该组织的文化影响。

---

① 周三多. 管理学[M]. 3 版. 北京：高等教育出版社，2010.

4. 决策者的个性特点

在分析判断时,决策者的价值准则、经验、决策能力等会影响其对问题的感知和界定、决策目标的确定、备选方案的提出、方案优劣的判断及满意方案的抉择。由于各自的风险价值观不同,不同的决策者对同一个问题也会做出不同的判断,在决策时会依据不同的原则选取不同的决策方案。

五、实现领导决策的科学化

领导决策在整个领导活动中处于核心地位,要实施正确领导必须做到决策的科学化。科学决策是指按照科学决策的科学理论和健全的科学程序,运用现代科学的决策方法进行决策的活动。实现决策的科学化即科学决策是领导者梦寐以求的目标。[①]

与经验决策相比,科学决策的三大特征为:

第一,决策民主化。它要求建立完整的决策体制,依靠集体的智慧进行决策。而经验决策是凭借自身的知识、经验、权力、情感而做出的决策,这种决策方式局限性明显,即盲目性大、随意性大。

第二,决策程序化。决策有四大步骤:发现问题、确定目标;集思广益、拟定方案;分析评估、选择方案;实施方案、完善决策。而经验决策只有"谋"和"断"两个步骤。

第三,决策科学化。它要求领导者必须运用科学的决策理论和科学的决策思维方法进行优化决断。而经验决策是依靠领导者个人的胆识和智慧进行最后的决断。

实现领导决策科学化的要求有以下几个。

1. 要有科学的决策体制

这是决策科学化的组织保证。它包括以下几个系统:情报信息系统,即做到信息渠道畅通、资料丰富、内容准确、传递及时;参谋咨询系统,即主要任务是帮助领导者发现问题,确定目标,拟定方案,并做出论证评估,同时帮助决策者发现、纠正偏差,提供修正决策和追踪决策的方案;决断系统,即对方案进行优选决断,对整个决断过程进行协调和控制,最后的"拍板"决断是它最重要的职责;决策执行系统,即准确无误地贯彻决策中心指令;监督系统,即对执行系统执行的指令情况进行检查;反馈系统,即根据执行结果搜集原始信息,进行分析处理,及时提出修正决策的正确意见,供决策机构做调整决策时选择;评价与奖惩系统,即根据监督反馈信息,视情况区别对待。[②] 完善各子系统的运行方式,使各组成部分良性运转,对于决策的正确性、质量、效率有着重要的意义。

2. 要认真遵循科学决策的程序和方法

领导决策是一个过程,决策过程只有依靠严格的程序来控制,才能产生科学决策。领导决策的一般程序通常分为四个步骤,即明确问题、确定目标;集思广益、拟定方案;分析评估、选择方案;实施方案、完善决策。要规范领导决策程序,防止决策权的滥用。要从决策议题的提出,到调查研究、开会讨论形成多种决策备选方案再到聘请专家咨询、论证和进行可行性分析以选出最优方案,最后到决策领导层表决通过,各个环节都必须有严格的规范,以使领导决策过程有章可循。

---

① 车洪波,郑俊田.领导科学[M].北京:中国商务出版社,2006.
② 彭忠益.组织中的领导行为研究[M].长沙:中南大学出版社,2007.

3. 要提高决策者的素质

决策者的素质是领导决策成功的重要因素之一。首先，领导者决策的价值取向要明确。在决策中不能混淆集体与个人的关系、人情和规定的关系，不能出现决策人情化、决策商品化的问题，要严格自律，光明磊落，从大局着想，形成正确的决策。其次，领导者要加强学习锻炼，提高素质。面对新的形势，领导者应与时俱进，终身学习，以使智力和决策能力跟上时代的需要，尤其要学习现代决策理论，掌握现代决策原则和决策程序，在实践中坚持决策的原则和程序，避免"边设计边施工"的做法，要尽量采取科学的决策方法和技术。依据现代社会的要求，决策者所需要的是积极创新的精神、公共服务的精神和实事求是的精神，所需要的是更加开放的思维结构、渊博的知识、对政策问题进行分析与判断的能力以及民主宽容的品格等。因而，提高决策者的素质就要从思想品德、知识水平、工作作风等方面全方位进行，不断加强思想教育、理论培训等工作，逐步将他们培养成适应现代社会要求的新型决策者。

4. 要善于运用大数据决策方法

大数据是指满足种类多、流量大、价值高指标的数据。它带来了数据观的革命。利用大数据优化领导决策的过程应包含经验干预、数字信息化平台、信息优化与纠偏、决策信息化监督、决策信息化效果评估与反馈等关键环节。[①] 领导者要自觉提升对大数据等新兴科技的认知水平，自觉运用大数据进行战略思维，以"数据驱动决策"理念为指导，综合运用多种信息化设备与手段。领导者可以实现对决策活动的信息化指挥与支配，进而为科学决策提供理念、技术、制度、实践等方面的有效保障。

第三节 领导授权

随着改革开放和市场经济的发展，社会政治经济状况日益复杂，在如此多变的社会环境中，人们对领导的管理提出了更高的要求。在多变的社会环境中，领导权的行使仅仅依靠领导者个人是远远不够的，要通过适度的授权来调动下属的积极性，从而更好地完成组织目标。领导实践告诉我们，能否科学地运用领导授权在某种程度上直接决定了领导行为的成功与否。领导者要学会授权，因为授权不仅仅是一个管理工具，更是一门管理艺术和管理科学。

一、领导授权的内涵

对于何为领导授权，其价值何在，其要求有哪些，专家学者认识不一。《现代领导学教程》将授权定义为：领导者根据工作的需要，将自己所拥有的一部分权力委托给下属去行使，使下属在一定的约束机制下放手工作的领导方法与艺术。[②]《领导的三大艺术：掌权·用权·放权》将授权定义为：授权就是由领导者授予直接被领导者一定权力，使其在领导

① 董杰.领导决策"信息权力"的运用策略[J].领导科学，2019(1)：60-62.
② 孙立樵，冯致笈.现代领导学教程[M].北京：中共中央党校出版社，2002.

者的指导和监督下, 自主地对本职范围内的工作进行决断和处理。① 因此, 授权是领导者智慧和能力的扩展和延伸, 只有学会授权, 才能应付自如。

还有学者认为, 不能单纯地将授权理解为权力的让渡, 更准确的应是领导者试图和组织内的成员一起分享权力, 从而达到共同的目标。在这种意义上, 授权对组织的下属成员来说就是权力共享。

在《领导学:亚洲版》一书中, 作者认为授权最根本的意图是进行激励, 是根据人们需要的发展层次进行的高于物质层面的激励手段。②

总而言之, 授权具有极为重要的价值及意义。首先, 授权可以提高激励的强度, 因为它可以满足个人的高层次需求; 其次, 授权实际上是在组织内增加了权力总量, 因为通过授权的方式, 领导者和下属共享权力, 从而营造了更宽阔的权力基础; 最后, 领导者可以从下属的参与给该组织带来的额外的各种能力中获益, 从而更好地完成任务, 实现组织目标。

所谓领导授权, 就是在组织系统内部, 领导者将组织和人民赋予自己的部分职务权力授予下级行政机关或下属, 为被授权者提供完成任务所必需的客观条件, 以便它们能够在上级的监督下自主地行动和处理行政事务, 从而更好地实现组织目标的过程。

1. 授权的主体是领导者

授权行为是处于上级的领导者将自身的管理权力分配给下级管理者, 也就是说授权行为本身具有自上而下的单向性而不是一种双向的行为。我们在领导的过程中, 要注意授权的单向性, 杜绝出现自下而上的权力转移, 正确辨别与处理现实工作中的"反授权"行为, 即下属将上级领导者分配的权力和任务反过来重新推还给上级领导者, 把工作中的问题、矛盾推给上级领导者解决。

2. 授权的过程要注意约束机制

授权并不是一个单一的权力下放的过程, 更重要的是通过授权来赋予下属完成任务的权力。因此, 下级主体必须在一定机制的约束下放手工作, 即授权行为必须以上级的有效监督为保障前提, 授权并不意味着彻底放任, 应当实行有效的授权控制, 以确保授权目标的实现。没有约束和监督的权力下放将导致更多的管理问题。

3. 授权要掌握合理的度

授权行为必须建立在科学的权力委授的基础上, 即要掌握好授权的合理程度, 既不可过分谨慎甚至出现虚假的空白授权, 从而出现上级管理者"越权"的现象, 也不可授权过度, 从而造成下级的权力过大, 脱离授权目标, 发生权力滥用的情况。③

二、领导授权的内容

科学有效地授权有利于扩大管理幅度, 减少组织层级, 实现组织的扁平化变革发展; 可以减轻上级领导者的工作负担, 确保其领导行为的科学性和有效性; 有利于发挥下属的聪明才智, 提高下属的工作热情, 为培养年轻干部奠定坚实的基础。

① 史晟. 领导的三大艺术:掌权·用权·放权[M]. 北京:中国盲文出版社, 2004.
② 林志颂, 德特. 领导学:亚洲版[M]. 北京:中国人民大学出版社, 2007.
③ 谢尔顿. 领导是什么[M]. 王伯言, 译. 上海:上海人民出版社, 2000.

1.确定授权的工作内容

授权必须有针对性，不能盲目授权，否则会导致权力的滥用或越权等不当现象。因此，在授权之前，无论是作为权力授予者的领导者还是作为权力接受者的下级都必须对授权的目标有一个准确的界定和了解。领导者在权力授予的过程中必须跟被授权者详细阐述授权的目的，必须明确授权的事项，要让下属清楚地知道他的工作是什么，他有哪些职权，对工作的完成负有哪些责任，以及他必须做到什么程度等，使得整个授权行为都围绕着授权目标而展开，确保授权的有效性。

2.选择授权的对象

授权意味着上级领导者将自身一部分权力委授给下级，下级可以根据组织目标或者上级的指示去开展工作。在一定程度上，下级接受了领导者的授权就代表着下级拥有了自由裁量权和整个事务的领导权，此时，下级能力的强弱将直接决定授权目标的实现程度。故而科学授权的前期应对即将授予权力的下属的实际能力进行系统科学的考察，按照下级所拥有的能力进行适度合理的授权，防止出现超出下属能力范围的过度授权，避免委授权力的不科学而给组织带来损失。

3.确定授权的范围

领导职权根据职位的不同有着不同的权力范围，同样，在权力的分配过程中，有层次之别，所以在授权的过程中要注重权力的性质、重要程度和层次性。领导者要"抓大放小"，将涉及人事任免、战略规划和组织发展方向等大的决策权牢牢掌握，将涉及行政、财务、技术等具体事务的权力下放，实行分权管理，做到"大权独揽，小权分散"，既统一指挥，又充分调动各部门、各下属的主动性和积极性。

4.正式授予权力并明确责任

"权责统一"是管理学中的一个重要原则，同样，在领导授权艺术中，权责明确、权责同授亦是一个重要原则。因此，在现实工作中，权力授予的同时必须明确工作责任，避免出现授责不授权或授权不授责的情况。领导者在授权的过程中要详细阐述，通过书面的形式界定被授权者的权力和责任，使下级的工作有据可依。如果单纯地授予权力却忽略了责任的界定，只能导致下级被授予的权力过大而缺乏相应的责任约束，这样作为权力委授对象的下级往往因为缺乏必要的约束机制，可能脱离领导的控制，表现为对权力的滥用，从而偏离授权目标。因此，科学授权必须坚持权责统一的原则，以必要的责任约束下属的权力行使。

三、领导授权的方式

领导授权是一种带有权变色彩的行为，在不同的时间、地点和环境下要有不同的策略。因此，在不同的情况下，可以有很多种授权方式。通常比较常用的授权方式有口头授权与书面授权、个人授权与集体授权、正式授权与非正式授权、充分授权与不充分授权八种方式，在具体的运用过程中要视情况而定。[①]

1.口头授权与书面授权

所谓口头授权，是指在工作和会议等过程中，通过口头表达的方式进行授权，是上级

① 刘建军.领导学原理：科学与艺术[M].上海：复旦大学出版社，2001.

领导者利用口头语言对下属交代所做的工作,或者是上下级之间根据会议所产生的工作分配。这种授权形式一般适合于临时性与责任较轻的任务,较为随意。

所谓书面授权,主要是以文件、政策等形式,通过正式的书面用语来进行权力的授予和接受。上级领导者利用文字形式对下属工作的职责范围、目标任务、组织情况、等级规范、负责办法与处理规程等进行明确规定。这种授权形式适合比较正式与长期的任务,相比口头授权,书面授权更加正式。

2. 个人授权与集体授权

在领导活动中,常有领导者自己决定将自己所属的一部分权力授予下属,或口头或书面,或临时或长期,这种授权即为个人授权。个人授权往往伴随着该领导者被调离原岗位而被新领导者收回。

在领导活动实践中,更多见的是集体授权,即经过集体讨论研究后,将某一方面或某一部分权力授予某人。这种授权多是常规的、行文的,既可以在任命干部时授权,还可以在非任命(即对一般干部)时授权。集体授权属于常规授权的一种。

3. 正式授权与非正式授权

正式授权是领导主体根据法律规定并按照法定程序所进行的授权活动,即下属行政人员根据其合法地位获得相应职权的过程。正式授权必须通过严格的程序、详细的步骤来进行权力的授予,是一种比较正式的授权方式。

非正式授权是指无法律特别规定或组织体系之外的非程序性授权,带有随机性,因机遇与需要而定,往往是临时性的。非正式授权可以通过口头形式也可以通过正式的书面形式进行,较为随意,可以根据具体的时间、地点、人物和环境来进行权力的分配和授予。

4. 充分授权与不充分授权

充分授权也叫一般授权,是指上级行政主体在下达任务时,允许下属自己进行决策,并进行创造性工作的一种授权方式。

不充分授权也称为特定授权或刚性授权,是指上级行政主体对下属的工作范围、内容、应达成的目标和完成工作的具体途径等都有详细规定,下级行政主体必须严格执行这些规定。

充分授权更加注重调动下级的积极性和主动性,将权力完全下放给下属,因此对接受权力下属的素质和能力要求比较高,要在选择被授权者的时候把好关。充分授权比较适合创新性要求比较高的工作。不充分授权在权力授予的过程中对权力的相关配套内容都有详细阐述,更适合机械性事务。

四、影响领导授权的因素

科学的领导,最关键的是科学合理地授权。然而,每个领导活动产生和存在的环境不同,具体的授权方式也有较大的差别。因此,能否科学合理地授权,受到作为授权主体的上级领导者、作为授权客体的下属以及组织的性质等因素的影响。

1. 主体因素

从授权的主体——上级领导者的角度来看,能否科学合理地授权,同时受到上级领导者的客观能力和主观愿望的影响。依据行为经济学的理性选择理论,领导授权的效用函数能在多大程度上实现效用最大化,不仅取决于激励手段等能否调动被授权者的积极性,而且取决于授权者是否对影响决策的信息进行了充分的思考和认知，即授权者能不能及时搜集、整理、分类、加工和处理信息从而做出满足最大化条件的决策[①]。主观愿望对领导授权行为的影响表现在，首先，上级领导者能力的强弱通常决定了领导风格的集权与分权，领导能力太强容易造成集权型领导风格，会阻碍授权行为的发生，但领导能力太弱同样也不利于科学的授权行为。其次，上级领导者的心理因素也是影响科学授权的一个重要因素，上级领导者很有可能由于对工作和权力的极度欲望偏好而不愿给下级授权，也可能是出于对下属功高盖主的担忧或害怕失去对下属的全面控制等心理因素而不敢给下属授权。因此，上级领导者能否正视手中的权力，明确权力集中与分散的辩证关系，对能否做到科学授权至关重要。另外，上级领导者能否信任下属，是否能够放心地把权力授予下级，也是领导授权的一个关键因素。[②]

2. 客体因素

从授权的客体——被授权者的角度来看，能否科学合理地授权，既要受到下属客观能力的限制也要受到下属主观愿望限制。众所周知，人的能力是先天禀赋加后天努力培养共同作用的结果，但能力的培养并不是一朝一夕的事，而是一个渐进的过程，在特定的环境和一定的时间范围内，一个人的能力是有限的。同样，作为被授权主体的下属在能力上也有高低之分。这种客观能力的限制就决定了授权对象的特殊性，即权力委授对象应具备行使该权力的客观能力，否则超出下属能力的过度授权只能使得授权效果适得其反。另外，对于权力的主观渴望程度(这种渴望程度通常表现为下属对接受权力信心的强弱)也决定了下属行使上级委授权力的效果。下属是否有足够的积极性和自由空间，是否愿意接受权力和能否胜任指派的工作，都对科学授权有重大影响。

3. 客观要素

领导者在授权的过程中，不仅要考虑权力的接受者，还要关注组织这一客观要素，主要是单位规模和部门性质两个方面。首先，单位规模越大，上层领导者与基层工作距离越远，需要处理的各种事务越多、越复杂，领导者应把更多的具体权力授予熟悉情况的下属，分享权力，共同完成组织目标和工作任务；其次，各组织部门的性质差异也影响着授权，各部门的功能不同、涉及事务的保密程度不同，也自然对其权力授予界限有一定的影响。事务决定越重要、密级越高，领导者应对权力授予越谨慎。总之，授权范围应该根据领导者能够弄清楚问题并做出相应的正确决定的范围而定，不能盲目地扩大或者缩小授权范围。盲目地扩大授权范围容易导致权力分散、下属滥用权力等现象；缩小授权范围容易导致上级领导者权力过分集中，出现越权、集权等现象，不利于组织的良好发展。

五、有效领导授权的原则与途径

1. 有效领导授权的原则

(1)适当原则。

通过一定程序为达到某目标而进行一定限度的授权，就是适当授权的原则。授权要掌握合理的度，必须适当而且适宜，既不能过轻，也不能过重。过轻，则达不到充分调动下

① 段柯.领导授权选择的理论和实证分析[J].治理研究，2020，36(5)：28-37.
② 梭伦.以人为本：领导的艺术[M].北京：中国纺织出版社，2007.

属的目的，压制了下属的积极性，不利于下属尽职尽责；过重，就会大权旁落，可能会出现难以收拾的局面。因此，领导者授权必须把握好"度"，主要权力不能授，事关大局的权力如重要决策权、目标修改权、监督权、协调权等不能授。

（2）带责授权原则。

授权的同时要明确下属的责任，将权力与责任一并授予下属，这就是带责授权的原则。领导者明确地将权与责同时授予下属，一方面可进一步明确下属的责任和工作任务，另一方面还可以减少有权不负责或滥用权力的现象，保证下授的权力得到科学合理的运用。带责授权，应向下属交代清楚权限范围，因为权限范围表明了责任范围。只有清楚权限，才能明确责任。这样做有利于下属正确使用手中的权力，更好地达到领导者授权的目的。

（3）可控原则。

授权不仅要适当，还要可控。正确的授权，不是放任、撒手不管，而是保留某种控制权。通过这种可控性，把领导者与下属有机地联系起来。没有可控性的授权就是弃权。

（4）信任原则。

领导者对于将要被授权的下属一定要有较充分的了解和考察，认为可以信任者，才能授权。而一旦授权就要对其信任，这就是"疑人不用，用人不疑"的道理，也是坚持有效授权的一个重要的原则。

2. 有效领导授权的途径

（1）正确选择授权对象及方式。

授权能否成功在很大程度上取决于下属的能力和执行情况。领导者在授权前，必须严把用人关，认真考察将要授权的下属，从而选择合适的授权对象，以确保工作的顺利进行。什么样的人才是合适的授权对象？标准不是固定不变的，应该视工作的性质和环境而定。授权还应把握一个"度"。要根据授权过程中被授予权力的性质和特点，根据不同的工作情况来决定授权的程度和范围。

（2）建立健全授权机制。

领导授权活动发生在组织系统内，受组织外因素的影响，以组织架构为载体，因此，在权力授予和接受的过程中必须考虑组织机制的作用。科学合理的授权离不开组织相关体系和制度的支持与协调。有健全的授权机制才能确保授权活动的顺利进行。健全的授权机制应该包括培训系统、反馈系统、监控系统、奖惩系统和绩效标准。[①]

（3）明确权力和责任。

在授权的过程中，授权的主体和客体都必须明确授权的内容、范围和具体方式。因此，授权者要尽量用明白而又准确的话语阐述权力运行的目标和任务，以防下属产生歧义；分派任务时也应直接到位，力求做到责任到人、权力到位。领导者还要把握整体的控制权和领导权，不能让下属任意而为，这有利于下属科学合理地运用手中的权力，更好地完成工作任务。

（4）授权后要进行监督控制。

权力的授予从过程来说是一个自上而下的单向性领导行为，但是在具体的操作过程

---

① 陈尤文.领导者的艺术：从起步到成功［M］.上海：上海人民出版社，2001.

中，合理的授权不仅要注意权力的下放，更要关注被授权者对权力的运用状况，即要控制和监督授权。授权与控权是矛盾的两个方面，既相互联系又相互制约。要做到良好的监督主要是从两个方面着手。首先，要健全组织沟通体系，使下属在使用权力、完成任务的过程中能够及时地进行反馈，这样，领导者也可以监督下属的工作进度。其次，对下属权力要做到能放能收，权力下放后，要重视对权力运行的监督和检查，不能放任自流。

👉 第四节　领导指挥

领导就是指挥、带领、引导和鼓励下属为实现目标而不断努力的过程。领导指挥力是领导者权力的集中表现，体现了领导者的组织能力。领导者在指挥时要头脑清醒、胸怀全局、高瞻远瞩、运筹帷幄，领导并帮助组织成员认清所处的环境和形势，指明活动的目标和达到目标的路径。

领导指挥的有效性受权威、科学、形势、下属、环境等多种因素的影响，而领导者指挥能力的强弱关乎能否实现组织目标。因此，如何提升领导者的指挥能力是一个不容小觑的问题，应引起高度的重视。

一、领导指挥的内涵

在决策和计划既定的条件下，领导者面临的任务就是指挥。

所谓指挥，就是领导者通过下达命令、指示等形式，促使组织成员个人的意志服从于一个权威的统一意志，各司其职，发挥作用，为达成组织目标实施的领导活动。它包括以下三个基本要点。

(1)指挥一定要与所指挥的群体或组织中的其他成员发生联系。

指挥不是领导者单独的行为，指挥者一定要和被指挥者发生相互作用，只有这样这种行为才能称为指挥。

(2)权力在指挥者和其他成员中的分配是不平等的。

领导指挥这种行为的存在，正是由于领导者手中掌握了更多的资源和权力。权力赋予了领导者指挥的地位，而成员只能服从指挥，才能取得相应的资源和权力。

(3)指挥者能对被指挥者产生各种影响。

领导指挥者通过对各个成员行动方向的指挥来把握组织行动的方向，使得组织成员意愿统一。为了能够实现组织目标，指挥者会对被指挥者发出命令、指示等，使其发挥应有的作用。

指挥的目的是促使被指挥者为实现组织的目标做出努力和贡献，而不是为了体现指挥者个人的权威。指挥的意义是领导者凭借权力所赋予的指挥职能，为实现组织目标而进行的资源整合。指挥的一切都是从组织整体的角度出发，而不是从指挥者个人的角度出发。

二、领导指挥的内容

1. 下达指令

领导者在透彻地了解手下员工的基础上，做到知人善任，从而根据人员特长下达指令,明确职责,并根据情况的发展和任务的执行情况及时调整部署,必要时淘汰不能胜任的人员,以保证任务的有效落实。

2. 协调关系

领导者要想方设法协调好上下级关系和同级左右关系,做好沟通协调工作,使大家劲往一处使,力争在组织成员中保持团结、积极、主动和忠诚的精神,提高凝聚力。

3. 鼓励士气

领导者可以通过物质和精神激励的方式方法把人的潜能激发出来,从而提高组织成员的工作积极性,进而提高整个组织活动的绩效。

4. 组织实施

领导者可以利用会议、报告等多种形式达到指挥的统一和力量的集中,指导、督促、检查、监督下属的执行情况。

三、领导指挥的方式

由科曼首先提出、由赫西和布兰查德发展的领导生命周期理论,将工作行为的成熟度和关系行为的成熟度作为领导指挥的两个维度。所谓成熟度,是指个人对自己的直接行为负责任的意愿和能力,包括工作成熟度和心理成熟度。工作成熟度指一个人的知识和技能;心理成熟度指一个人做事的意愿和动机。通过研究这二者之间互相作用的关系,界定了四种领导指挥方式。

1. 命令式

命令式适用于下属成熟度很低的情况,指挥者采用单向沟通方式,通过命令式领导指挥,责令下属执行工作任务。

2. 说服式

说服式适用于下属较不成熟的情况,指挥者以双向沟通方式,将工作任务布置下去,并听取下属意见,在理解的基础上说服下属接受工作任务。

3. 参与式

参与式适用于下属比较成熟的情况,指挥者非常重视双向沟通,悉心倾听下属意见和建议,与下属充分交流,并根据下属的想法将任务做适当修改使其能够得到执行。

4. 授权式

授权式适用于下属高度成熟的情况,指挥者充分信任下属,赋予下属自主决策和行动的权力,使其能够独立分配任务和解决问题。

四、影响领导指挥的因素

领导指挥的有效性主要受以下因素的影响。

1. 权威

权威是领导指挥的基础。权威赋予领导者处理行政事务的权力和威望。只有凭借权威,才能确立领导者的指挥地位,才能进行有效指挥。而且,权威大小与领导指挥的有效程度呈正相关,权威越大,领导指挥有效性越大。因此,从这个角度讲,权威是领导指挥有效性的首要决定因素。

2. 科学

有效的指挥首先应是符合客观规律和实际情况的指挥。指挥内容只有科学，才能够被下属接受、执行，进而产生好的指挥效果。

3. 形式

领导指挥的有效性在相当程度上取决于指挥形式是否适当。如果采取了错误的指挥形式，即使内容正确也不能收到预期的效果。因此，在保证指挥内容科学的基础上，还要有正确的指挥形式，才能收到好的效果。而指挥的形式，可以有口头指挥、书面指挥、会议指挥、现代通信指挥等，应该根据不同的情境采取不同的方式。

4. 下属

根据领导生命周期理论曲线，指挥者要适应下属的成熟度，分别采取不同的指挥方式，才能更好地为下属所接受，从而使其按照要求自觉服从，达到指挥目的。如果指挥不顾及指挥对象的特点，不能适应其需要，很可能遭到抵制，则很难收到好的指挥效果。

5. 情境

领导指挥的方式选择还需要根据当时的情境，例如时机、场所、群体氛围、工作性质及其他主客观条件。只有结合情境选择的领导指挥方式才能发挥最大的效用。

五、提升领导指挥力的方法

指挥力是领导者权力的集中表现，体现了领导者的组织能力。领导者的指挥是通过组织实施的，无组织的指挥是不存在的。领导者必须保持良好的个人和组织行为才能拥有较长时期的指挥力。为此，不断增强领导的指挥效能，是现代领导者必须引起重视的一个问题。

1. 明确战略计划

领导者的指挥力以明确的战略计划为基础，以科学的战略规划为支撑。因此，领导者要提高领导指挥力，心中必须有明确而又有效的宏观战略规划和微观战略计划，以保证指挥的有效进行。指挥家总有自己的计划，在演奏开始前他们有乐谱，并在头脑中有清晰的旋律，在演奏过程中，就是将心中的音乐"宏愿"在现实中重现。在领导的过程中，其道理也是相同的。

2. 组建优良团队

领导者自身的时间和精力是有限的，主要负责把握整体的宏观发展和战略目标，因此，他的下级即指挥的对象就至关重要，因为其对领导指挥力的影响很大。领导在选择自己的团队时要把好用人关，选贤任能。优秀的下属可以推动领导指挥力的提升，而能力薄弱的下属则对领导者提出了更高的要求。因此，要关注领导这一指挥者，更要关注团队建设，组建优良的团队，对领导指挥力的提升有很大影响。

3. 构建良好机制

每个领导活动都是在一定的客观组织架构中进行的，因此，组织机构和制度对领导指挥力的提升至关重要。首先，组织要建立良好而顺畅的沟通机制，指挥力是决策、协调等管理活动的总和，在指挥的过程中，沟通具有举足轻重的地位，良好的沟通便于资源和人力的调动，从而保证整个指挥过程的实现。其次，组织要建立良好的管理制度和管理机制，合理分配权力和责任，权责一致，责任的明确可以让领导的指挥有的放矢，更便于进行科学的管理。因此，要完善组织架构和管理制度。①

4. 提高领导者素质

领导指挥力不是单一的能力，而是一种综合性的能力。它不仅包括洞察力、分析力、思维力、创造力等智力方面的能力，还包括领导者对实现组织活动起积极作用的情感和意志等非智力方面的能力。也就是说，要顺利完成指挥任务，单凭某一个方面的能力是不行的，需要多种能力共同发生作用。而多种能力的形成显然绝非一蹴而就的，不能期望读几本书、听几次报告就能成为一名有效的领导者。它依赖于领导者自身不断地学习、体验和积累，需要领导者长期的实践和总结、逐渐地培养和领悟才能获得，这是一个渐进的、永无止境的过程。当然，这并不是说这个过程是绝对无法缩短的，更不等于说人们可以放弃任何的主观努力。相反，作为一个领导者，唯有依靠自身坚强的意志和毅力、勇气和热情，在实践中学习，在学习中总结，在总结中领悟，在领悟中提高，才能不断开阔自己的视野，改变自己的工作方式，提高自己的指挥能力。②

👉 第五节　领导沟通

领导沟通是领导过程中非常重要的环节。领导沟通是沟通现象中的一种特殊沟通类型，是领导者在履行职责的过程中，为了有效实现组织目标而进行的领导职务活动。良性的沟通，可以提高组织工作效率，同时也可以确立领导的权威地位。领导沟通过程中所受到的影响较为复杂，因此保证正确的领导，需要切实加强领导者的沟通能力。

一、领导沟通的内涵

"沟通"一词见于《左传·哀公九年》："秋，吴城邗，沟通江淮。""沟通"在《辞海》中的本义是"两水通过挖沟开渠使其相互流通畅达"。"沟通"一词在许慎的《说文解字》中最早得到运用，此外在庄子的《逍遥游》、颜回的《大宗师》等著作中也都有注解。沟通原指开沟而使两水相通，后泛指彼此相通，如文化沟通。沟通的英文表示是"communication"，它有两个意思：一个是"to be common"，一个是"to share"。它们分别是形成共识和进行共享的意思。

沟通作为动词指一种行为，而作为名词则指一种状态。《大英百科全书》认为，沟通就是用任何方法，彼此交换信息，即指一个人与另一个人之间以视觉、符号、电话、电报收音机、电视或其他工具为媒体所从事的交换信息的方法。

据不完全统计，目前对沟通的学术定义有150多种。概括来说有以下几种类型：①共享说，强调沟通是发送者与接收者之间对信息的共享；②交流说，强调沟通是有来有往的双向的互动；③影响（劝服）说，强调沟通是发送者欲对接收者（通过劝服）施加影响的行为；④符号说，强调沟通是符号（或信息）的流动等。

著名管理学家斯蒂芬对沟通下的定义是：沟通是意思的传递与理解。完美的沟通如果

---

① 杨峻峰.如何提高领导者的指挥协调能力[J].党政干部学刊，2005（10）：39-40.
② 蔡路.如何提升基层指挥员指挥能力和管理能力[J].才智，2012（4）：231.

存在的话，应该是经过传递之后被接收者感知到的信息与发送者发出的信息完全一致。[①]
领导沟通来源于管理学中沟通理论的不断发展。

在领导学中，领导沟通不仅仅是语言的沟通，还有非语言的沟通，讲话、文字是语言沟通，衣着、行为是非语言沟通。作为一名领导者，总是时时刻刻地向下属传达着某种信息，因此领导沟通对于领导过程而言，是一直存在的。领导沟通的内涵十分丰富，因此，它为领导者掌握组织内部的各种信息提供了有效的渠道。一般来说，正确地运用领导沟通，能够保证组织目标的实现，也能够消除下属与领导者之间的鸿沟和距离，使其与领导者之间融洽相处。[②]

所以说，领导沟通是沟通现象中的一种特殊沟通类型，是领导者在履行职责的过程中，为了有效实现组织目标而进行的领导职务活动。[③] 从这个意义上说，领导的过程就是沟通的过程，成功的领导必定实现了有效的沟通。

二、领导沟通的内容

领导沟通作为一种行为和活动，既是组织行为的重要组成部分，也是组织活动的重要内容。从管理学的角度看，领导沟通是指领导者与他人之间通过符号信息来分享信息、思想和情感的任何过程，是指信息的发送者通过特定的方式把信息传送给信息接收者的过程。

领导沟通具有沟通的基本特征：沟通是有意识的人类活动，体现了主体活动的主动性、目的性、创造性和选择性；沟通是彼此的认同，表现为沟通双方的动机和目的；沟通是建立一种关系，即一种群体关系；沟通是一种观念和思想，也就是说，沟通是人类在认识的基础上形成的一种自觉沟通意识，是用于塑造自我形象、协调关系、改善环境、争取他人理解和支持的指导思想；沟通以提高自我认识为出发点，以实现人生价值为目的；沟通是事物对立面的统一，亦是沟通双方之间及沟通的各要素之间对立和统一的基本范畴。领导沟通还有一定的特殊性，它是领导者为了完成组织目标，以领导职责和领导职能为基础，具有计划性和规范性的领导职务活动。

领导沟通的内容一般有哪些呢？例如，组织中经常需要统一思想或行动，使组织内部或组织与组织之间达成共识，以便传达重要信息以及讨论问题、解决方案等，这整个过程都需要沟通。同样，在工作部署、工作协调等领导行为中，领导沟通也无处不在。

在现实生活中，我们也可以感知到领导沟通的重要性。一个领导者能力突出，非常优秀，总是怕什么事情有疏漏，于是事必躬亲，尽职尽责。但是人们还是觉得这个领导者的工作做得不够好，问题出在哪里呢？问题就出在这位领导者没有抓住领导工作的核心：什么是领导者该做的，什么是下属该做的。组织的存在就意味着分工的存在，作为领导者，必然有应该做的核心工作。而为了完成组织的共同目标，督促下属完成应有的工作，防止疏漏，这就是领导沟通运用的地方。

因此，领导沟通的内容，简单而言就是人与人之间相互传递观点、思想、感受和价值

---

①　罗宾斯, 库尔. 管理学[M]. 13 版. 刘刚, 程熙鎔, 梁晗, 译. 北京：中国人民大学出版社, 2017.

②　刘建军. 领导学原理：科学与艺术[M]. 上海：复旦大学出版社, 2001.

③　王乐夫. 领导学：理论、实践与方法[M]. 广州：中山大学出版社, 1998.

观，就是组织内的工作部署、工作计划、工作方案、工作难点等的协商。

三、领导沟通的方式

以领导沟通所采用的工具和信息载体为标准，可以将领导沟通分为语言沟通和非语言沟通。语言沟通建立在语言文字的基础上，又可细分为口头沟通和书面沟通两种形式。然而，以沟通所存在的空间或途径为标准，可以将领导沟通分为正式沟通和非正式沟通。一般的沟通模型包括了编码与译码、途径、背景、反馈、噪声等基本要素。

1. 正式沟通

所谓正式沟通，就是在组织中依据规章制度明文规定的原则所进行的沟通，如会议、定期工作汇报、文件传达等。[①] 领导之间的正式沟通主要有以下几种。

(1) 会议沟通。

会议沟通指通过组织会议的方式进行沟通，这是交流信息、分析和解决问题的重要沟通途径，也是各级政府部门最常见、最直接的沟通途径。会议沟通以参与人员较多、目的明确、时间集中为特点。但是会议沟通的成本较高，沟通时间一般比较长。

(2) 面谈沟通。

面谈沟通指领导者之间就某项内容进行面对面的单独交流，这是最常见的沟通途径之一，也是最真诚、最直接的沟通方式。它是领导者之间较为主动的寻求沟通的方式之一。主动沟通者将个人的见解、观点等与其他领导进行交流，常常能擦出思想的火花，往往是创新观点的源泉。同时，它还具有一定的私密性，且不需要过于系统、正式的语言准备。

(3) 电话沟通。

电话沟通指以电话为信息传播工具的有声沟通方式，它是一种比较经济的沟通方式，也是在沟通双方限于空间而进行的取代面谈的一种方式。电话沟通的特点是时间短、简洁明了，适合政府部门一般工作过程中的衔接、协调事务等简单的沟通，如各政府部门之间进行相关信息的询问等。

(4) 文件或报告沟通。

各级政府领导的各项具体工作通过表格、数据等文字或语言跟随管理流程，传递、接收各部门工作环节的信息沟通途径称作文件或报告沟通。它有利于文件信息的沟通和文件内容的执行到位，具有准确、高效等特性。报告分口头报告和书面报告两类，书面报告是政府各部门工作信息交流的重要载体，具有文字简洁、程序性强、表述清晰的特点。

(5) 考察沟通。

考察沟通指的是政府领导通过到其他部门进行考察，向部门领导了解、询问工作状况并就其工作进行交流的沟通途径。考察沟通具有沟通的直接性、客观性和真实性，有利于政府部门领导掌握各部门情况的第一手资料。考察沟通有考察团、调研等多种类型，一般运用于需要对某部门进行全面、深入了解的情况之中。

(6) 定期沟通。

定期沟通指的是政府部门通过确定某一固定时间，定期举行沟通活动的方法，具有效率高、事务处理及时等特性，如每年召开的部门领导联席会议等。定期沟通可分为周例

---

① 李家晔. 完美执行之最佳沟通 [M]. 北京：中国时代经济出版社，2005.

会、月例会、年会等多种形式,它适合于政府各部门之间的重要工作信息交流,以及解决重要问题的决策意见沟通。

（7）演讲沟通。

演讲沟通指的是政府领导通过演讲或做工作报告的方式与他人进行沟通。例如,本组织年度计划、本组织存在的重大问题和年度工作总结等,都是政府领导演讲的重要内容。通过演讲沟通的方式,让本组织其他领导或下属了解工作情况,这有利于提高组织成员参与管理的热情,激发其责任感,以直接性、单向性为特点。

除此之外,活动沟通、网络虚拟沟通以及短信沟通等非正式沟通途径对于领导沟通也具有重要作用。

2. 非正式沟通

非正式沟通是指在非正式结构中进行的,沟通对象、时间及内容等各方面都是未经计划和难以辨别的沟通。非正式沟通是沟通双方因感情和动机上的需要而形成的,其沟通途径是组织内的某种社会关系,这种社会关系超越了各种体制性的边界。

四、影响领导沟通的因素

在领导沟通过程中,总会出现一些障碍影响沟通的正常进行,从而影响沟通的效率和质量,使沟通达不到预期的目标。沟通中的障碍是普遍存在的,只是它起到的干扰作用或大或小。归纳起来,影响领导有效沟通的因素主要有以下几点。

1. 沟通中信息的发送与接收

发送者将信息符号化,用一定的文字等语言及其他形式的符号将其表达出来,发送给接收者。接收者在接收信息后,将符号化的信息还原为思想,并理解其意义。有效的沟通应该是发送者的思想经过上述发送和接收的过程后,所形成的接收者的思想与传递者的思想具有一致性。

领导沟通中,领导作为沟通的主体、信息的发送者或接收者,其主观因素对沟通有着非常重要的影响。

（1）个人性格因素。

信息的沟通在很大程度上受到个人心理因素的制约,如领导者的性格、气质、态度、情绪、见解等。

（2）知识、经验水平因素。

在信息沟通中,如果双方的知识水平和经验水平差距过大,就会产生沟通障碍,如表达的障碍、语义的障碍、理解能力的障碍等。

（3）信任因素。

有效的信息沟通应以相互信任为前提,这样才能使相互交流的情况得到重视,使做出的决策迅速实施。政府领导者在进行信息沟通时,应该不带成见地听取意见,鼓励沟通对象充分阐明自己的见解,这样才能做到思想和感情上的真正沟通,才能接收到全面、可靠的情报,才能做出明智的判断与决策。

（4）个人心理素质因素。

在管理实践中,信息沟通的成功主要取决于领导者之间的全面有效的合作。但在很多情况下,这些合作会因沟通双方的个人心理素质而出现障碍。

(5)直觉选择因素。

接收和发送信息也是一种直觉形式。但是由于种种原因，人们总是习惯性地接收部分信息，而摒弃另一部分信息，这就是直觉的选择性。

2.沟通的途径

途径是由发送者选择的、借由传递信息的媒介物，不同的信息内容要求使用不同的沟通途径。例如，政府工作报告就不适合采用口头形式，而应该采用正式文件作为沟通途径。有时人们可以使用两种或两种以上的沟通途径，比如，双方可以先口头达成一个协议，然后再以书面形式予以认可。由于各种沟通途径都有利弊，因此正确选择恰当的途径对实现有效的沟通十分重要。但在各种方式的沟通当中，影响力最大的仍然是面对面的原始沟通方式。面对面沟通时，除了词语本身的信息外，还有沟通者整体心理状态、身体姿态所传达的信息等，这些信息使得信息的发送者和接收者可以发生情绪上的相互感染。[1]

3.沟通的情景

沟通总是在一定情景中发生的，任何形式的沟通，都要受到各种情景因素的影响。沟通双方的情绪和态度、沟通发生的场所、沟通双方的社会角色关系、沟通者的文化习惯等都属于沟通的情景因素。同时，这些情景因素也都对沟通的效果产生影响。噪声是情景因素中非常重要的一点。噪声是妨碍信息沟通的因素，它存在于沟通过程的各个环节，并有可能造成信息失真。

4.反馈

沟通过程的最后一环是反馈。反馈是指接收者把信息返回给发送者，并对信息是否被理解进行核实的过程。[2]

在领导作用十分突出的组织中，领导自身的风格会使他有选择地接收信息，他的方式和偏好会影响到整个组织的沟通效果。因而领导沟通应当针对不同类型的组织或个人的特点和所出现的沟通问题，选择不同的沟通途径，对不同的具体情况采用不同的沟通方式。

五、加强领导沟通力的方法

1.重视反馈的信息

许多沟通障碍，其实是由双方的误解导致的。只注重沟通的过程，而忽视了沟通的结果，就会产生沟通障碍。如果管理者在沟通过程中使用反馈，则会减少这些问题的发生。

2.提升决策者说的技巧

作为领导决策者，每天都有无数机会磨炼说话技巧。面对面说话在沟通中极为重要。一要"长话短说"，即简化沟通语言的信息。常人都说："话多不甜。"如果反复地、过多地表述要沟通的信息，常常会使听者不知说者所云，这样就自然地产生了沟通的障碍，因为说的话越多，产生歧义、误解的概率就越大。在沟通时，力求做到言简意赅，语言精练，做事慎言。二要"突出个性"。多使用自己独有的个性化语言，注意沟通的细节，包括声调、语气、节奏等，力求做到幽默风趣且通俗易懂，让听者既易于记忆，又乐于接受。三要"坚

---

① MBA 核心课程编译组.谈判与沟通[M].北京：九州出版社，2002.
② MBA 核心课程编译组.谈判与沟通[M].北京：九州出版社，2002.

定自信"。说话时要坚定而自信，眼睛要正视对方，避免眼光游离。①

3. 注意倾听的艺术

注意力不集中，往往导致语言沟通产生障碍，这既是一种不礼貌的行为，也是一种获得错误信息的"机会"。沟通之道，贵在多听少说。做一位好听众，处处表现出聆听、愿意接纳对方的意见和想法的模样。作为一位成功的领导者，必须花相当多的时间和他的伙伴及上司做面对面的沟通。这时，最常被用到的两项能力为：洗耳恭听和能说会道。

4. 努力控制好情绪

当领导者对某件事十分失望或愤怒时，很可能会对所接收的信息产生误解，并在表述自己的信息时不够清晰和准确。那么领导者应该如何行事呢？最简单的办法是暂停进一步的沟通，直至恢复平静。

5. 创造沟通情景

从理论上讲，信息从发出到接收，经过使用后再进行反馈，过程中会出现不同程度的信息损失，沟通对象以及环境不同，其结果也是千差万别的。因此，要减少传递层次和干扰，提高信息传递过程中的保真度，提高沟通的效率。此外，沟通者所处的外环境（周转环境，如噪音、气候等原因）和内环境（个人内在的身体状态，如身体、情绪等）都会影响正常的沟通。要建立相互信任的沟通环境，坚持积极、和谐、简单、和谐的基本原则，杜绝低级庸俗的言行。②

第六节　领导控制

领导控制是领导过程必不可少的基本环节，是实现领导目标的重要手段。在领导行为活动中，控制是领导者的主要职能，也是一种重要的领导艺术。控制是否到位、是否得力，直接决定着领导活动是否有效。可以说，"管理的关键在于控制"这种观点已基本得到人们的认同。

一、领导控制的内涵

1. 领导控制的含义

任何组织，无论是政府、企业还是社会组织，在实现自身发展的过程中都会制定一系列的战略、计划、方针、政策等，以确保组织的目标得以实现，并维持组织的持续发展。而在这些战略、计划、方针、政策等的执行与具体实施过程中，由于内外环境的变化，或者本身不够完善等，会遇到各种问题。因此，在整个实施过程中，为了确保战略、计划、方针、政策等朝着预期的方向发展，需要领导控制发挥作用，及时纠正执行中的偏差或者执行中遇到的问题，从而确保预期目标的实现。

由此可知，领导控制是领导者在领导活动中，运用各种方式和手段如沟通、协商、团结、批评、监督等，对被领导者进行管理、调节、抑制、引导，以确保领导活动顺利开展及

---

① 伍朝晖.浅议领导干部沟通协调能力的提升[J].创造，2019(11)：82-84.
② 刘雄.高效领导与有效沟通[J].现代国企研究，2018(22)：193-194.

目标顺利实现的过程。

在领导控制过程中，领导者与被领导者都是社会群体中的一部分，领导活动是社会活动的一种具体表现形式。因此，领导控制也是社会控制的一种具体表现形式，是领导者通过对领导系统、领导过程的控制，实现有效领导的关键环节之一。领导控制对于维护和促进社会稳定具有重要作用。在理解这一概念的时候要明确两个方面：第一，领导控制不是领导统治，统治是以政权及其权威为基础来进行的，而控制不一定非要政权操纵，它可以是依托各种社会规范，甚至是领导者个人人格魅力的感召的。第二，领导控制不是独裁或独断，而是一种规范性的调节。它并不是领导者个人说了算，而被领导者只需无条件服从，而是领导者运用沟通、协商等各种方式与手段，对被领导者进行的管理、调节、抑制和引导。

2. 领导控制的特征

（1）领导控制具有整体性。

这主要体现为控制范围与控制过程的整体性。领导控制是对整个领导活动各个方面的控制，忽视了其中任何一个方面都可能引起全局性的失控；控制是对领导活动各个环节各个过程的控制，任何一个环节或者程序上的失控都会对整个领导活动产生或大或小的影响。

（2）领导控制具有动态性。

领导控制行为并不是静态的简单的控制，不仅仅是设置种种关卡，而是在领导活动中，随着计划的执行，动态地修正执行人员的差错之处，甚至变更原计划。

（3）领导控制应坚持以人为本。

一方面，领导控制是对人的控制和由人执行的控制。在领导控制中最主要的要素是人。另一方面，领导的控制行为必须有利于组织向心力、凝聚力、战斗力的提升，必须出于善意、出于对下属的关心与帮扶、有利于团队成员的成长和发展。[①] 因此，有效的领导控制必须坚持人本思想。

（4）领导控制是提高下属工作能力的重要手段。

控制是一把利器，特别是在组织活动中。若用得好，可以提高下属的工作能力，从而更好地完成组织目标；若用得不好，则有可能抑制下属工作能力的发挥。因此，领导者应该把控制能力作为提高下属能力的重要手段来掌握，以增强组织的实力。

（5）领导控制是以领导力等强制力作为前提和后盾的。

领导力是一种特殊的人际影响力，可以分为组织领导力和个体领导力。组织领导力的基础是个体领导力，即领导者通过有效控制组织的发展方向、战略实施过程和成效，推动组织向着既定的目标前进。领导控制是一种强力对弱力的行为。因此，领导者在行使控制权力时，必须以权力等强制力为后盾，否则就是纸上谈兵，没有任何作用。

二、领导控制的原则与内容

1. 领导控制的原则

领导控制活动是领导者与被领导者相互作用的过程，而这种相互作用本身就是一种调

---

① 任中义.论领导用人过程中的控制艺术[J].领导科学，2018(25)：27-29.

节控制的过程。为了使领导活动始终围绕着既定的决策目标运转，保证领导目标的实现，领导者必须对动态的领导过程进行不间断的监察和及时有效的全程调节和控制。因此，一个有效的领导控制行为必须遵循四项原则：系统原则、迅捷原则、弹性原则和道德原则。

（1）系统原则。

系统原则是指领导者在实施控制行为时，必须使自己的控制手段和组织结构配套，环环相扣，形成一个封闭的系统，以确保决策目标和领导职能的实现。

（2）迅捷原则。

领导控制必须有严格的时效性。一旦时过境迁，无论做出多么完美、有效的调整方案，也将变成一张废纸。这就要求控制系统必须有灵敏的反馈机制。当一个决策被执行之后，系统会根据客观情况的变化，将变化了的情况迅速、准确、连续地反映给控制中心，并提出相应的方案意见，以便调整原方案或者做出新方案。

（3）弹性原则。

控制是通过不断调整被领导者的行为来确保其不偏离决策目标的过程，而被领导者不是机器的零件，他们拥有各自的社会地位，是相对独立的，有不同的心理特征和生理特征。这就要求领导控制不能是简单的直线控制，而是要实现多维度的非线性控制。弹性控制的目的是使被领导者乐于接受这种控制，愿意把领导的意图变成自觉的行动，充分发挥个体的积极性和创造性，更好地完成任务。因此，领导控制要针对不同的人、不同的事，采用不同的方式，同时注意合理适度，把握好力度、强度和密度。

（4）道德原则。

优秀的领导者在实施控制时必须坚持道德原则。因为道德本身是在一定环境中行为的长期非强制性的共同规范，具有约定俗成的作用。如果在领导控制时，领导者不坚持道德原则，做出某些不道德的决策行为，领导活动便有可能失败。

2. 领导控制的主要内容

（1）领导者对全局的控制。

从大的方面看，全局指在一定时期内一定区域范围的政治和社会局势，它包含当时影响大多数人思想和行动的社会思潮、社会导向、社会稳定程度，以及可能的发展趋势。从小的方面看，指一个组织受群众思想、心理和情绪影响而表现出来的生产和生活秩序。所谓对全局的控制，是指领导者对全局的驾驭和控制。具体来说，就是了解情况，顺应自然和社会发展的客观规律，遵循和把握社会发展的大趋势，使形势朝着有利于领导目标实现的方向发展。

领导者实现对全局的控制具有重要意义：首先，有效地控制全局是对领导者的一项基本要求。任何领导者都对组织的稳定和发展负有不可推卸的责任。因此，掌握控制全局的艺术是领导者必须具备的素质之一。其次，有效地控制全局，有利于创造一个良好的领导工作环境。领导者开展工作时，周围的环境会对其工作起到消极或积极的作用。因此，一个能有效控制全局的领导者，能有效利用环境的积极作用而抑制其消极作用，从而形成有利于工作的良好的"小气候"，创造一个良好的工作环境和工作局面。最后，有效地控制全局是树立领导权威，获得组织内部人员支持的重要途径。

（2）领导者对被领导者的控制。

由于被领导者之间存在个人利益的差异性，而权力又是获取利益的重要工具，因此，要对被领导者加以控制，最主要的是对其权力进行控制。具体可以从以下三个方面着手：

首先，制定各种规章制度、政策规定，明确各个被领导者的权力范围。通过这些制度控制方法，可以给被领导者以稳定而持久的外在约束力，从而对其用权行为加以支配和驾驭。随着时间的推移，这种外在约束力会内化成被领导者的自我约束力，他们会根据这些制度性规定，进行自我权力行为调节，从而实现自我控制。

其次，领导者运用自己的权力直接向被领导者发出控制信息。这种方法能迅速有效地纠正被领导者的错误行为。但是，在运用这种权力控制方法时，领导者必须注意以下几个方面的问题：第一，领导者必须端正权力制约的目的，时刻提醒自己使用权力制约权力是为了消除各种干扰以实现有效的领导工作。第二，领导者要保证权力制约的正确性。这就要求领导者在做出控制措施前，要掌握充分的材料，做出正确的判断和分析，同时在控制时不断获得执行信息，以便对可能出现的问题做出适当的纠正和补救。第三，领导者要兼顾对被领导者积极性、创造性的维持。

最后，领导者通过柔性控制手段逐渐改变组织中被领导者的权力行为。即通过精神层面的控制，主要通过道德伦理、信仰信念、社会舆论以及心理沟通等方式对成员进行意识形态的控制，强化被领导者的内在约束力，在不挫伤其积极性和创造性的前提下，达到对其权力控制的目的。

三、领导控制的方式

按控制的方式分类，可以把控制分为柔性控制和刚性控制。刚性控制是控制的骨架，柔性控制是控制的血肉，刚性控制和柔性控制是控制的两个方面，如同鸟之双翼、车之两轮，两者各有长短，互为补充。控制的最高境界为实现刚柔相济。控制的方法应体现刚与柔的有机结合。

1. 柔性控制

柔性控制也叫弹性控制或者软控制，是一种保护、扶植社会积极性和活性的控制形式，主要采取一些非强制性的手段来转变组织成员的意识形态，从而使得他们在转变后的意识形态的支配下，采取有利于决策目标的行为。因此，从这一层面看，柔性控制也就是意识形态的控制。具体来说，柔性控制有以下几种方法：

（1）道德控制法。

领导者应该建立以道德为导向的控制体系，借助传统积累下的高尚道德的感召力去影响和感化被领导者，在理念层面的高度为被领导者建立一种道德的约束机制。

（2）文化控制法。

文化控制法主要是指领导者借助一些非强制的力量，如风俗习惯、伦理道德、社会舆论等观念形态上的东西来实施控制。这对于净化组织，促进精神文明建设有着极其重要的意义。

（3）情感控制法。

情感控制法主要是基于人是具有丰富情感的高级生命形式，人的情感可以影响甚至支配人的思想和行动进行领导控制的。因此，领导者不能仅仅局限于物质激励，还要结合情感控制，通过观察、激励和引导被领导者的情绪，激发被领导者的积极情绪，抑制被领导者的消极情绪，从而促进领导活动的顺利开展。

2. 刚性控制

刚性控制也叫硬控制，是运用一些权力、制度等强制性手段对被领导者及其行为进行控制的方式。刚性控制是领导控制的骨架，这主要出于两个方面的原因。一是由于资源的稀缺性决定了人们的利益是相互冲突的，而仅仅依靠意识形态的控制是不能掌控人们之间为了各自利益而互相争夺的失控局面的。二是柔性控制对人们的行动产生的是引导作用，并不要求人们一定服从。而刚性控制能用强力手段规范被领导者的行为，控制违法乱纪的行为。并且，刚性控制有很强的时效性，特别是在突发危机事件的控制中，能在短时间内取得显著效果。

刚性控制的方法主要有两种。

（1）权力控制法。

权力控制法是指领导者通过利用职权发布指令、命令、通知等形式作用于被领导者，要求其必须无条件遵从的强制性控制方式，它不以被领导者的接受为前提。权力控制不论被领导者理解与否、接受与否，都必须接受这种制约，是实效性最强的一种刚性控制方法。

（2）制度控制法。

制度控制法是指领导者通过制定和完善各项制度，对被领导者形成一种具有普遍意义的、比较稳定的强制性规范的控制方法。而制度控制法根据采用的控制手段的不同又可以分为三类：政治性控制、经济性控制和法律性控制。

四、影响领导控制的因素

领导控制是领导活动中领导者对被领导者的控制。因此，环境因素、领导者的能力与素质、被领导者的能力与素质共同影响着控制的顺利开展。

1. 环境因素

就环境因素而言，主要包括两个方面。一方面是指领导者与被领导者所处的小环境，比如说某个政府、企业、非营利组织的内部环境，包括文化、习惯、制度、控制标准等，这对领导者与被领导者之间实现上传下达的有效互动有着极为重要的意义。内部环境通过直接作用于领导者或被领导者而影响控制活动。另一方面是指整个社会或者整个领导集体之外的大环境，主要包括整体的价值取向、社会规范、社会文化建设等，这些通过影响领导者与被领导者之间的"小环境"间接地影响控制活动。

2. 领导者的能力与素质

领导者的能力与素质是领导控制有效实施的最为关键的因素，主要表现在三个方面。一是领导者对全局的把控能力或对被领导者的控制能力影响着控制的效果。由于整个领导活动是一个动态的连续性过程，如果对全局控制中的某一个环节的控制失效，或者对被领导者的权力控制未到位，就会影响控制的进程及控制的效果。二是领导者素质的高低影响着领导控制的实践，培养较高的领导素质，能够使领导者夯实工作基础，在调研分析的基础上进行有效控制，从而使领导者走出仅凭自己的经验、喜好、既定思维模式或者相关会议讨论等来进行控制的误区。三是领导者的能力对领导标准的制定及控制中"度"的把握也影响着控制活动的开展。

3. 被领导者的能力与素质

被领导者的能力与素质对领导控制的顺利开展也有着极为重要的作用。一是被领导者的能力，特别是实践能力、理解能力和反馈能力等，能力强的被领导者能在理解的基础上积极配合领导者的控制活动，并利用贴近基层的优势及时将新情况、新信息反馈给领导者，使领导者能及时改变控制方式，以达到有效控制的目的。二是被领导者的素质高低对领导控制活动的影响不可忽略。素质高的被领导者对关系整体长远利益的控制能积极地予以配合支持，而素质低的被领导者则有可能因为短期利益受损而采取抵制行为，增加领导控制的难度。

总之，领导环境的好坏、领导者能力与素质的高低、被领导者能力与素质的高低三者共同作用于领导控制活动的整个过程，是影响领导控制的三个主要因素。

五、增强领导控制力的方法

领导控制力是指领导者对被领导者、领导情境进行控制，以保证领导活动目标顺利实现的能力。增强领导控制力对实现领导愿景具有极其重要的意义。

领导控制力主要由五个要素构成，即价值观、规范、冲突、干部队伍、信息。那么增强领导控制力也应该从这五个方面入手。

1. 价值观控制

价值观是人们在长期的社会实践中形成的对政治、经济、道德等所持有的总的看法。价值观对人们的行为有着极强的影响，它通过价值取向的引导影响着人们对事物是非曲直、重要程度的认识，而这种思想上的认识又指导着人们的行为方向。因此，领导者要增强领导控制力，就要用价值观来统领组织的发展，塑造其与被领导者共享的价值观，通过相关措施，如宣传教育、奖励、制定标准等，引导被领导者树立共同的价值观，并积极吸引那些认同组织价值观的追随者，从思想上、源头上提升控制力，使被领导者在意识的引导下更加投入组织的工作中。

2. 规范控制

规范控制的形式包括法律制度、纪律规章、行为模式、习俗等。规范控制就是领导者通过这些手段对被领导者的行为加以控制的过程。领导者的规范控制能力是在制定规范的基础上，通过各种方式的宣传教育或者刚性管理的方式促使被领导者服从规范，并促使规范内化成为被领导者的一种自我约束机制的能力。规范的内化是一种由外部要求转化为个体内部需要的过程，是一个复杂、动态的发展过程。因此，领导者要通过言传身教，耐心地促使被领导者转变思想认识，真正从内心接受并维护这些规范。

3. 冲突控制

由于领导者和被领导者在认知及个人利益等方面存在差异，所以彼此之间容易产生冲突。冲突是普遍存在的，冲突既有负面影响又有正面影响。如果不对其加以控制，其负面影响就有可能扩展，从而影响领导活动的顺利开展。因此，领导者要增强对冲突的控制能力，通过了解冲突发生的原因，有针对性地采取相应的、适当有效的措施来控制冲突，从而对其负面影响加以抑制，并积极利用其正面影响。

4. 干部队伍控制

领导控制的实现不只仅仅依靠单个领导者的努力，也离不开作为领导者延伸的干部队伍的努力。因此，要增加领导控制力，就要选择、培育或者构建一支良好的干部队伍，并且首先要加强干部队伍的内部控制。因为干部队伍作为领会领导者意图、承接领导者与被领导者之间的沟通的桥梁，其整体能力的提升对领导控制力的提升有着非常重要的作用。领导者可以通过任命和合理使用德才兼备的、能够贯彻组织意图的干部，并对其加以控制来间接实现对被领导者的控制。干部队伍控制的关键在于选人、育人、用人、管人四个方面。

5. 信息控制

在控制的过程中，对信息及时全面的掌握影响着领导者活动的开展。信息控制就是指领导者掌握并分析有关被领导者和领导情境的信息，对领导行为进行调整，以使领导活动围绕既定目标来开展的能力。领导者只有及时掌握了内外部相关情境信息的变化，以及被领导者在心理和思想倾向与行为动向等方面的一些信息，才能够有效开展控制。信息控制能力的提升是增强控制力的有效手段之一。但是，面对纷繁复杂的信息，要及时有效地提取出对领导活动有影响的关键信息，就要构建一个高效的信息利用机制，通过专门的人才与技术支持，对信息进行及时的处理，提取并分析关键信息，为控制活动提供信息支撑。

从上面的分析可知，通过提升价值观控制、规范控制、冲突控制、干部队伍控制和信息控制这五个方面的能力，就能内外兼顾地增强领导控制力。

思 考 题

1. 简要阐述领导过程的内涵。
2. 谈谈如何实现决策科学化。
3. 影响领导授权的因素有哪些？
4. 领导指挥有哪些具体方式？
5. 领导沟通的含义、内容、方式和影响因素有哪些？
6. 在实现中国式现代化的过程中如何完善领导过程，提高领导的科学性和有效性？

案 例 讨 论

中国物流集团总经理廖家生：全面打造世界一流综合性现代物流企业集团

物流业是支撑国民经济发展的基础性、战略性、先导性产业。全面开启中国式现代化新征程，中国物流人责无旁贷，重任在肩。2021年底，中国物流集团有限公司（简称中国物流集团）宣告成立，综合物流央企横空出世，引发行业关注。作为我国唯一一家以综合物流为主业的新央企，它的成立，在我国物流行业发展史上具有里程碑意义。

中国物流集团肩负"服务现代流通、保障国计民生"的企业使命，将成为专业高效、值得信赖的世界一流综合物流服务商作为企业愿景，已编制形成"123456"战略发展规划。中国物流集团把握"两个大局"，心怀"国之大者"，立足新发展阶段、贯彻新发展理念，构建新发展格局，坚持整合兴企战略方针，持续推进资源整合，以企业高质量发展发挥物流行业"国家队""主力军"作用。

为了提升集团核心竞争力，一方面，中国物流集团对内实施专业化整合，优化存量，提高资源配置效率，实现集约化经营、专业化发展；细化制定集团内部专业化整合实施路径，明确直管公司业务和功能定位，按照"一业一企、一企一业"的总体原则，实施内部业务重组，优化资源配置，促进专业化经营。另一方面，中国物流集团按照国务院国资委的要求，继续推动国资央企和社会物流资源的市场化整合，持续扩大资源禀赋与经营实力。同时，进一步加强与股东、业务伙伴、政府机构、科研机构、行业协会的交流合作，努力发挥好集团作为综合物流央企的平台功能，汇聚各方物流资源，整合各类物流要素，促进资源协同、要素协同，共同推进完善我国现代物流体系，畅通国民经济循环。

讨论：

1."全面打造世界一流综合性现代物流企业集团"这一目标的确定需要经过哪些领导过程？

2.试用领导学知识评述中国物流集团成立的重要性。

第七章

领导选人用人论

无论是在历史的长河中，还是在现实的社会中，每一位杰出的领导者都认为选人用人是领导活动的一个关键环节。能否成功地实现决策目标，最为重要的就是能否正确地选人用人。能否科学地、正确地选人用人，不仅是能否发挥领导职能的决定性因素，也是事关组织兴衰和事业成败的核心所在。古人常讲的"得人者昌，失人者亡"就深刻地体现了选人用人在领导职能中的中心地位。当然，领导者若要合理有效地选人用人，就必须了解人才理论的发展变迁，树立符合时代潮流的科学人才观，掌握选人用人的理念和原则，学会识别、选拔、任用、培育人才。

第一节　人才理论的发展

人才理论是与各个民族的文化和各个国家的发展相联系的。从这点看，人才理论的发展深刻地反映出了文化的差异性和发展的阶段性。就文化而言，人才理论体现了世界上各个民族不同的价值标准与观念。也就是说，各个民族的人才理论蕴含着各自民族的观念，使得人才理论丰富而又富有民族文化特色。就发展而言，人才理论又展现出各个国家在不同发展阶段所形成的特有人才观。比如，从"资源"到"资本"就折射出人才理论发展的阶段性。总而言之，人才理论的发展内嵌于民族文化和社会发展中，是社会发展的产物，也是人们对人才的系统性认识和概念性的理解。

一、选人用人的内涵

列宁曾指出："挑选人才是社会主义建设的基本问题之一，要研究人，要寻找能干的干部。现在的关键就在这里。没有这一点，一切命令和决议只不过是些肮脏的废纸而已。"① 这足以说明，选人用人是领导者取得成功的基础。尤其在竞争激烈的当代社会，科学地选拔、任用人才显得更加重要。无论任何民族、任何国家、任何组织，人才选拔得当，使用合理，培养得法，就能发展得好；反之，则发展滞后，乃至衰退。

---

① 列宁全集：第35卷.北京：人民出版社，1959.

1.选人用人的含义

选人用人是领导工作得以顺利进行的重要前提。选人用人包含两层含义：一是选好人才；二是用好人才。

第一，选好人才。选拔人才是指为了组织发展的需要，根据人力资源规划和职务分析的要求，吸引那些既有能力又有兴趣到本组织任职的人员，并从中挑选出最为适宜组织发展的人才，以保证组织的各项活动正常进行的过程。选拔人才是组织其他职能发挥的前提和基础。人才的选拔方法有很多种，常用的选拔方法有简历筛选、个人自荐、能力测验、人格测验等。使用这些选拔方法，目的是选拔合适的人才。当然，在选择选拔方法时，需要对所有的选拔方法进行评价，以确定最优的选拔技术。

第二，用好人才。毛泽东曾经指出，领导者的主要任务是出主意和用干部。[①] 治国之要，首在用人。用干部或用人指的就是人才的使用问题。可见用人对于领导者是多么重要。那么，如何用好人才，则成为考验领导能力的一个关键内容。用好人才的核心在于明确用人导向，抓好用人环节，创新用人方法。

2.选人用人的原则

选人用人是事关国家、社会和组织发展的一件大事。作为中坚力量，人才的素质与国家、社会和组织的能力联系在一起。只有按照一定标准和原则，选拔任用高素质的人才，国家、社会和组织才能获得可持续发展。在这点上，人们公认的选人用人标准不外乎德才兼备、求真务实、竞争择优和不拘一格等。这些标准都体现了人们对人才的期望。

二、中国传统人才观

从古至今，人才问题深受中国政治家和思想家重视。但是，衡量人才的标准、选拔人才的方法、任用人才的理念，在不同的社会环境、不同的历史时期则展现着不同的内涵，体现着不同的价值取向。总结起来，中国传统人才观主要包括重视人才、任人唯贤、德才兼备、用人不疑和人尽其才等。

1.重视人才

重视人才是中国传统人才观的一大内容。重视人才的实质就是重视人才的归离。历史上，凡夺取天下、善治国家、成就事业者，无不"求贤若渴""礼贤下士"。《诗经》中提到"得人者兴，失人者崩"。《管子·霸言》里强调"夫争天下者，必先争人"。《礼记·中庸》则提出"为政在人""其人存，则其政举；其人亡，则其政息"。《墨子·尚贤上》也认为"尚贤者，政之本也"。《晏子春秋》则把对人才"贤而不知""知而不用""用而不任"看成是国家的"三不祥"。《出师表》直接把人才的重要性归结为"亲贤臣，远小人，此先汉所以兴隆也；亲小人，远贤臣，此后汉所以倾颓也"。

2.任人唯贤

历代以来，任人唯贤的人才观一直贯穿用人的始终。《吕氏春秋》说："得贤人，国无不安，名无不荣；失贤人，国无不危，名无不辱。"《尚书·咸有一德》则提出："任官惟贤材，左右惟其人。"司马光也认为："古之为相者则不然，举之以众，取之以公。众曰贤矣，己虽不知其详，姑用之，俟其无功，然后退之，有功则进之；所举得其人则赏之，非其人则

---

① 毛泽东.毛泽东选集：第 2 卷[M].北京：人民出版社，2007.

罚之。进退赏罚，皆众人所共然也，己不置毫发之私于其间。"①《傅子·授职篇》中傅玄则说："夫裁径尺之帛，刊方寸之木，不任左右，必求良工。"《货殖列传》记载，齐国的"奴虏"，人皆贱之，唯刀间独具慧眼，赏识"奴虏"的才能，收为重用，"终得其力，起富数千万"。以上这些话语，都反映出传统人才观在选人上的原则，即都看重贤才，并反对任人唯亲。

3. 德才兼备

习近平总书记曾引用古语"德薄而位尊，知小而谋大，力小而任重，鲜不及矣"，强调用人要注重德才兼备，并且要以德为先。历代统治者或者官员在选拔人才的标准上，也都是坚持德才兼备的。而且，绝大部分人还认为德先于才，"德"是评价人才的首要标准，"才"是评价人才的次要标准。《尚书·商书》曰："任官唯贤才，左右惟其人。臣为上为德，为下为民。其难其慎，惟和惟一。"意思是说，选拔任用官员，德才兼备，缺一不可。司马光在《资治通鉴》中将"德"定义为"正直和中"，把"才"定义为"聪察强毅"，称："才者，德之资也；德者，才之帅也。"并认为："才德全尽谓之圣人；才德兼亡谓之愚人；德胜才谓之君子，才胜德谓之小人。"康熙在《治国圣训》中写道："朕观人必先心术，次才学。心术不善，纵有才学何用？"及"论才则必以德为本，故德胜才谓之君子，才胜德谓之小人"。

4. 用人不疑

用人不疑是我国传统的用人观。用人不疑意为对所选拔之人，要以诚相待，大胆授权，放手让所选之人去做事。在中国历史上，曾多次出现过因"用人不疑"而使"士为知己者死"的情形。如《汉书·周亚夫传》记载，汉文帝时期，治军严明的周亚夫，曾以"军中闻将军之令，不闻有天子之诏"为由不让汉文帝进军营。汉文帝非但没有责备和惩罚周亚夫，反而倍加赞赏并委以重任，使得周亚夫感激不尽，为汉王朝鞠躬尽瘁。② 实际上，中国历史上还有许多用人不疑的事例。这些事例说明的一个核心观点是，使用人才，不应该心存疑虑，以小人之心度君子之腹，而是要以宽广的胸襟、真诚的行动，消除人才的忧虑，让其充分发挥才能，心甘情愿地贡献才智。

5. 人尽其才

古人常讲的"金无足赤，人无完人"说明了用人不能求全责备，而要"用人如器，各取所长"。司马光认为，"使有德行者掌教化，有文学者待顾问，有政术者为守长，有勇略者为将帅。明于礼者典礼，明于法者主法，下至医卜百工，皆度才而授任，量能而施职"。李觏提出："人莫不有才，才莫不可用。才取其长，用当其宜，则天下之士皆吾臂指也。"刘邦也认为："夫运筹策帷帐之中，决胜于千里之外，吾不如子房。镇国家，抚百姓，给馈饷，不绝粮道，吾不如萧何。连百万之军，战必胜，攻必取，吾不如韩信。此三者，皆人杰也。吾所用之，此吾所以取天下也。"③这些都表明，用人之道全在于用人之所长，做到人尽其才，互补长短，最终形成人才的整体优势。

三、西方传统人才观

受"经济人假设"的影响，西方始终把人才看成一种资源、成本和工具，非常注意通过

---

① 司马光. 资治通鉴[M]. 北京：北京出版社，2008.

② 徐方治. 论"用人不疑"[J]. 广西民族学院学报（哲学社会科学版），2004，26(4)：3.

③ 司马迁. 史记·高祖本纪[M]. 长春：吉林文史出版社，2006.

不同的方式来开发人才资源,尽可能地降低组织运作成本,提高组织生产工作效率。

1. 突出分工

在古希腊时期,色诺芬首先提出分工可以提高产品质量的观点。柏拉图则认为,如果一个人在恰当的时间,专注地做一份工作,那么他就可能做得更好,更容易出成绩。尽管柏拉图的分工思想是为了说明如何治理国家的问题,但是也揭示了如何配置人才的问题。[①]亚当·斯密则认为分工的益处主要是每个人各取所长,各尽所能,可以提高劳动熟练程度,减少因工作变换而损失的时间,还可以使个人专注于一种特定的工作,有利于创造新工具,改进旧设备,发明新方法,从而提高劳动生产率。

2. 善于授权

西方领导者在管理组织的过程中注重能级原则,十分注意授权,重视吸纳人才参与组织的管理,以提高人才的工作积极性,发挥人才的才干。而且,西方由于推崇劳动分工和个人主义,因而在用人上敢于授权,并从不干扰人才如何运用职权。西方领导者认为,充分的授权可以减轻自己的工作负担,还可培养人才的能力,使人才获得工作上的满足感。[②]但是,在西方组织中,授权也并不是毫无原则,而是按照组织的任务结构和人才的能力结构,充分考虑授权的利弊,再通过制度化的授权过程,把权力授予能够合理运用的人才,保证组织权力的稳定运行。

3. 制度选人

在选拔人才方面,西方采用的是考任制。这是一种通过立法的形式把考试内容、考试方式、考试条件等事关考试的方方面面固定下来的制度。考任制强调参加选拔的人的公平竞争。只有通过考试的人,才有可能被任用。这在一定程度上防范了"任人唯亲"和"任人唯关系"等弊端,不仅有可能做到唯才是举,而且还在一定程度上保证了选拔人才的真实性和客观性,有利于扩大选拔人才的范围。

4. 考核功绩

西方各国在考核人才时,主要从工作态度、工作能力、专业知识、业务水平、工作业绩等几个方面来进行考核。考核时,都是按照既定的考核制度与程序严格进行的,再在此基础上根据考核结果进行相应的奖励和惩罚。考核的制度化对提高人才的整体素质,以及提升组织的运作效率都有促进作用。[③] 尤为重要的是,以考核结果选拔任用人才替代了以往单靠资历选拔任用人才的方式,相对来讲较为公平、公正,这样做才能选拔到真正的人才。

四、现代人才理论

自20世纪80年代以来,我国开始逐步引入西方的人力资源管理理论和人力资本理论,也开始了人才理论的研究,形成了许多富有实践价值的成果。在这些研究中,人才理论的内容大致包括人才的概念、类型与标准和成长规律,以及如何吸引和留住人才、如何构建有效的人才资源激励机制等。

1. 人才理论的发展

人才理论的发展与人力资源观念的转换是密不可分的。从经济学的角度来看,人力资

---

① 雷恩. 管理思想的演变[M]. 孙耀君, 李柱流, 王永逊, 译. 北京: 中国社会科学出版社, 1986.
② 孔茨, 韦里克. 管理学[M]. 10版. 郝国华, 金懋祖, 葛昌权, 译. 北京: 经济科学出版社, 1998.
③ 陈菊香. 中西方传统用人观及其现代启示[J]. 闽江学院学报, 2011, 32(1): 6.

源管理理论先后经历过四个不同的认识阶段，因此人才理论也同样经历了四个发展阶段。

第一阶段：认为人的才能是经济增长的源泉阶段。

18世纪，亚当·斯密在《国富论》中写道："在社会的固定资本中，可提供收入或利润的项目，除了物质资本外，还包括社会上一切人民学得的有用才能。"亚当·斯密明确把人的才能增长视为社会进步和经济增长的源泉。

第二阶段：认为人力资本是最为重要的资本阶段。

19世纪末，马歇尔认识到人力资本是社会中最重要的一种资本。他认为："所有的投资中，最有价值的是对人本身的投资。"20世纪初，欧文·费雪第一次提出了完整的人力资本概念，并将人力资本视为可以带来收益的无形资本。

第三阶段：认为人力资本投资高于物质资本投资阶段。

20世纪60年代，西奥多·W.舒尔茨第一个把关注的目光"从物质资源转移到人力资源"上，明确指出"人力资本的收益高于物质资本"，他创建了人力资本和人力资源的理论体系，解释了经济发展的动力，将研究推到了一个新的高峰。

第四阶段：认为专业人力资本是发展的动力阶段。

自20世纪80年代以来，以罗默尔、卢卡斯为代表的人力资本学者提出了"新增长理论"，这种理论在古典生产函数中加进了人力资本要素，即"内生经济增长理论"。同时，卢卡斯认为，"专业化的人力资本"是促进经济增长的真正动力。

2. 现代人才理论的特征

现代人才理论是现代人才管理经验系统化的成果。只有从现代人才管理的实践中去发掘，才能认识到现代人才理论的真谛。所谓真谛，是指现代人才理论的服务发展导向、以用为本导向、高端引领导向和改革创新导向。

（1）服务发展导向。

现代人才理论要为经济社会发展服务，这是研究人才理论的根本出发点和落脚点。因为，只有紧紧围绕经济社会发展的中心任务，深入研究如何吸引、选拔和培养人才，人才理论才能符合人才工作的实际需要。所以，我们要把服务发展作为人才理论研究的根本任务，紧紧围绕国家繁荣、社会进步、企业发展，加快现代人才理论的归纳总结，以服务经济发展和社会进步的实际成效来检验现代人才理论的实践性。[①]

（2）以用为本导向。

现代人才理论不仅强调服务发展，也重视以用为本。现代人才理论认为，人才作为一种特殊的资源，其价值完全在于使用。只有使用，人才才会越来越聪明；也只有为使用而引进，在使用中培养，以使用来激励，才能用好用活人才，调动人才的主动性、积极性和创造性。[②] 同时，现代人才理论还着力解决人才不适用、不够用、不能用的问题，目的是让人才各得其所，用当其时，才尽其用，即使其"在其位，谋其职，尽其责"。

（3）高端引领导向。

现代人力理论非常注重人才队伍的建设问题，一直把高端人才视为人才队伍建设的重点内容。其实，高端人才对一个国家或者组织的发展具有举足轻重的作用，对人才队伍建

① 朱彦姝.把党管人才原则落实到人才服务中[J].湖南行政学院学报,2004(6):2.
② 黄育馥.美国IT人力资源政策与实施[J].国外社会科学,2004(3):9.

设更是具有引领带动作用。因此，现代人才理论要求在人才队伍建设中，按照高端引领、整体开发的方针，以高层次人才和高技能人才为重点，加强人才队伍建设，大力培养世界级、大师级的领军人才；培养具有战略眼光、市场意识、创新能力和社会责任感的管理人才；培养技艺精湛、掌握核心技术的高技能人才。

（4）改革创新导向。

现代人才理论指出，人才作用的发挥在于体制机制，体制机制的活力来自改革创新。这样，现代人力资源理论特别重视研究制约人才发挥作用的观念、体制和机制，指导识人、选人、用人制度的改革。许多国家和组织也根据现代人才理论，建立了人才特区或人才创新创业基地，积极探索构建充满活力的人才机制，把一些成熟的改革经验上升为制度规范，把普遍有效的举措政策纳入法律法规制度，极大地推动了人才工作的实施。

3. 现代人才理论的内容

20世纪70年代以来，管理领域开始出现研究人才理论的热潮。一直到20世纪90年代，"人才"一词才逐渐成为人们耳熟能详的词。尤其是随着传统以事为中心的管理模式向以人为中心的管理模式的转变，现代人才理论研究逐步系统化和科学化，并产生了许多富有时代特色和实践色彩的理论内容。

（1）人才功能理论。

人才功能理论强调人才对社会进步和发展的功能，认为人才功能的展现来源于社会需求。如果把社会发展和社会需求看成是生产力进步的结果，那么人才毫无疑问是人类社会中最活跃的先进生产力。所以，人才功能理论内涵的实质就是"人才是第一资源"。尽管科学技术是促进社会进步的生产力，但是作为科学技术载体的人才，却因其先天具有的能动性、创造性，决定着科学技术发展的方向、力度和进程，理所当然地成为经济发展和社会进步中最活跃的因素。

（2）人才资源理论。

人才资源理论强调人才的资源或要素属性，始终注重研究人才资源的供求关系、配置方式、开发策略等内容。正是在这种观念的影响下，人才是第一资源的观念已在全社会达成广泛的共识。如今，在经济全球化的潮流中，人才对发展的引领和支撑作用日益重要，已成为推动发展的战略资源。人才资源的总量和质量也决定着发展的速度和质量。因而，我们必须树立人才是第一资源的理念，坚定不移地实施人才强国战略，加大人才引进和培养力度，把现有的人力资源优势转化为人才资源优势。

（3）人才资本理论。

人才资本理论强调人才的资本作用，相当重视对人才的投资、风险、回报等的研究，认为人才投资是效益最大的投资。事实证明，包括教育投资在内的人才投资是收益最大的投入，更是获得长远发展的战略性投入，在人才投资上要舍得花钱。为此，我们要牢固树立人才资本是高质资本、人才投资是最好投资的理念，在加大政府投入力度的同时，鼓励和引导社会、企业和个人投资人才资源的开发，构建起多元化的人才投资机制。

（4）人才发展理论。

人才发展理论强调人才的优先发展，坚信人才发展的终极目的是以用为本。人才优先发展是发展中国家追赶现代化的成功经验，也是我国科学发展的成功实践。这些成功的经验和实践表明，人才优先发展就是要在经济社会发展中，优先布局人才发展战略，优先开发人才资源，优先调整人才结构，优先保证人才投资，优先建立人才制度，只有这样，才能增强国家自主创新能力，推动经济发展方式转变，促进社会和谐进步。

五、确立科学的人才观

20世纪80年代以来，人才资源和人力资本的理念已被广泛认同和接纳。人们普遍认识到人才资源已成为一个组织，乃至一个国家的重要资源。所以在某种意义上，一个组织或者国家中的人才数量、质量、结构和作用的发挥，直接关系到组织的成败和国家的兴衰。这样，如何正确对待人才，确立怎样的人才观就处于领导工作的中心位置。现实中，领导者不可能也没必要在任何方面都超越下属，但在确立科学的人才观上，则必须比别人高明。因为，科学的人才观是领导职能得以充分发挥的重要条件，也是领导者事业有成的首要保障。

1. 科学人才观的含义

科学人才观是对人才的概念、标准、价值及其成长、选拔、使用、培养、管理规律的根本看法和态度观念。科学人才观，既是人才观，也是方法论，为我们做好人才工作提供了理论和方法指导，具有重要的理论与实践意义。

第一，科学人才观的基本观念。科学人才观最基本的观念是"人才是经济发展的财富之源，是真正意义上的第一资本"，即人才资源是第一资源。当今世界，面对日益激烈的竞争，只有树立人才是第一资源的理念，提高人才资源的开发水平，增强人才资源的综合素质，才能让人才这一最为活跃的发展要素发挥作用，让组织的发展力持续壮大，让国家的竞争力不断增强。

第二，科学人才观的重要内容。科学人才观的重要内容是人人可以成才的观念。"三百六十行，行行出状元"告诉我们，谁勤于学习钻研，勇于投身实践，谁就能得到发挥才智的机会，就能成为社会的有用之才。当然，人人可以成才，关键还是要努力创造良好的学习环境、政策环境和社会环境，营造"尊重劳动、尊重知识、尊重人才、尊重创造"的良好氛围，在全社会形成"人人关心人才、人人重视人才、人人争当人才"的舆论环境，为人人成才提供广阔的空间和更多的机会与条件。

第三，科学人才观的主要思想。科学人才观的主要思想是培养和造就高层次人才队伍的观念。[①] "我们要把人才资源开发放在科技创新最优先的位置，改革人才培养、引进、使用等机制，努力造就一批世界水平的科学家、科技领军人才、工程师和高水平创新团队，注重培养一线创新人才和青年科技人才。"[②]习近平在中国科学院第十七次院士大会、中国工程院第十二次院士大会上的讲话中如是强调。如今，世界正在经历着百年未有之大变局，新一轮科技革命和产业革命深入发展，国际力量对比深刻调整，人才成为各国之间竞争的重要力量基础。而我国正面临着高新技术、信息技术、金融财经、保险税收、国际贸易、经济管理等方面的高层次人才紧缺的难题。如何培养高层次人才队伍成了我国发展的重要任务。[③]

① 张全新.论述科学人才观的一部力作[J].理论学习，2005(8)：63-65.
② 习近平.在中国科学院第十七次院士大会、中国工程院第十二次院士大会上的讲话[EB/OL].（2014-06-09）. http：//cpc. people. com. cn/n/2014/0610/c64094-25125594. html.
③ 张全新.论述科学人才观的一部力作[J].理论学习. 2005(8)：63-65.

第四，科学人才观的时代主题。科学人才观的时代主题是以人才为本的观念。社会的进步，经济的发展，最重要、最根本、最核心的是人才问题。习近平强调，我国要着力破除体制机制障碍，向用人主体放权，为人才松绑，让人才创新创造活力充分迸发，使各方面人才各得其所、尽展其长。科学发展观的以人为本观也强调必须培养规模合理、结构优化、素质较高的人才队伍。其中最为迫切的是采取措施，鼓励人才干事业，支持人才干成事业，帮助人才干好事业，让人才创新创造活力迸发出来，为经济建设、政治建设、社会建设、文化建设和生态文明建设提供人才保证和智力支持。

2. 科学人才观的体系

科学人才观是关于人才观念和理想的系统化理论，包含的内容极其广泛，涉及的角度极为繁多。因此，厘清科学人才观的体系，对认识和理解科学人才观具有十分重要的意义。

（1）人才概念。

科学人才观认为，人才存在于人民群众之中。只要是具有一定的知识或技能，能够进行创造性劳动，为社会进步做出积极贡献的，都可称为人才。这个定义突出了人才的群众性及其劳动的价值性，摒弃了"唯学历、唯职称、唯资历、唯身份"的狭隘人才观，凸显了人人都可以成才的理念。

（2）人才标准。

纵观中外人才管理史，曾经形成过各种各样的人才标准。有的重德，有的重智；有的强调内在修养，主张德才兼备，以德为先，德才兼优；有的强调"尚能、尚功"，主张能与功的统一。科学人才观则以能力和业绩为导向，把人才的品德、知识、能力、业绩和社会、业内认可作为人才评价的标准，体现了实践是检验人才标准的原则，避免了人才评价标准的片面性。[①]

（3）人才价值。

在知识经济时代，人才资源是最重要的战略性资源，人才优势是经济社会发展的基础，人才资源在经济社会发展中具有基础性作用，人才的价值被提升到了前所未有的高度。之所以这样认识人才的价值，主要是因为人才资源具有引领推动作用，它直接影响着其他类型资源的有效利用。可见，一味主张依靠物质资源投入的发展方式将逐步转变到人力资源开发上来，即依靠劳动者素质的提高来发展经济、推动社会建设。

（4）以人为本。

以人为本是人才工作的根本方针，也是科学人才观的出发点和落脚点。人才工作必须充分发挥人才的作用，把促进人的健康成长、全面发展放在首位。科学人才观认为，要调动人才的积极性、主动性和创造性，不仅要抓好教育培训工作，还要抓好选拔、使用、关心和激励工作，把"尊重劳动、尊重知识、尊重人才、尊重创造"贯穿于人才工作的始终。同时，还要尊重人才的个性，维护人才的权益，尊重人才的意见，努力为发挥人才作用提供广阔的发展空间。

（5）培育人才。

人才的培养和教育是一项系统工程。"十年树木，百年树人"，人才要靠长期持续的培养教育才能持续发挥作用。因此，建立教育与实践相结合的培养体系、科研与生产相结合

① 张延平.论人才资源是第一资源[J].党建研究，2003（10）：4.

的创新体系是培育高层次人才，尤其是企业经营管理人才、专业技术人才为主体的各级各类人才队伍，包括高技能人才、农村实用人才等的有效途径。我们要遵循人才培育规律，从经济社会发展的现实需要和长远需要出发，全面规划，系统培养各类人才，形成人才辈出的良好局面。①

3. 科学人才观的树立

领导者识人、选人、用人和育人离不开科学的人才观指导，必须紧跟时代发展的潮流，结合国家、行业和组织发展的趋势，适时抓住人才工作的主旨，树立科学的人才观，只有这样才能带出一流的人才队伍，促进事业的全面发展。

（1）爱惜人才。

一个合格的领导者，要有爱惜人才之心。爱才，就是重视人才、任人唯贤、关爱人才。爱惜人才是领导者正确对待人才的基础。领导者只有爱惜人才，才能打造一支同心同德、业务精湛的人才队伍，才能依靠人才的力量成就一番事业。

（2）慧眼识才。

慧眼识才，首先，要全面地了解，从思想品质、知识水平、业务能力和身心素质等方面了解人才；其次，要辩证地看待，既要看到人才的优点和成绩，又要看到人才的缺点和不足；最后，要务实地辨别，从实际出发，认识人才的工作实绩。

（3）求贤若渴。

现代社会，国家、社会和组织所需人才的质量和数量都远超以往。领导者要在借鉴古今中外求才方法的同时，总结经验教训，按照国家、社会和组织发展的客观要求，建立健全科学的求才制度，掌握有效的求才方法。

（4）用活人才。

用活人才是领导者人才观念的核心，用活人才会事半功倍，反之则事倍功半，即使用不活，也是人才资源的浪费。因此，在用活人才方面，首先要破除旧式的用人观念，消除用活人才方面的顾虑，树立用人必须看道德品质、工作实绩和群众公论的观念。

（5）培养人才。

领导者倘若只重视用人，却忽视乃至轻视人才的培养，那么无疑是杀鸡取卵，会导致人才资源逐渐枯竭。因此，一个有卓识远见的领导者，应该非常重视人才的培养，根据组织的实际情况，通过在职培训、轮岗锻炼等方式有针对性地培养人才。

（6）包容人才。

领导者用人不仅要有胆识，更要有度量。只要是为组织所需的人才，只要是对组织发展有所贡献的人才，无论其来自何方，出身怎样，即便与自己意见相左，甚至反对过自己，都应该以豁达的胸怀惜才容人，合理使用。

（7）激励人才。

人才主动性和积极性的发挥，离不了领导者的激励。通过激励，首先，可以使人才最大限度地发挥个人的才能，变消极为积极，变被动为主动；其次，可以控制和调节人才的行为趋向，有利于提高人才素质和实现组织目标；最后，可以提升人才对组织的忠诚度，不断吸引和保留优秀人才。

---

① 王忠明.人的暴利：新经济、知识经济与人力资本的另类思考[M].北京：经济科学出版社，2000.

☞ 第二节 领导用人的理念

古人讲："骏马能历险，犁田不如牛，坚车能载重，渡河不如舟。"可见，用人之道，首先要用人所长，避其所短，也就是众所周知的"将合适的人放到合适的岗位上"；其次，要人尽其才，才尽其用，也就是大家所讲的"为特定的岗位挑选特定的人"；再次，要充分信任，理性授权，也就是我们熟悉的"疑人不用，用人不疑"；最后，要适当激励，激发活力，也就是常常听到的"以人为本，赏罚分明"。领导者唯有真正理解、掌握这些用人理念，才能为组织的发展选拔合格人才，用活优秀人才。

一、做事与用人

领导者用人的目的是做事。但是，所用之人能不能做事是领导者用人必须首先考虑的问题。用人去做事，要的是人能够与事结合起来，即因岗择人，因能授职。如果人与事不能很好地耦合起来，出现人事错位，那么不仅会出现人难尽其才的情况，而且会因此而一事无成。这就是"小材不可大用，大材也不可小用"的道理。为了避免出现类似的问题，领导用人之前必须着重考虑人和事的合理配置，既不能小材大用，耽误做事的进度，也不能大材小用，造成用人的失当。

1. 人才配备的任务

做事与用人之间的关系，实质上就是人才配备的问题。人才配备是为做的事配备适当的人才。也就是说，用人首先要满足做事的需要，其次是为人才安排适合的事做。

（1）做好事的需要。

做事是组织有效运转的重要环节。要保证组织运转，必须使组织中的每件事都有适当的人去做，即实现组织目标所必须进行的每件事都有合格的人去完成。重要的是，当组织随着经济环境的变化而发生变化时，组织的发展目标、活动内容都须做出适当的调整，这直接导致组织中的"事"不断地增长并变得繁杂。[①] 所以，领导者在配备人才的时候，还应考虑组织中"事"的变化，为将来做好"事"储备一定数量的人才。

（2）用好人的需要。

组织管理中，令人头疼的事情就是如何留住人才。留人，既要留住其身，更要留住其心。唯有这样，才能保持人才对组织的忠诚。不过，人才是否真心、自觉地为组织工作，也跟能否用好人有关。一方面，人才配备要使人才的知识和能力得到合理的运用。做的事与人才的能力不相符，就会影响到人才的工作动力，因此人才配备必须考虑事与人的匹配。另一方面，人才配备要使人才能够从工作中得到长足的进步与发展，不仅满足于现在的需要，更要能适应组织中其他更具有挑战性的工作。

2. 人才配备的原则

为优化做事与用人的组合，领导者要根据组织结构所规定的职务的数量和要求，对所需人才进行恰当而有效的配备。在这个过程中，人才配备必须坚持以下原则。

---

① 周三多，陈传明，龙静. 管理学原理［M］. 南京：南京大学出版社，2020.

（1）因事择人。

"为职择人则治"讲的就是因事择人，是指应以所设职位和工作的实际要求为标准来选拔符合标准的人才。选择人才的目的在于使其担当一定的职务，并能按照要求从事与该职务相对应的工作。那么，要使工作圆满完成并卓有成效，首先要求在保证工作效率的前提下安排和设置职位，其次要求占据该职位的人才，应具备岗位所需的知识、资格和其他条件。因此，因事择人是实现人与事优化匹配的基本要求。

（2）因材而用。

因材而用是指根据人才能力和素质的不同，去安排不同要求的工作。意思就是，组织中不同的工作要求不同的人才去完成，而不同的人才具有不同的能力和素质，能够从事不同的工作。从组织中人才的角度来讲，只有根据人才的能力、素质和特点来任用，才能使人才具有的才能和潜能得到发挥，并最大限度地激发人才的工作热情。如果学非所用、大材小用或小材大用，难免会直接影响到组织中"事"的完成，也会闲置和浪费人才资源。

（3）人事平衡。

处在动态环境中的组织是不断变革和发展的。组织对人才的素质和能力要求也是在不断变动的。因此，人与事的配合需要进行不断的协调平衡，使那些能力较强、知识丰富、业务较强的人才，去从事组织中更为重要、更高层次的工作，同时也要使那些能力平平、不符合职位需要的人得到合理的调整，去从事力所能及的工作，最终实现人与职位、工作的平衡。[①]

3.人才配备的内容

人才在组织资源中的地位，决定了人才配备在领导工作中的重要性。在具体工作中，领导者用人做事必须根据组织中"事"的性质来配备。人才配备的内容包括确定数量、选择人才和培训人才。

（1）确定数量。

确定人才数量主要是以做事的需要为依据，也就是依据组织中所需的职务数量和类型来确定。领导者配备人才，应根据组织中做事的要求，综合考虑组织近期和远期对人才的需求类型和数量，来计算人才的需求量和类别。

（2）选择人才。

确定好人才需求量后，领导者必须对组织内外的候选人进行筛选，恰当地选择人才。由于辨识人才的真实能力存在一定的难度，领导者必须谨慎、细致地了解候选人的实际情况，再使用一系列科学的测评、评估和选拔方法，选择出最适合组织需要的人才。

（3）培训人才。

社会环境的变化，使组织结构和目标随时处于不断的变化之中，从而要求人才的知识和能力能够适应组织的这种变化。于是，培训人才成为领导者的一项重要工作，一方面，培训能够使人才适应激烈的组织变革要求，另一方面，培训也满足了人才自我发展和自我实现的需要，能增进人才对组织的忠诚度。

① 周三多，陈传明，刘子馨，等.管理学：原理与方法［M］.7版.上海：复旦大学出版社，2018.

二、用权与用人

韩非子曰："下君尽己之能，中君尽人之力，上君尽人之智。"意思就是说，优秀的领导者善于借助别人的力量来成就自己的事业。其中，领导者借力而行的关键，就在于做好授权工作。但是，作为领导者，往往喜欢所辖部门按照自己的意志来运作，而集权则是确保个人意志绝对主导的先决条件。实践经验表明，集权与授权都存在各自的优势与弊端，但对于领导者用人来讲，集权常常使人才失去锻炼的机会，不利于人才的成长，而授权却能为人才提供锻炼的机会，有利于人才作用的充分发挥。所以，领导者要善于通过授权来激发人才的潜能。

1. 集权与用人

领导者集权是指领导者把权力进行集中的行为，主要决策由个人决定，很少把拥有的职权授予其他人。领导集权有其形成的合理原因，但是过分的集权可能会产生诸多弊端。

（1）领导集权的原因。

领导集权倾向主要与组织的历史和领导的个性有关，但有时也可能是为了追求组织的政策的统一。

①组织的历史。如果组织是在自身较小规模的基础上逐渐发展起来的，发展过程中也无其他组织参与的话，那么领导集权可能更加明显。[①] 因为领导者使用决策权已成为一种习惯，一旦失去这种权力，领导者可能产生不能控制权力的失落感。

②领导的个性。组织中，个性较强和自信的领导者往往喜欢组织按照自己的意志来运行，而集中地使用权力则是领导者确保自信的重要条件。当然，领导集中地使用权力，统一地使用和协调组织力量，做出比较明显的成绩，也是提高领导者地位的重要途径。

③政策的统一。领导者集权可以确保组织总体政策的统一性，进而提高组织的执行力，提升政策的执行效率。总之，领导者集权，可使整个组织统一思想，统一行动，从而防止政出多门，互相矛盾。

（2）领导集权的弊端。

"势者，养虎狼之心而成暴乱之事者，此天下之大患也。"[②]意思就是，领导者过分集权，容易产生风险和造成危害。领导集权的弊端主要体现在以下几个方面。

①降低决策的质量。基层实践问题需从下至上层层向领导者汇报，由于时效性较低，在此过程中容易出现决策滞后等问题。同时，过分集权的领导者也不容易放权或授权给人才，让人才去处理组织中那些不需领导者亲自过问的事情。因此，在领导者过分集权的组织中，人才很难发挥自己的聪明才智。

②降低组织的效率。作为社会细胞的组织，时刻因社会环境的变动而变化。当组织发展速度较快时，组织与社会环境的互动就会更频繁、更复杂。领导者过分集权，一方面可能会使组织失去适应社会变化的能力，另一方面可能无法发挥人才的创造力，影响到组织的适应能力。

③影响用人的效果。在组织中，过分集权的领导者掌握着最终的决策权和决定权，组

① 德鲁克. 管理的实践[M]. 北京：工人出版社，1989.
② 张觉. 韩非子全译[M]. 贵阳：贵州人民出版社，1995.

织中其他人才的主要任务，甚至唯一的任务就是被动地、机械地执行领导者做出的决策。长此以往，人才工作的积极性、主动性和创造性就会被这种集权的领导方式磨灭殆尽。一旦发生这种情况，将会影响到组织的效率，从而使组织发展缺少人才资源的支持。

2.授权与用人

领导者的授权是用好人才的一种领导行为，其重要性在当代领导科学和领导实践中，正日益受到重视。甚至可以说，领导的精髓就在于正确地向人才授权。

（1）以恰当的方式授权给适当的人。

领导授权的方式是指领导者通过何种途径把自身拥有的一部分或全部职权授予人才。领导者在授权时必须因时、因事、因人、因地、因境、因条件而确定具体的授权方式。[①] 领导授权的方式有如下几种。

①代理方式。代理是指领导者将自己拥有的一部分或全部职权，交给人才全权代为行使，与领导者自身行使产生同一效果。如当领导者休息、出差时，可指定某人全权代为行使其职权，这种授权就是代理。

②委任方式。委任是指领导者将其职权范围内的某一部分或某些事项的管理权限转移到人才身上。人才行使领导者委任的职权产生的结果，由人才自行负责。如厂长（经理）助理、专项事务秘书，以及国外的一些部长级国务秘书等职位的设置，就属于这种方式。

③委托方式。委托是指领导者将其职权范围内的特定事项，托付人才在其本职工作之外，代为处理领导者委托的事项。领导者可随机检查人才行使委托权力的过程和结果。委托授权往往是临时性的、非正规的、非专职的授权。

（2）授权于人应遵循的原则。

领导者在授权时，除了选择合适的授权方式外，还要遵循一些公认的基本原则，这样才能保证授权的科学性和有效性。

①责权明确原则。领导者应明确而充分地将权责授予被授权者，这样才有助于人才顺利完成被委任的工作任务，增进其责任心与荣誉感，避免其推卸责任，耽误事情，从而达到授权的目的。

②量力授权原则。领导者授权时，要选择适当的人才，根据所选人才的能力和精力，决定授权的内容，做到量力授权，而不能硬性授权，超过人才自身的能力和精力，给人才造成不应有的工作和心理负担，导致授权失败，影响组织目标的实现。

③相互信任原则。授权必须基于双方的相互信任，尤其是领导者对人才的信任，这是达到授权目的的关键。只有相互信任，才能实现真正的授权，人才才愿意被授权。因此，领导者在授权后，就不要再处处加以干扰，发号施令，而是要放手让人才大胆工作。

④有效控制原则。领导者对授予的权力要加以控制，以保证领导指挥的统一性。一旦授权，就要按照控制的程序和方法，进行有效的监督和考核。避免被授权人玩法弄权，超越权限，或者架空领导者，使领导者永远失去委授的权力。

⑤有限授权原则。领导者授权只能是有限的，不能把全部职权都授予出去，而且有些职权是必须保留、不能委授的。一般涉及确定组织发展目标、制订组织内部管理计划、考核工作成果、培养管理人才以及提拔晋升干部等方面的内容，都不能授权。

[①]　纽曼，萨默.管理过程：概念、行为和实践［M］.李柱流，译.北京：中国社会科学出版社，1995.

⑥适当激励原则。授权毕竟是赋予人才更大的职责，难免加重其负担。因此，领导者应及时从物质和精神方面激励人才，让人才有动力去完成领导者设置的目标，同时也使人才认识到，没有领导者，授权就很难达到预期的目的。

（3）授权于人的具体方法。

为了达到授好权、用好人的目的，除遵循授权的基本原则外，领导者还要根据不同的领导环境，灵活运用合适的授权方法。

①渐进授权。为监督、控制、激励人才的工作，领导者不可以毫无保留地授予人才全部权力，而要根据人才工作的具体表现和成绩，循序渐进，逐步将权力授予人才。对进步快、表现好、能力强的人才，领导者应逐渐扩大授权的内容。对进步慢、表现差、无成绩的人才，则要适时缩小授权范围。

②灵活授权。领导者要根据组织、环境、形势的发展变化，灵活地选择授权的种类、方式、内容和被授权人。在选择被授权人时，必须事先通过考察，选拔合适的人才进行授权。否则，授权就会达不到目的。当然，如果人才的能力、知识与经验不足，可以给予必要的训练与指导，然后经考察后予以授权。

③公开授权。除了某些特定的情况，公开授权效果最好。领导者公开地而非私下地对某人授权，既可增强人才的责任心和荣誉感，又可以表明授权的性质，以便进行有效的控制和监督，还可以使授权起到一种激励的作用，激发整个组织的进取精神。

三、用人与激励

在现代组织中，尽管绝大部分人都有工作的积极性和主动性，但是不可能长久地持续下去，其中一个重要原因就是人的某些需求未能得到满足。这些没有被满足的需求势必会影响到工作的积极性和主动性。那么，怎样才能使组织中的每个人都保持良好的工作状态，最大限度地调动他们的积极性呢？这就需要领导者来为他们排忧解难，激发和鼓舞他们的斗志，挖掘他们积极进取的动力。由此可以看出，激励是领导工作成功的重要因素。领导者只有制定好政策，整合好力量，创造好条件，营造好环境，才能引导好、保护好、发挥好人才的积极性和创造性。

1.激励的要素

人才的激励就是通过影响人才实现其需求来提高人才工作的积极性，引导人才朝组织目标前进的过程。人才激励的要素主要包括需求、动机、行为和目标。其中，需求和动机属于人才激励的内在要素，行为和目标属于人才激励的外在要素。[①]

（1）满足需求。

人才的需求是多种多样的。一个人在不同的时期可有不同的需求。即使在同一时期，也可存在不同层次、不同强度的需求。这就要求领导者尽可能地去辨识人才的需求，尤其是人才的潜在需求和紧迫需求，这样才能激励和引导人才的行为。

（2）激发动机。

需求产生动机，动机引起行为。领导者激励人才的重点是激励人才主动进取的动机，激励具有追求自我实现的人才。现实中，也正是这些自我实现需求强烈的人才，推动了组

---

① 罗宾斯，贾奇.组织行为学[M].14版.孙健敏，李原，黄小勇，译.北京：中国人民大学出版社，2012.

织的发展。所以,不激发出他们的主动性和积极性,组织的任何事都将干不好。

(3)强化行为。

领导者发现人才的行为符合组织的利益和目标时,要立刻给予表扬和奖励,及时认可正确的行为能有效地强化这种行为。而人才行为不符合组织目标的则应立即给予惩罚,以使这些行为削弱直至消失,从而保证组织目标的实现不受干扰。

(4)引导目标。

领导者设置适当的目标,可以激发人才的动机。但是,人才也有自己的目标。当个人目标与组织目标不相容的时候,组织的目标是很难实现的。领导者只有采取激励手段,引导人才把个人目标融入组织目标中,才能完成组织目标。

2.激励的方法

人才激励的方法有很多,但一般分为物质激励和精神激励两种类型。物质激励作用于人才的生理方面,满足人才的物质需求;精神激励作用于人才的心理方面,满足人才的精神需求。两种激励方式很难截然分开,已成融合之势,共同引导人才的行为。

(1)物质激励。

物质激励就是通过满足人才的物质需求,来调动人才完成任务的主动性和积极性。[1]物质激励是把物质转化为精神的一条重要渠道,具体包括提高薪酬水平、增加福利待遇、改善工作条件等。

①提高薪酬水平。薪酬是满足人才基本物质需要的保障。领导者要用好人才,首先必须重视薪酬在人才激励中的作用,适时根据经济发展水平、物价变动水平和组织效益,制定人才薪酬的正常增长机制。其次,分析岗位工作的复杂性和难易度,对工作时所需承担的责任以及所需要的知识和能力等对岗位的价值进行量化评估,制定公平合理的薪酬分配体系。最后,在考察同区域同行业的整体薪酬水平的基础上,提高组织关键岗位的薪酬水平,以最合理的人力资源成本留住现有人才。

②增加福利待遇。人才在福利待遇方面的偏好是因人而异、非常个性化的。领导者要据此提供多元化和弹性化的福利待遇。在弹性化方面,可以让人才在规定的范围内选择自己喜欢的福利待遇组合,从而提高员工的工作满意度,[2]如带薪休假、医疗养老保险、失业保障等制度。在多元化方面,可以根据国家劳动政策,为人才建立企业年金,购买商业保险,提供住房、交通、通信等各类津补贴,为人才的个人生活减轻压力。

③改善工作条件。一个适宜的工作环境,对激发人才动力十分重要。如果工作环境适宜,工作条件优越,人才感到舒适,就会有更佳的工作表现。优秀的领导者也可以改善人才的工作条件,丰富工作内容,增加工作趣味,使人才从工作中获得成就感,主要的做法有美化工作场所、配齐工作设施、改善工作环境;设立活动中心、阅览室,配置体育设施等,丰富人才的业余文化生活,激发人才干事创业的热情和激情。

(2)精神激励。

物质激励侧重满足人才的低层次需求,但是难以满足人才的高层次需求。领导者除了采用物质激励以外,还要善于运用精神激励来达到激发人才动力的目的。

[1] 鲁,拜厄斯.管理学:技能与应用[M].11版.刘松柏,译.北京:北京大学出版社,2006.
[2] 鲁,拜厄斯.管理学:技能与应用[M].11版.刘松柏,译.北京:北京大学出版社,2006.

①目标激励。领导者设置目标是最好的精神激励方法之一，也是强化人才行为最为重要的推动力，因而，为人才设置适当的目标是领导者的一项重要任务。[1] 在目标设置的过程中，领导者应注意以下原则：与人才一起设置目标；设置的目标应当是具体的或者量化的；设置的目标应该是难易适中，易于被人才接受和完成的；指导和监督人才完成目标。

②支持性激励。支持性激励就是领导者尊重、信任、关心和爱护人才，想方设法创造条件满足人才的合理需要，并且积极为人才排忧解难。支持性激励也是一种情感投资。它能密切领导者与人才的联系，增强人才工作的动力，振奋人才的精神，对提高领导效能、实现组织目标具有重要的作用。

③榜样激励。榜样激励就是领导者在组织中树立正面典型，以正面典型的行为鼓舞人才，改善组织作风，改进工作方法，创造更大业绩。但是，领导者树立"榜样"，应当实事求是，不能"虚构"和"夸张"，以免引起人才的怀疑和质疑。[2] 同时，领导者本身也是榜样，会对人才产生示范作用，还能吸引人才去模仿，从而激发人才积极上进的工作热情。

④荣誉激励。荣誉激励是一种非常典型的内在激励方式。这是因为，荣誉凸显了一个人的社会价值，在人的一生中占有重要的位置。所以，荣誉激励的作用和效果是不可估量的。领导者也应重视激发人才的荣誉感，对于品质高尚、工作突出的人才，在提拔晋升、授予荣誉时，要在组织中进行通报，以激发所有人员为荣誉而工作，为荣誉而奋斗。

👉 第三节　领导用人的内容

用好人才的实质是管理人才。管理人才的内容不外乎全面地识别人才、科学地选拔人才、合理地任用人才和有效地培育人才。实际上，领导者也只有做好人才的管理，才可以使整个组织有序稳定地发展，从而保证整个管理工作的高效率，避免人才的闲置浪费。倘若领导者只重视人才的选拔任用，而忽视人才的管理培育，那么领导者在用人的过程中难免会遇到无法预计的困难。因此，识人、选人、用人和育人不单是人才管理的应有内容，也是领导者用人之道的内涵所在。

一、领导识人的理念

每个人都能成为人才，但不可能每个人都是人才。而且，在人才中，还有大才和小才、正才和偏才、显才和潜才等区别。这就容易使领导者在识别人才的过程中眼花缭乱，举棋不定。所以，领导者识别人才时，必须精准地识别人才的类型和层次、个性和特长，准确把握人才的整体素质。而且，由于成长背景、自身条件、个人偏好等的不同，人才往往有其所长也有其所短，这就要求领导者一分为二地看待人才，既要看清其长处，又要摸透其短处，只有这样才能选拔适合的人才。

1. 人才识别的内容

人才识别，主要任务是全面、辩证和客观地了解人才的各个方面，进而评价人才能否

---

① 菲佛，萨顿.管理的真相：事实、传言与胡扯[M].闫佳，邓瑞华，译.北京：中国人民大学出版社，2008.

② 刘建军.领导学原理：科学与艺术[M].上海：复旦大学出版社，2007.

达到选拔任用的条件，能否胜任空缺职位的工作。由此，明确人才识别的内容可以为多方位了解人才的综合素质提供参考框架。

（1）知识。

在知识经济社会中，知识更新速度较快，由此导致的所学知识与现实需求不相适应的现象已数不胜数。因此，领导者在识别人才时，要根据知识经济社会的特点，选拔专业知识丰富、自学能力出众、创新意识强烈的人才。

（2）工作经验。

工作经验能说明人才的工作经历和职业成就。识别人才时，关注人才的工作经验非常重要。当然，识别人才是否有工作经验，不光是看人才干了多长时间的工作，更要看人才在什么样的机构和企事业单位干过、具体干过什么、是怎样干的。

（3）能力。

领导者识别人才，必须关注人才的能力。当然，不同行业、不同组织和不同层次对人才的能力有所不同。除了岗位要求的专业能力外，优秀的人才还应具备良好的适应力、强大的意志力和问题解决能力等。

（4）个性。

从现实情况来看，人才的性格虽然不尽相同，但也存在着可以识别的类型和表现。领导者可以据此识别人才的个性特征。只有识别了人才的个性，才知道在什么时候、什么场合，使用什么性格的人才。

（5）动机。

动机是领导者识别人才的突破口。领导者只有清楚人才的动机，才能准确地识别人才。如高层次的人才成就动机较强；协调能力强的人才关系动机较强；领导型人才权力动机较强。识别了人才的这些动机，就找到了岗位适用人才的突破口。

2. 人才识别的方法

列宁认为，担任领导工作的人"与其应当有行政能力，不如说应当具有吸收人才的广泛的经验和能力"。这就说明，作为一名领导者，要用一双"慧眼"，通过不同的途径去识别人才。

（1）委以重任。

领导者根据人才的专业技能、个性动机、心理特征和职业动机，安排人才到特定岗位工作，以观察和摸清人才的真正才能。当然，安排的工作可大可小，分量可轻可重，至于是哪一方面、哪一类型的工作，要结合人才素质和组织发展来确定。

（2）轮岗工作。

人才才能的识别受多方面条件的制约，比如组织环境、岗位要求、领导作风等都有可能影响到人才才能的识别。如果人才的才能未得到很好的识别，就应该根据人才的特征，将人才轮岗调动到比较适合其工作能力的岗位，以便能真实地识别人才的才能。[①]

（3）合理施压。

在有压力的工作环境中，人才的心理素质、工作表现、应变能力最能真实地显现出来。然而，这样的工作环境并不总是常有的，领导者可以有意分派模糊的、复杂的或有一定难

---

① 谢默霍恩.管理学原理[M].甘亚平，译.北京：人民邮电出版社，2005.

度的工作，借此识别和考察人才解决难题的能力。

（4）引导行为。

领导者可以通过授权、奖励等政策，引导人才的行为，从中识别人才的实际工作能力。授权能让人才获得更大的自主权，可以识别人才运用权力的能力。奖励能激发人才工作的主动性和积极性，鼓励人才不断发挥自身潜力。

（5）业务推动。

领导者还可以在推动业务的过程中使人才广泛参与其中。例如，可以让人才参加各种不同类型的会议，以便有针对性地识别人才，也可以采用征询意见、建议和方案的方式识别人才，还可以建立技术、咨询等群众性组织，以此通过人才在组织中的表现来识别人才。

3. 人才识别的误区

由于受到社会观念和心理认知的影响，人们在认识人才的过程中，常常会存在一些识别上的误区。这也提醒领导者在识人时，如果不避免这些识别误区，很容易发生识人不准、选人不当的情况。

（1）首因效应。

首因效应，是指人与人第一次交往中给人留下的印象，会在对方的头脑中形成并占据着主导地位的效应。现实生活中，个体在认知和评价另一个客体时，该客体最初留下的印象会对主体的认知过程和结果产生巨大的影响。领导者在识别人才时，应尽量避免受首因效应的影响而对人才产生错误的看法。

（2）近因效应。

近因效应是指当人们识记一系列事物时，对末尾部分的记忆效果优于中间部分的现象。类似地，如果一个在平时工作中成绩一般的下属，最近在工作中出现某种让领导耳目一新的优异表现，那么领导者应该冷静下来，全面、多层次分析该人的动机和表现出众的具体原因，不要为一时的变化所迷惑。

（3）刻板效应。

刻板效应是指人们用刻印在头脑中的关于某人或某一类人的固定印象，作为判断和评价该人的依据的一种心理现象。人们不仅会对接触过的人产生刻板印象，还会因为一些间接资料对未接触过的人产生刻板印象，往往会形成一种偏见。假如领导者以这种偏见去识别人才，必然会造成识人和用人方面的失误。

（4）晕轮效应。

晕轮效应指人们对他人的评价首先是根据个人的好恶得出的，然后再从这个判断推论出认知对象的其他品质的现象。晕轮效应的最大弊端就在于以偏概全、以点概面。领导者若以此判断、评价下属，非常容易根据某一突出特点去评价、认识和对待下属，造成只见树木、不见森林的假象，难免出现识别人才的偏见。

（5）投射效应。

投射效应是指在认知过程中，人们常常假设他人与自己具有相同的属性、爱好或倾向等，常常认为别人理所当然地知道自己心中的想法。领导者如果以自己的价值评判标准来识别或评价人才，那么不可避免地会认同那些和自己类似的人，致使所识别的人才毫无客观性可言，最后影响人才作用的发挥。

二、领导选人的方法

领导者选人的方法应该具备两个要点：首先，选人要透明，选拔程序的每一个环节都必须公开透明，不搞"潜规则"，不遮遮掩掩；其次，选人要科学，选拔规则要合理科学，选拔标准要符合实践标准和群众标准，依据"实绩"和"口碑"选人，杜绝"以考取人"和"以票取人"。

1. 外部选拔

外部选拔是根据一定的标准和程序，从组织外部的候选人中选拔符合空缺职位要求的人才的选拔方式。外部选拔主要是解决组织现有人才资源不足的问题，或为组织发展储备人才。目前，从外部选拔人才的方式主要有媒体招聘和电子招聘。

（1）媒体招聘。

组织可以利用媒体平台，如传统的报纸杂志或新兴的社交媒体等平台发布职位广告，与潜在求职者建立联系，或寻找符合条件的人才。媒体招聘包括编写吸引人的广告内容、选择适当的媒体平台发布广告、引导求职者提交申请、筛选和评估申请者、面试和评估、最终选拔和跟踪效果等多个环节，并了解哪些媒体平台效果更好，以便在未来的招聘活动中做出调整。

（2）电子招聘。

电子招聘亦称为网络招聘，是指通过运用技术手段，完成选拔人才的过程，即通过组织自己的网站、第三方招聘网站等，使用简历数据库或搜索引擎等工具来完成招聘过程。现在，电子招聘是选拔中高级人才和储备人才的一种好的途径，也是吸引合格人才的一个相对经济的方法。而且，电子招聘因其覆盖面广、方便、快捷、时效性强、针对性强和具有初步筛选功能，也成为现代领导者选拔人才的常用方法。

2. 内部选拔

内部选拔是指对企业内部员工按其具备的胜任力进行合理的岗位配置，比较适合选拔复合型人才。内部选拔的人才对组织相当了解，适应组织的文化和管理，能较快进入工作状态。

（1）内部提升。

当组织中比较重要的岗位需要选拔人才，让组织内部的符合条件的人才从一个较低级的岗位晋升到一个较高级的岗位的过程就是内部提升。领导者在运用内部提升方式选拔人才时，应遵循公开、公平、公正和任人唯贤的原则，这样才能调动员工的积极性。内部提升的优点是为人才提供发展空间和上升机会，非常有利于增强组织的凝聚力，留住人才，降低用人风险，但是也会因自我封闭的选拔范围，不易选拔到组织外的人才。[①] 这是领导者在考虑内部提升人才时要重视的问题。

（2）内部调用。

当组织中需要用人的岗位与该人原来的岗位层次相同或略有下降时，把该人调到同层次或下一层次岗位上去工作的过程称为内部调用。领导者在运用内部调用方式选拔人才时，要尽可能在调用前征询被调用者的意见，保证调用后更有利于工作，同时发挥被调用

---

① 吴翰飞.中国公开选拔党政领导干部制度研究[M].北京：中国社会科学出版社，2002.

者的长处。内部调用的优点是被调用者容易熟悉新岗位任职要求，可缩短适应期，也能使被调用者学习组织的其他业务，增加更多的技能。可见，内部调用也不失为领导者培养人才的一种有效手段。

3.选拔程序

无论是外部还是内部选拔，为了确保选拔的人才符合要求，常常把竞争机制引入选拔之中，以使领导者筛选出最合适的人才。选拔的结果可能是外部人才被选中，而内部人才被淘汰。

（1）公布职位信息。

当组织中出现空缺职位时，领导者就要根据空缺职位的任职要求，建立相应的选拔工作委员会或工作小组，承担选拔人才的任务。选拔工作委员会或工作小组要以灵活的方式，通过适当的媒介和载体，公布组织中空缺职位的数量、性质、任职资格和对候选人的条件要求等信息。

（2）初步筛选参选人才。

公布完空缺职位信息后，选拔工作委员会或工作小组可能会收到很多的参选材料。选拔工作委员会或工作小组没必要对每一个参选人才都进行详尽的研究，只需初步筛选收到的参选材料即可。对内部候选人的初选要根据以往的绩效考核来进行；对外部参选人才则可通过简短的面谈来进行，尽可能多地了解每一位参选人才的基本情况，淘汰那些不符合职位任职要求的参选人。

（3）考核知识、能力。

在初步筛选的基础上，要对入选的参选人才进行知识和能力的考核，具体的方式如下：

①智力与知识测验。智力测验是通过参选人才对特定问题的回答，来测试其思维能力、记忆能力、观察能力等的方式，知识测验时要检测参选人才是否掌握了与空缺职位有关的专业知识。

②演讲与答辩。参选人才发表参选演讲，介绍自己任职后的计划和打算，并就选拔工作委员会或工作小组人员的提问进行答辩，可以为参选人才提供展现才华的机会。

③情景模拟。在演讲与答辩以后，要采用情景模拟的方法，对每个参选人才的实际操作能力进行测评，评估参选人才分析和处理问题的能力。这种方式是将参选人才置于一个模拟的工作环境中，运用各种评价技术来测评参选人才的能力，判断其是否符合空缺职位的工作要求。

（4）选定合格人才。

考核完参选人才之后，利用不同的方法，计算出每个参选人才的综合得分，再结合空缺职位的性质，按照得分高低选定适合空缺职位要求的参选人才。

三、领导用人的艺术

领导用人是指领导者在组织、指挥和协调组织的活动中，按照既定的组织隶属关系和人才管理权限，通过选拔、任用和培养等方式，充分合理地开发和使用人才，以完成组织目标，促进组织和个人的发展。简而言之，领导用人就是指领导者根据人才的特长和素质，把各种人才选拔配置到最能发挥其活力的岗位上，实现人才与工作的最优结合。从这点上来看，领导者用人一方面要根据用人规律，坚持那些放之四海而皆准的用人原则，另一方面又要结合领导的环境，运用那些伸缩自如而灵活适用的用人艺术。

1. 用人所长，量才适用

俗话说："尺有所短，寸有所长，万物不齐，才有高下。"同样，领导用人也要根据人才的特长，合理地加以适用。

（1）用人所长。

领导者在用人时，如能用其长处而不用其短处，则能以此来实现组织目标。如不知晓人才的长处与短处，反而求全责备，无疑会适得其反。因此，领导者用人时应该发挥人才长处带来的优势，克服人才短处带来的劣势。不过，领导者并非一眼就能看出来人才的长处，需要借助人才素质测评的工具和方法，注意在平时的工作中观察人才的现实表现，同时给人才足够的空间来展现其才能。

（2）量才适用。

领导者要认真做好组织内所有岗位的工作分析，分析清楚各项工作的性质、责任、权限及任职条件等，再了解人才的类型，分析人才的特长，根据岗位条件，对号入座，授予权力。如空间思维能力强而人际能力差的人，适合技术性的岗位；计算能力强的人，适合会计、财务工作；统筹能力强的人，适合生产调度工作；人际交往能力强的人，适合行政、人事和销售工作；等等。

2. 用人不疑，宽容大度

信任、宽容是领导者必须具备的素质。领导者如果心胸狭隘，无端猜疑，就会失去拥护，成为孤独者。因此，领导者只有信任人才，宽容大度，才能聚人心、汇民智，共同成就事业。

（1）用人不疑。

领导者用人不疑的核心是信任。不用人才则罢，既然要用人才就要充分信任，大胆放手让其工作，这样才能使人才产生强烈的责任感和自信心，从而激发人才的积极性、主动性和创造性。

①相信人才的能力。领导者一旦确定人选，交给人才某项工作任务后，就一定要相信人才能够完成任务。其间，领导者要对人才的工作提出明确的要求，实行一定的监督检查，进行适当的指导帮助，但决不能干扰、妨碍人才的工作，束缚其手脚。即使受任者的能力略低一些，也不可疑首疑尾。

②相信人才的忠诚。组织是一个有机体，领导者与下属之间，组织成员之间，就应精诚团结，同心同德，为实现组织的目标而共同努力。其中，组织领导者对待人才，更要以诚相待、以德服人，既不能心怀戒意，又不能放心不下。满腹狐疑，只会导致互相猜疑，人心涣散，给组织带来相当大的损失。

（2）宽容大度。

领导者要宽容大度，宽容人才的独特个性甚至缺点、失误，要敢于用比自己才能高的人，这样才能够成就事业。

①容人之短，不要对人才求全责备。一般而言，越是有突出才能的人，往往也越有明显的缺点，人才的短处是客观存在的。领导者如果不能容人之短，势必难以成事。领导者容人之短，必须抛弃求全责备的错误用人心态，应不计前嫌，不念旧恶，取其之长，弃其所

短，使其居于适当位置、才尽其用。

②容人之长，敢于起用能力强的人。领导者善于用人之长，首先要容人之长，才能相互促进，使事业得到发展。一个优秀的领导者不会因为嫉贤妒能，而使真正的人才陷于"永无出头之日"的境地。领导者不应怕人才"功高震主"，而应敢于起用能力比自己强的人才，竭尽全力为人才提供发展条件和发展空间。

③容人之过，宽容对待人才过错。"人非圣贤，孰能无过。"领导者宽容人才的过错，激励其改过自新，那么人才会迸发出无限的创造力。因此，对于人才的过错，领导者应采取科学的态度，具体问题具体分析，善于包容人才的"过失"和"不敬"，不因其某一过错紧追不放而埋没人才。

3. 关爱备至，保护人才

领导者关心爱护人才，可使人才认识到自己在组织中的地位和价值，以及在领导者心目中的位置和形象。领导者如果多关心爱护人才，会激发人才工作的激情，对实现组织目标有益而无害。

（1）关爱备至。

高明的领导者不仅善于使用人才，更善于通过关爱人才来唤起人才工作的热情，使人才全身心投入工作当中。这就要求领导者善于摸清人才情况，尤其是对生活较困难的人才的个人、家庭情况做到心中有数，多给他们以安慰、帮助和鼓励。这样做，不仅受关心的人才会深受感动，而且还会感染周围所有的人。如在人才遇到大的困难时，领导者不仅自己要关心照顾，而且还要发动大家集体帮助，解除人才的后顾之忧。这样做特别有利于增强人才对组织的忠诚。当然，在关心人才时，领导者要因人而异，根据不同的情况，采取不同的方式。

（2）保护人才。

保护人才对于组织的长期发展至关重要。在当今竞争激烈的市场环境中，其他组织可能主动寻找并吸引组织的优秀人才，而组织内部某些嫉妒心较强的人可能为了个人利益打击人才，因此，如何保护好人才、减少人才流失，保持竞争优势是领导者的责任与工作重点。这时，领导者要出面保护那些能力出众、为人正直而遭人嫉妒的人才，为他们撑腰打气，给他们创造一个宽松的环境，同时对那些干扰和打击人才积极性的人也要给以相应的惩罚。

4. 人才互补，培养得当

领导用的人才都是专才，很少有全才，这就需要通过人才互补和合理流动，来整合不同人才的专长，形成整体的优势。同时，领导者在使用人才时，也应该通过多样的手段培养人才，确保人才能够适应组织发展的需求。

（1）人才互补。

在组织的人才结构中，人才的互补包括才能互补、知识互补、性格互补、年龄互补。互补性强，人才的整合优势就突出；互补性不强，人才的整合优势就难以发挥，直接影响领导工作的成效。

①才能互补。领导者要认识到，组织需要多种类型的人才，组织需要有差异的人才才能。因为只有人才的才能互补，才能形成有机整体，形成较佳的人才组合，进而明确分工，互补其短，各显其长，确保总体的人才优势。

②知识互补。由于主客观的原因，每个人所学到的知识在广度、深度上都是不同的。领导者要认识到，组织中的每个人才会因专业、爱好和兴趣的不同，导致知识结构存在差异。领导者只有合理搭配人才结构，才能形成知识互补，产生知识的聚集效应。

③性格互补。组织中，人才的气质、性格各有不同。不同性格类型的人才搭配在一起，就可以协调组合、互补搭配，发挥各种性格的积极因素，弥补其中的消极成分。在组织中，领导者要配比组合不同性格的人才，形成一个合理的性格结构。

④年龄互补。组织中人才的年龄结构，是由适当比例的不同年龄区段的人才构成的整体。不同年龄区段的人才有其不同的长处，在组织中所起到的作用也是不同的。老年人久经考验，深谋远虑；中年人年富力强，承前启后；青年人富于进取，敢于创新。领导者科学配置人才的年龄结构，既能发挥各年龄区段人才的效能，又能使组织的整体效能得到提升。

（2）培养得当。

领导者不仅要使用人才，更要注重培养人才。不断提升现有人才的综合素质，提高人才适应新形势新任务的能力，是领导用人的重要任务，也是爱人惜才的具体体现。其实，培养人才也是为了更好地使用人才。因此，领导者要加强人才的培养力度。首先，要把人才的培养纳入组织的发展规划，建立带薪学习制度和经费保障制度，构建人才终身化、开放化和自主化的培养体系。其次，要以人才的全面发展为目的，根据人才的不同特点，制定人才资源培养的指标标准框架，有针对性地进行培养。① 再次，要建立健全人才培养的激励约束机制，加大对人才资源开发的投入，提高人才培养的积极性和主动性，通过推行公开选拔、竞争上岗和职务聘任制度，增强人才的竞争意识和风险意识，激发其学习需求。最后，要在提高人才思想素质和工作能力的基础上，重点培养人才的创新精神，增强人才的创新能力。

四、领导育人的途径

培育人才，可以为组织的发展储备人力资本，又能够更新个人的知识，增强个人的素质，提升个人的技能，更能让领导者清楚地辨识人才的发展潜能，提高选拔和任用人才的科学性。由此可见，领导者要把开发现有人才资源的潜力，强化人才资源素质作为首要工作，常抓不懈。一方面要加大人才教育和培养的投入力度，提高培训和教育经费的使用效率；另一方面要加强教育和培训体制的改革力度，树立全员教育、专题培训的观念，力争多出高质量人才。在这个过程中，领导者要发挥主导作用，合理设定人才培育的目标，科学选择人才培育的途径。

1. 工作轮换

工作轮换包含管理工作轮换和非管理工作轮换。管理工作轮换是在选拔某个人才担任较高层次的职务以前，让其先在一些较低层次的部门工作，以积累不同部门和层次的工作经验，了解各部门在整个组织中的地位、作用和相互关系。非管理工作轮换是根据人才的个人工作经历，让其轮流在组织中的不同环节工作，以帮助其学习不同环节各种工作的知识，熟悉组织的各种业务。工作轮换主要针对的是具有培养潜质的后备人才和管理骨干后

---

① 何兰强. 领导者的用人艺术[J]. 天津职业院校联合学报，2007，9（3）：3.

备人才，目的是为组织培养综合能力较强的复合型人才。

作为培养后备和复合型人才的一种方法，工作轮换不仅能够提升轮换人才的技术知识储备和管理能力，使其详细掌握组织业务与管理的整体情况，而且还能培养轮换人员的协作精神和系统观念，让其了解组织各部门在组织整体运行中的作用，掌握各部门之间的相互关系，在以后的工作中能从系统的角度出发，处理好整体与局部、部门与部门之间的关系。

在工作轮换中，领导者必须根据组织发展的情况，明确工作轮换的条件、周期和审批的要求，处理好工作轮换和职务晋升的关系，加强轮换人员的绩效考核和薪酬管理。

2. 岗位设置

领导者可以在组织较高的管理层次上设立助理岗位，这一方面能减轻自己的负担，让自己从繁忙的日常管理中解脱出来，专注于考虑和处理组织中的重要事情，另一方面还具有培养和提拔人才的好处。设置助理岗位，可以使助理开始接触组织较高层次的管理工作，让其通过处理组织中的管理实务，积累组织高层管理的经验，了解和掌握组织高层管理工作的内容，充分展示其具有的管理能力，同时也能使助理很好地观察领导者的工作，学习领导者处理问题的方法，汲取领导者优秀的管理经验，从而提高助理的综合能力。设置助理职务还可以使领导者更好地了解助理的知识结构、管理能力和心理素质，从而决定是否有必要继续培养，或是否有可能给予职务晋升。

设置助理岗位时，领导者也必须根据组织的实际情况，明确助理职务的任职条件和资格、助理产生的方法和程序、助理的职责范围和要求，以及助理的管理和考核，真正把素质过硬、作风扎实、工作突出、有发展前途的人才选拔到助理职务上来。

3. 挂职锻炼

挂职锻炼是在不改变行政关系的前提下，选派人员到其他地方或岗位委以具体职务，并在实际工作中经受锻炼的一种临时性任职行为，期限一般为半年至两年。挂职人员的人事行政关系和工资关系均保留在原单位，不占前往挂职单位的编制。在何时、选派何人、到何单位去挂职，以及让干部挂何职、挂职时间多长等具体事项，都由相关组织部门决定，并与接受挂职干部的单位事先协商再组织实施。挂职锻炼主要是针对有前途的中青年人才安排的，目的是使他们在基层的实践中学习知识、磨炼意志、丰富经验、提高领导能力，为将来担任更重要的领导工作奠定基础。

挂职锻炼要达到培养人才的目标，领导者要做好挂职锻炼人员的管理，首先根据挂职人员的经历、专业和培养需要，采取不同措施，做到量体裁衣，增强培养的针对性；其次根据实际工作需要和人才成长需求，适时适当地调整分工，安排他们到多种岗位和不同的工作环境中去工作，锻炼提高他们适应不同工作环境的能力；最后是通过运用不同的激励方法，激发挂职人员的工作热情和积极性，充分挖掘干部的潜能。

4. 继续教育

继续教育是面向学校教育之后的所有社会成员，特别是成人的一种教育类型，是全民学习、终身学习体系的重要组成部分。继续教育的目的是更新知识、拓宽视野、改善知识结构、提高创新能力，以适应科技发展、社会进步和组织管理的需要。在组织中，继续教育被看成是一种特殊形式的教育，主要是对专业技术人员的知识和技能进行更新、补充、拓展和提高，使其进一步完善知识结构，提高创造力和专业技术水平。在新时代，领导者要注重培养人才的创新能力、技术能力和实践能力，努力培养出一批为实现伟大复兴的中国梦而不懈奋斗的高端人才。

领导者应把继续教育作为培养人才的一种常态化方法，鼓励和支持下属参加各种形式的继续教育，进一步开发人才的潜在能力，提高组织人才队伍整体素质。要做到这一点，领导者必须管理好继续教育：首先，帮助参加人员解决好工作与学习的矛盾，形成多层次、多渠道、多形式的教育模式；其次，把专业技术人员接受继续教育的考核结果作为上岗聘用的重要条件，只有考核合格者，才能晋升或聘用；最后，建立有利于专业技术人员继续教育的人事、劳资、培训三位一体的人才开发管理机制，以便于各负其责，协调配合，提高人才培养的质量。

5. 内部兼职

内部兼职是一种选拔配置人员到组织中的其他部门兼职工作的人才培养方式。兼职人员以学习、调研、议事为职责，参与兼职部门具体业务的运作过程，提供相关意见和建议，承担相关工作任务，但不参与具体的决策活动，在兼职岗位上接受兼职部门领导的管理。内部兼职一般采取跨部门形式进行，兼职职位一般以助理职位或副职为主。兼职人员的人事关系仍然隶属于派出部门。内部兼职主要是为了增强兼职人员对其他部门的认识和了解，提升兼职人员的综合素质和能力，为组织培养和储备人才。内部兼职主要适用于培养综合管理人才、专业技术人才。

思 考 题

1. 什么是科学的人才观？

2. 授权的含义是什么？领导者如何实施授权？

3. 为什么在用人过程中要重视激励的作用？如何激励人才？

4. 怎样识别人才能力和素质？如何选拔合适的人才？

5. 什么是用人的艺术？领导者培育人才的途径有哪些？

6. 如果你是组织的领导者，你该如何激发组织内成员的潜力，并将其转化为能为组织带来价值的人力资本？

案 例 讨 论

华为技术有限公司①的人才管理

说起华为技术有限公司，我们常听到这样的话："我们呼唤雷锋，但绝不能让雷锋吃亏""金无足赤，人无完人，优点突出的人缺点同样突出""以客户为中心，以奋斗者为本"……

华为的18万名员工都是有文化的聪明人。把这一群聪明能干的人拧成一股绳，形成一个完善的协作机制，围绕既定目标，相互信任和协作，是一件极富挑战性的事。

---

① 简称华为。

而华为有非常健全的人才培养和选拔体系。华为的成功，是用人的成功。

在人才评选方面

华为采用的人才评选工具是 STAR 行为面试法。该方法考验面试者全方位的能力。该方法能够考验面试者的人际理解力，了解面试者如何克服和解决困难、对困难的认知度和解决问题的能力水平。

华为强调要从有成功实践经验的人中选拔干部，没有基层实践经验的机关人员，不能直接选拔为行政干部，是否具备基层一线成功实践、项目管理成功实践经验，是干部选拔标准的排他条件。

干部任用方面

华为的干部选拔遵循"三优"法则：优先选拔有成功实践经验团队中的佼佼者；优先在艰苦地区选拔干部；优先选拔有责任感、有自我批判精神、有领导风范的员工。

华为在干部任用上也遵循"能上能下、能进能出"的动态管理。华为有很多关于干部"三起三落"甚至"七上八下"的例子。在干部的管理方面，华为采用"四抓"和"三有"。"四抓"是为了明确干部的使命与责任：抓企业文化传承、业务增长、效率提升、能力提升；"三有"是"有德有质有能"的干部评价标准。华为正通过建设后备梯队管理办法，分别把干部后备梯队分为：管理三级干部后备队、管理四级干部后备队、管理五级干部后备队以及员工干部预备队四层进行培养，有效为企业源源不断地输送关键性人才。

人才培养方面

华为极度关注人才的培养，总体来讲就是"效率为先、效果为王、道术合一、知行合一"。华为创立了华为大学来培养人才，华为大学的培训原则之一就是让最优秀的人培训优秀的人。华为人才培养的两个关键点是"横向人才复制、纵向育才利益挂钩"。"横向人才复制"强调企业管理层的全力参与，"纵向育才利益挂钩"把人才培养效果作为干部领导力的考核指标，纳入干部胜任力体系中，且作为中高层管理绩效考核的重要指标，权重至少要占 20%。

在新员工培训方面，华为从 2012 年开始采用改革后的"721 法则"，即培训内容的 70% 来自实践中学习、20% 来自导师的帮助、10% 来自课堂的学习。培训分为三个阶段，需要三个月时间，分别为：引导培训——导师先行(校园招聘后配导师辅导)、岗前培训——植入文化基因(5~7 天)、在岗培训——深入一线(边干边学、边学边干)。

人才激励方面

华为采用四位一体的人才薪酬体系，分别是固定薪酬——工资，变动薪酬——绩效奖金、单项奖，长效激励——TUP、虚拟股权，福利——法定福利、差异化福利。此外，华为还推出了 TUP 动态化长效激励模式。

人才激励的有效执行离不开两大底层要素：获取分享制、期望值管理。在华为，人力资本所得与货币资本所得的比例是 3∶1，而劳动贡献才是获取回报的主要方式。华为还提出"让听得见炮声的人做决策"。让一线听得见炮声的人做决策，防止远离战场的决策人员拥兵自重。如此，建立项目式的业务运作，前方一线融合化，后方平台专业化，前后协同作战。

现代高科技企业竞争的是创新和增长速度，而人才往往是企业在竞争中成功的首要因素。我们可以从华为的经验看到：转型首先需要上下管理者与员工的思维转变，其次才是关键岗位的人才与岗位要求的高度匹配。在思维方式转变的前提下，在岗位匹配上下功夫，可以选择新业务的领军人物并给予其一定的试错期限，组建相对独立的战略突击队，同时注重人才的内外结合。

讨论：

1. 华为公司选拔人才的原则、方式和机制分别是什么？
2. 华为公司是如何关注人才成长、激发人才潜力的？
3. 你如何看待华为公司的人才工作？

第八章

领导心理论

领导活动是领导者对被领导者实施的一种引导与影响活动，而领导心理又是领导行为的内因。2018年，中共中央办公厅印发了《关于进一步激励广大干部新时代新担当新作为的意见》，提出要关注干部心理健康，十分及时，很有必要，有利于帮助广大干部保持积极向上的精神状态，心无旁骛干事创业。因此，领导活动离不开领导心理；研究领导活动，离不开对领导心理的研究。

☞ 第一节　领导心理概论

一、领导心理的内涵

人的心理是人脑对客观现实的反映，是人在活动中产生的知觉、记忆、思维、想象、情绪、情感、意志、气质、能力、性格、动机、兴趣、信念、世界观等的总和。人的心理是复杂的，但总的来说可以分为两个方面：心理过程和个性心理特征。心理过程是心理活动的重要方面，个性心理特征是个体心理活动过程中体现出来的特点。领导是特殊的社会群体，"其心理状况不仅关系到个人和家庭的幸福，也关系到社会的发展和民众的福祉"。因此，领导心理值得高度关注。

理论界对领导心理的研究不多，学界比较认同的有赵麟斌的观点，他认为"领导心理是指领导者在其领导行为中所表现出来的典型心理品质和心理特征，是领导者和被领导者在领导活动的互动过程中产生的心理现象及其规律"[1]。

由此可见，领导心理是由各种心理活动及其要素构成的一个整体，包括领导者的性格、气质、能力、情绪、意志、兴趣、思维、观念、行为、品质等。领导心理包含对领导者、被领导者、追随者和他们所处环境的心理学研究和理解。这一领域关注领导者的特质、行为以及如何影响被领导者、追随者和组织，这四个要素相互作用，共同塑造了组织的领导力。这四个要素在互动过程中产生的全部心理活动和规律，都属于领导心理的基本范畴，

---

① 赵麟斌，等.领导文化新探[M].上海：同济大学出版社，2010.

但本书只讨论领导者的心理。

领导者的心理主要包括领导者的个性心理特征和具体的心理活动。

领导者的个性心理特征是指领导者在领导活动中表现出来的比较稳定的特质,包括能力、气质和性格等。从领导者的个性特征和品质去研究领导心理,其主要目的在于揭示成功的、优秀的、卓越的领导者应具备什么样的个性特征和心理素质,并揭示领导者的心理特性与领导力的关系。

领导者的具体心理活动是指领导者在进行语言、行为、表情等活动前所具有的特质,包括领导者的用人心理、决策心理、执行心理、预测心理和激励心理等。从领导者的具体活动去研究领导心理,主要是探索不同的领导方法、领导作风和领导行为所产生的不同心理效应,为提高领导力服务。

领导心理是领导者的领导动机、行为及其效果的一个重要动因,在领导活动中占有特殊地位。

二、领导心理的形成

人的心理活动不是凭空产生的,有其心理与现实的依据。客观现实是人的心理产生的根源,人的心理是客观现实的反映。心理是个体对客观物质世界的主观反映,任何心理现象都是通过一定的活动展现出来的。领导心理作为一种社会心理现象,其形成过程亦受到多种因素的影响,"既有政治环境、社会变迁、传统文化等社会环境的因素,也有来自工作的压力因素,更有因个性特征、认知方式和生活习惯等不同导致的个体差异因素"①。具体而言,有以下几方面。

1.领导心理产生于领导实践中

领导是指引、带领组织成员实现组织目标的行为过程。领导心理是领导者在领导实践活动中的认识、情感、意志方面的反映。领导心理作为一种复杂的社会心理现象,是随着有意识、有目的的领导活动的出现而产生的,领导者是领导心理产生、发展与变化的体现者,是领导心理的主体,在领导实践活动中,没有领导者,就没有领导心理这一种特殊的心理形式的存在。领导实践活动是领导心理产生的必要条件和前提,领导实践决定着领导心理的发展和成熟程度,领导者的领导实践过程就是领导心理的形成、发展与变化的过程。

2.领导心理的形成受诸多因素影响

人的心理活动是复杂多样的,但其产生和发展并不是随机的、任意的、主观的,它受各种因素的影响和制约。领导者的个性特征、知识结构、生活经历、工作阅历、年龄等,都是领导心理产生的必要前提,是影响领导心理产生与发展的重要因素。而组织文化、目标使命、人际关系以及经济水平、政治制度、社会风气、文化技术等领导环境,则直接作用于领导者的感觉、知觉、记忆、思维、表象等,直接反映到领导者的头脑中,直接影响着领导心理发展的倾向和水平。

3.领导心理的发展具有阶段性

就领导者个体而言,其心理的发展一般要经历三个阶段。第一阶段是领导心理形成的

---

① 苏曼丽. 新形势下党政领导干部的心理素质研究[J]. 中国领导科学, 2018, 49(4): 59-61.

初始阶段，即刚刚成为领导者的阶段。在这一阶段，很多人经过前期艰辛的努力奋斗，终于成为领导者，但一旦上任后，就可能感觉现实状况与自己的理想状况之间存在着较大的差距，因此，心理上感到极大的不适应。根据 JDCS 理论，"心理工作环境不良是工作要求高于工作自主所致"[1]，可能有一种隐隐约约的失落感。第二阶段是领导心理的成熟阶段。在这一阶段，随着领导者在领导工作岗位上的时间的不断推移和工作经验的日益积累，他们能从容自如地应付各种场面，能够沉着冷静地处理各种问题，展示出比较成熟、稳定的心理特征。第三阶段是领导心理的保守阶段。在这一阶段，随着领导心理的日益成熟和不断发展，领导者的成就感越来越强，随之而来的自我感、权力欲可能也越来越明显，而与此相伴的权力心理、惰性心理、僵化心理等也可能产生，成为领导者心理发展的保守阶段。当然，并不是所有领导心理都必然会经历这三个阶段。

4. 领导心理的形成具有规律性

领导活动，无论是在复杂的人际交往中，还是在具体的决策、沟通、协调、指挥、控制活动中，都受制于领导心理活动。而领导心理活动的形成，有其独特的规律。领导心理活动的规律性是指领导者的心理活动、被领导者的心理活动与具体的领导情境之间有一种相互依存、相互联系、相互制约、相互作用的关系。在领导心理活动的规律中，既有贯穿于领导心理全过程的基本规律或一般规律，如领导心理形成的能动反映规律、领导心理功能的发挥规律等，又有存在于领导心理活动某一时期、某一层次、某一环节中的特殊规律，如交往活动中领导协调冲突的心理规律和有效激励的心理规律等。领导心理活动规律是客观存在的，从某种意义上看，领导心理活动必须遵循人的认识、情感、意志、信念和行为规律，只有深入研究与把握领导心理的规律，才能使领导活动生机勃勃而又富有成效。

三、领导心理的特征

领导心理是领导者在其领导行为中所表现出的性格、气质、能力、情绪、意志、兴趣、思维、观念、行为、品质的综合，与领导者本身的特质紧密相关。这就决定了领导心理在具体领导活动中既具有一般性规律，又具有特殊性差异。具体而言，其基本特征有以下几个。

1. 个体差异性

不同的领导者，其个性、气质、性格、能力、年龄、性别、工作岗位、工作性质、思想意识、知识结构、文化水平、兴趣爱好、道德修养不同，所处的组织文化和行业背景不同，"由于个性不同对事件的看法和应对方式就不同，从而产生不同的心理特点"[2]。因此，其心理活动的强度、稳定性、持久性及主导性自然就会表现出一定的差异性。在领导活动中，也正是因为每个领导者都表现出与众不同的心理特点，才使单个领导者在领导活动中表现出不同的领导气质和领导风格，也才使得领导活动既纷繁复杂又色彩缤纷。

2. 相对稳定性

领导心理主要通过领导者的个性心理特征体现。领导者在具体领导行为中表现出来的

---

① 李朝波，梁靖宇.领导干部心理工作环境及其影响机制实证研究——以税务系统 679 名科处级领导干部为例[J].领导科学，2018(5)：35-38.
② 焦丽萍.当前党政领导干部思想状况及应对[J].中国党政干部论坛，2017（10）：83.

心理特征具有偶然性，并非领导者个性的表征。只有那些经常出现的、较为典型的、相对稳定的心理倾向和特征才是领导者个性的表征。可见，领导者的个性心理特征，在一定时间内具有相对的稳定性，如：一个一向处事稳重的领导，偶然在某种行为中表现出轻率的特征，并不能说明他具有轻率的心理特征。在领导活动中，也正是因为每个领导者都具有相对稳定的个性特征，才能把 A 领导与 B 领导在心理层面上加以区分，才能把具有不同心理特征的人安排在不同的领导岗位上。

3. 能动发展性

领导心理的稳定性只是相对的，不是一成不变的，它具有发展性，因为领导心理受到诸多主观因素和客观因素的影响和制约，不同的主观因素或者客观因素，就会形成不同的领导心理。领导心理就是在诸多的影响因素中，随着领导实践的产生而产生，随着领导实践的发展而发展的。同时，由于领导是有意识的主体，在领导活动中，领导心理对领导环境的选择与适应是主动建构、能动发展的，领导心理能够主动地、自觉地、有目的地、有计划地反作用于领导环境。

4. 激励导向性

根据社会认同理论，领导者对追随者的认同会产生心理赋能，使追随者的职业信仰、创新思维和专业技能得到相应提升[1]。在领导活动中，领导者是领导活动的主体，而领导心理会通过领导者反映出来，进而影响领导行为。在具体领导活动中，领导者借助其领导职位、领导气质和个人魅力的影响，对被领导者、追随者的心理及行为产生直接或间接的影响。如：领导者的价值观念、行为模式、态度作风、情感意志等，都可能在潜移默化中吸引、影响、感染被领导者、追随者，从而激发被领导者、追随者的目标责任感、工作积极性和主观能动性，使被领导者、追随者为实现组织整体目标而努力奋斗。

5. 时代变迁性

不同的时期，不同的时代，或一定社会、国家由于历史背景、传统文化、地理环境和生活状况等条件的不同，会形成不一样的价值理念。对领导心理而言，也是如此。习近平总书记曾在多个场合强调领导者要"永远保持与时俱进的理论品格"[2]，在不同时代背景下，领导心理也表现出各自不同的特色，这种"不同"是随着时代变化而变化的，是领导心理面对时代变迁的主动调适。如：中国传统文化所倡导的中庸、礼仪与集体主义理念，西方文化所倡导的自由、民主与个人主义理念，这两种不同的文化背景和时代特征，反映在领导心理上面，自然会出现不同的心理特征。

四、领导心理的功能

心理支配人的行为，纷繁复杂的行为都可以从心理角度得到合理的解释，可见，心理的作用是根本性的、决定性的。对领导者而言，他们是领导活动的主体，而领导心理又是领导行为的内因，因此，研究领导活动，首先需要研究领导心理在领导实践活动中的特殊功能，并根据领导心理去分析具体的领导行为，进而更好地把握领导心理规律。具体而言，领导心理有如下几个功能。

---

① 周翠萍.基于对偶心理定位视角的领导与追随互动行为研究[J].领导科学, 2017(17)：59-61.
② 习近平总书记在中央政治局第四十三次集体学习时的重要讲话。

1. 内化功能

领导心理的内化功能指的是领导者对组织使命、愿景和核心价值观的深刻理解，并将其内化为自己的信念和行为准则的过程。这种内化功能对于领导者的有效领导至关重要，因为它能够帮助领导者在行为和决策中展现一致性和稳定性，同时激励追随者对组织目标的认同和奉献。一方面，领导者作为特殊的社会群体，其心理的和谐、健康，事关干部的进步和成长，事关组织和国家事业的发展。而心理健康的领导者，能够将组织目标内化为个人的终生奋斗目标，能够围绕组织目标，积极有为地开展活动。另一方面，领导心理的内化功能也表现在领导者能通过自己的价值观念、行为模式、态度作风，潜移默化地影响被领导者。心理健康的领导者，能通过自己的价值取向、政治信仰、理想信念等进行目标导向，为领导活动提供内驱动力和精神导向，使组织中的成员都能积极主动地排除物质条件和心理因素的障碍，围绕共同的政治信仰，树立共同的理想信念，围绕组织整体目标来确定自己的人生追求。可见，领导者的内化功能对于形成健康的心理、塑造积极的组织文化、增强团队凝聚力以及推动组织的发展具有重要意义。值得注意的是，这种内化功能需要领导者通过长期的深入思考和行为实践，将组织的核心价值观融入自己的思想和行为中。

2. 示范功能

领导活动是由领导者带领被领导者、追随者实现组织目标的活动。一方面作为领导者，他的一切领导行为，都会对被领导者甚至领导环境产生直接或间接的影响，具有较大的"示范效应"。良好的领导心理，是有形的榜样、无声的命令和有力的指挥。此外，在具体领导工作中，由于领导者的领导心理有较强的模仿、从众、暗示等心理倾向性，领导者的作风、态度、情感和意志等，都可能对被领导者产生十分强大的引导作用。这种引导作用具有双面性，当领导者具有坚定的信念、坚强的意志、开阔的心胸、稳定的情绪、健全的人格等心理特质时，能对被领导者产生强大的感召力和震撼力，可以使被领导者义无反顾地追随自己，从而发挥积极的示范效应。反之，当领导者具有傲慢、虚伪、粗暴、自私等心理特质时，则会对被领导者产生消极的示范作用。另一方面，追随者对领导者的示范功能通常会产生积极的反应，这种示范功能可以影响追随者的行为、态度、工作表现和价值认同。首先体现在行为模仿上，如果领导者展现出诚实正直的品质和对团队成员的尊重，追随者通常会受到激励，试图模仿这些行为。其次是态度影响上，积极、乐观的领导者往往能够激励团队成员，带来良好的工作氛围和团队凝聚力。再次体现在工作表现上，如果领导者展现出专业、负责任、面对困难情绪稳定的工作态度，追随者通常会同样以平稳的态度面对工作中的困难，以符合领导者的心理预期。最后也是最重要的一点，即价值观认同，如果领导者能够真诚地体现组织的核心价值观，追随者往往会更加认同并投入这些价值观的共创中。总体而言，领导者的示范功能对于塑造组织文化、激励团队成员以及推动组织发展具有重要作用，领导者需要意识到自己的行为和态度对团队的影响，并努力成为积极的示范者，以促进团队成员的积极发展。

3. 调适功能

在领导活动中，因为领导环境的动态性和领导个体的差异性，领导者和被领导者都可能因为环境变化而出现不适应的心理或行为，这种不适应的状态，轻则影响个体的情绪、工作效率，重则影响个体的身心健康、组织目标的实现。因此，掌握领导心理的相关原理与技巧对领导者至关重要。对领导者而言，一方面需要做好自我调整，如果这种不适应情况发生在自己身上，则需要采取及时的、有针对性的心理干预措施来调适自己的心理或行为，减少和避免失范行为的出现；另一方面需要做好引领疏导，如果这种不适应情况发生在下属身上，则需要领导者通过积极的心理干预，帮助下属克服挫折、坚定信心，使下属在领导活动实践中能够保持良好的心理状态。

4. 激励功能

实现组织目标是领导活动的最终目的，领导善于启发和激励，对组织目标的实现至关重要。一个具有良好的心理品质和高尚的道德情操的领导者，可以通过自己的价值观念、行为模式、态度作风来吸引、影响被领导者、追随者，使他们对领导者、对组织产生信任感、亲切感和归属感，从而激发他们实现组织目标的热情和接受与实现组织目标的自觉性，增强他们的工作积极主动性和创造精神。在这个过程中，领导者要特别注重发挥领导者自身坚定的理想信念、高尚的思想情操、顽强拼搏的意志、不屈不挠的心理品质、开拓进取的精神等方面的感召力，以有效地激励被领导者建立共同的理想信念，勇往直前，勇攀高峰，为实现组织目标而努力奋斗。相反，消极懈怠的领导心理，会在无形中影响组织中的其他成员，使一个本来朝气蓬勃、具有战斗力的集体变得软弱涣散，对组织成员及其领导活动产生负激励作用。

5. 导向功能

领导者的心理是领导行为的内因，领导心理的好坏直接关系到领导实践的成败。领导行为对下属工作的影响可以"看作是一种心理作用机制，对下属工作绩效的作用机制提供了另一种思考的方向"[①]。因此，领导心理对领导活动会产生直接的导向作用。例如：①领导心理影响领导效能。执政心理是亲民的还是粗暴的，是开放的还是狭隘的，是平和的还是偏执的，这些都直接影响到工作职责的履行和工作效能的发挥。②领导心理影响领导者的决策行为。领导者的性格、气质、能力、意志、兴趣、思维、观念、行为、品质等，都会对领导者的决策行为产生重要影响，主要体现在以下四个方面。第一，领导心理影响领导者选人用人。所谓"上梁不正下梁歪""物以类聚人以群分"，领导者能否知人善任，在很大程度上取决于领导者的品格、气度和胸怀。第二，领导心理影响领导者的人际关系，心理健康的领导者往往乐于与人交往，善于与人合作。第三，领导心理影响领导者的行为风格，领导行为风格会对下属产生重大的暗示效应。第四，领导心理影响领导者群体的团结和组织效能，心理素质高、相容性强的领导群体会产生凝聚效应，有效提高组织凝聚力。

📖 第二节　影响领导心理的因素

根据领导权变理论，领导行为相关的情境因素都会对领导效力产生潜在影响，在不同的情境中，相同的领导行为会有不同的效果。同样，领导心理不是独立的，亦受到多种因素的影响，在不同的情境下会形成不同的领导心理。具体而言，领导心理会受到个性气质、组织文化、目标使命、社会环境等多重因素的影响。

[①] 颜爱民，肖遗规，唐明. 服务型领导与下属工作绩效的跨层分析——以心理安全为中介[J]. 中南大学学报(社会科学版)，2017，23(1)：74-81.

一、个性气质

个性气质是指个体的心理、性格方面的倾向和特点。个性气质同一个人的思维方式、行为特点紧密相关。个性是一个人在成长、发展历程中逐渐形成的价值追求、行为习惯及处世风格，是需要教育、培养、引导的，也是需要磨砺、锻炼、修养的。气质是一个人典型的、稳定的心理特征。气质是个性的生理基础，它直接影响着一个人的性格、兴趣、爱好、能力和活动效果。

对领导者而言，个性气质虽没有绝对的好坏之分，但不同类型的个性气质会对领导者的心理造成不同的影响。

（1）个性气质决定着领导者应对社会紧张局面的能力。

一个乐观、豁达的领导，应对社会紧张局面时，一般都能心平气和地理智对待；而一个脾气暴躁、情感外倾的领导，应对社会紧张局面时，往往更容易表现出发怒、焦躁等心理特征。

（2）个性偏离增大领导者受到心理刺激的可能性。

一个孤傲、始终以自我为中心的领导者，在人际关系中常常处于紧张状态，久而久之容易出现浮躁、孤独等心理障碍。而一个自卑、信心不足的领导者，在困难面前畏前畏后，在挫折面前悲观失望，久而久之也易产生抑郁、绝望等心理障碍。

（3）个性气质影响着领导风格的塑造。

个性气质对领导者的领导风格有着深远的影响。外向的领导者可能更倾向于开放式的领导风格，而内向的领导者可能更倾向于更为保守和审慎的领导风格。

（4）个性气质一定程度上影响领导者的身心健康。

个性气质可以影响个体对压力的应对方式、情绪管理能力以及与他人的互动方式，进而对领导者的身心健康产生影响。其一，情绪稳定的领导者可能更能够有效地处理工作压力，而情绪波动较大的领导者可能更容易受到压力的影响。其二，一些特质可能使领导者更容易陷入焦虑、抑郁或其他情绪困扰，而另一些特质则可能使领导者更具有情绪稳定性。其三，个性气质也会影响领导者与团队成员以及其他领导者之间的互动，在处理冲突和压力时这种互动会对领导者的心理健康产生影响。

二、组织文化

组织文化是组织全体成员共同接受的价值观念、行为准则、团队意识、思维方式、工作作风、心理预期和团体归属感等群体意识的总称。[①] 组织文化是组织在管理成员的过程中发展出来的规则和实践，或者是组织信奉的价值观念和行为准则。[②] 精神价值是相对于物质价值的更高层次的追求，它更能激发一个人的潜力。同理，在组织中，能激发员工潜力、约束员工行为、凝聚员工力量的，也不是资金、技术、市场这些硬东西，而是能赋予行为意义，并带来精神目标、激发精神力量的文化。一般而言，组织文化规定了人们行为的准则与价值取向，对组织成员的心理和行为会产生深刻的影响。积极的、健康的、健全的

① 周三多.管理学：原理与方法[M].7版.上海：复旦大学出版社，2018.
② 沙因，沙因.组织文化与领导力[M].5版.陈劲，贾筱，译.北京：中国人民大学出版社，2021.

组织文化，具有积极的导向、约束、凝聚、激励、辐射、调适等功能，对组织中的人的心理与行为具有持久而又深刻的影响。但是，负面的、庸俗的、病态的组织文化，则会对组织成员的心理与行为产生不良的刺激与负面的导向，阻碍和破坏组织和成员的发展。

文化是一种长期的积累和沉淀，对处于其中的人的心理及行为具有潜移默化的影响。不同的领导者所处的组织文化环境不一样，其心理也会出现不同的特质。在一些组织中，仍存在一些落后的文化，这些落后的文化对领导者的心理产生了直接的影响。

（1）落后文化影响领导者的自我认知。

在一些落后文化中，性别、社会地位等因素可能对个人的自我认知产生负面影响。这可能导致领导者在自我评价和自信方面存在不足，甚至产生自我怀疑和自我否定的情绪。

（2）文化背景塑造领导者的决策方式。

在落后文化中，领导者可能受到传统观念的影响，更倾向于保守、传统的决策方式。他们可能对新观念和变革持保守态度，这可能导致组织在面对变化和创新时缺乏灵活性和适应性，从而影响组织的发展和竞争力。

（3）落后文化影响领导者与团队成员的互动方式。

在落后文化中，人们可能认为对权威的尊重和对长辈的顺从较为重要，强调权威和命令式领导。一方面，这可能导致领导者更倾向于仅通过指挥、命令等形式对下属进行任务分配与指派，缺乏与下属平等沟通、交流探讨的能力，甚至导致沟通障碍和团队合作的不畅。另一方面，可能导致领导者忽视团队成员的参与和发展，使下属士气低落、创造力受限，甚至影响其工作满意度和忠诚度。

尽管落后文化可能对领导者的心理产生消极影响，但领导者也有机会通过自我反思和学习来克服这些影响。首先，领导者可以通过自我意识和自我调节来强化自我认知，建立积极的自我形象和自信心。其次，领导者可以通过学习和开放的心态来调整决策方式，接受新观念，提高组织的创新能力。此外，领导者可以通过培训和跨文化交流来提升跨文化管理能力，促进组织内部的多元化，鼓励员工参与决策，创造开放、包容的工作氛围，以及建立跨文化团队间的合作机制。

三、目标使命

领导者对组织、社会发展具有关键性作用，其肩负着政治稳定、经济发展、社会和谐、人类进步的目标使命，特别是党政机关领导者，更是肩负着权为民所用、情为民所系、利为民所谋、立党为公、执政为民的神圣使命。而且，在时代不断发展、社会不断进步、技术不断更新的今天，领导者的目标使命感更强。适当的、合理的、循序渐进的目标使命，会使领导者奋发图强，产生一种积极向上的进取心理。但过强的、超大的、脱离实际的目标使命，则会使领导者忧心忡忡，产生一种悲观压抑的消极心理。

可见，目标使命对领导者的心理会造成很大的影响，过高的目标会对领导者的心理产生一些不良的影响。

（1）岗位责任大使许多领导者容易出现焦虑、紧张等心理。

对领导者而言，他们作为领导活动的决策者、组织者，在居高位、掌权力的同时，承载着更多的社会责任，特别是在改革的攻坚期，各种矛盾凸显，任务多、难度大、标准高，相应的工作责任与工作压力也会增加。高标准的目标使命，"发展与责任"的双重压力，"领导问责制""一票否决制""GDP 排名""绩效评比考核制"的常态化,使领导者的大脑神经长期处于高度紧张的状态,容易导致一些焦虑、紧张心理的出现。

(2)外在期望高使许多领导者容易出现抑郁、孤独等心理。

领导者在身居高位、手握重权、广泛受到各界关注的同时,也背负着社会各界对他们的殷切期望。由于领导者的一言一行、一举一动都受到社会的广泛瞩目与追捧,因此,许多领导者,为了维护自己的良好形象、巩固自己的执政地位、践行社会对他们的角色期待,他们在公众面前始终保持一副严格自律、信心百倍、朝气蓬勃的样子,而在这"风光"的背后,往往隐藏着鲜为人知的寂寞、孤独和无助。但他们即使内心有很多苦楚和无奈,也要强作笑颜、委曲求全。久而久之,领导者这种表面光鲜与内心苦楚的尴尬与无奈必然会导致抑郁、孤独等心理问题的出现。

(3)晋升渠道窄使许多领导者容易出现敏感、挫折等心理。

中央国家机关职工心理健康咨询中心的统计数据显示,2009 年至 2016 年间,全国共有 243 名领导者自杀,其中约半数被明确诊断为抑郁症。[①] 这一调研结果引起了社会对领导干部心理问题的广泛关注。目前我国干部队伍结构呈"金字塔"现状,越往上走,干部晋升的渠道就越窄。对于领导者来说,不管公众对你的评价有多高,不管自己的政绩有多大,个人的价值体现终究是通过职务提升来实现的。但职务升迁的数量有限,晋升道路上,千军万马同去挤,终究只有少数人才能挤身于其中,而对于大多数领导干部而言,在长期的竞争与绩效考核指标压力之下,敏感挫折心理非常突出。

四、社会环境

除了上述三方面的因素外,社会环境也影响着领导的心理活动。

(1)经济的快速发展冲击领导者的价值取向。

改革开放的纵深推进和社会主义市场经济的高速发展,使经济成分和利益主体越来越多元化,社会生活和经济环境更加复杂。而经济的快速发展,必然对领导者的思想和心理造成深刻的影响,影响领导者的价值取向与观念信仰。在经济快速发展的新形势下,领导者面临着更多的金钱与利益诱惑,经济环境的骤变很可能使领导者因过于追求眼前的、短期的、局部的物质利益,从而出现一些侥幸的、腐败的心理。

(2)行政管理的改革影响领导者的从政心理。

改革是现代社会的代名词,各行各业都在改革,公共管理领域的行政改革也是如火如荼。行政体制改革、行政机构改革、干部人事制度改革、公务员制度改革、事业单位改制等一系列的改革举措,目标明确、措施得力、力度较强、影响深远,会对领导者的从政心理产生深刻影响。然而一部分领导者由于对新的工作模式不适应、对科学的工作方法不了解,而产生错误的从政心理,例如认为权力不用、过期作废;而一些领导者也会在改革中反思从政的真谛,树立服务意识,担责于心,扛责于身,履责于行。

(3)社会的快速转型影响领导者的行政心理。

当前社会正处在转型期,各个方面都在发生深刻的变化,新事物、新观念、新现象层出不穷,生活节奏不断加快,社会竞争日益激烈。特别是干部人事、社会保障、教育、就

---

① 李朝波. 情绪劳动视角下领导干部抑郁现象分析[J]. 中国党政干部论坛,2017(12):66-69.

业、医疗等方面的制度改革,增加了各种不稳定、不确定性因素,行政压力越来越大,对领导者的心理产生了影响,领导者在具体的行政行为中,如果不能正确处理和面对这些新问题和新现象,就容易出现焦虑、紧张、担忧、不安等不良情绪。

第三节　非健康领导心理的疏导

领导者在社会生活中扮演着重要的角色,领导者的素质问题一直是社会关注的焦点问题。但是,人们更多的是关注领导者的政治立场、思想品德、文化知识、领导能力等基本素质,领导者的心理素质却常常被忽视。对领导者而言,其心理素质的重要性更加突出,特别是在现代社会,一个称职的领导者除了要具备良好的政治思想素质和卓越的业务工作能力外,还必须具备健康的心理素质。在当前社会矛盾凸显、领导者压力日益增大的社会转型期,领导者有哪些常见的非健康心理?如何判定一个领导者是否出现了非健康心理?作为组织机关和领导者个人,又该如何去疏导这些非健康心理?这些问题,越来越受到社会和相关部门的重视。

一、非健康领导心理的表现

领导者这个群体是很多人眼中的精英群体,从总体上看,领导者的心理健康素质是比较好的,但是,随着我国改革发展的节奏不断加快,各方面对领导者的要求和期望越来越高,部分领导者出现了一定程度的非健康心理。一般而言,领导者的非健康心理主要表现在以下几个方面。

1.焦虑心理

所谓焦虑心理是指个体对环境即将出现的变故或者需要做出的努力所产生的紧张、焦急、忧虑、担心和恐惧等感受交织而成的一种复杂的情绪反应。焦虑始于对某种事物的热烈期盼,形成于对失去这些期待、希望的担心。焦虑是现代社会普遍存在的一种情绪,当社会与环境因素提出的挑战越来越高时,人们的焦虑感也就越来越强。对领导者而言,焦虑心理尤为突出。广西壮族自治区委党校公共管理教研部对2015年度参加广西区委党校培训班的乡镇干部和2013级广西区委党校在职研究生班的科级干部进行了一次专题调研。调研显示,一方面,基层干部表现出锐意进取、自信的积极心理;另一方面,基层干部也呈现出不同程度的紧张焦虑、职业倦怠、失衡心理、孤独寂寞等心理问题。

领导者产生焦虑心理的个主要原因在于:一方面,工作与人际关系压力。领导者通常肩负着重大的责任,需要应对挑战性的任务,处理复杂的人际关系,这种工作压力以及与各种利益相关者的互动都可能导致领导者感到焦虑。另一方面,不确定的环境和未知的结果。市场变化、政策调整、技术发展等外部因素的不确定性可能使领导者感到难以预测和控制未来的发展,从而产生焦虑情绪。

从焦虑心理的表现看,领导者焦虑心理主要表现在两个方面:一方面,焦虑内隐于领导者的内心活动,具体表现为烦躁、压抑、愁苦等。例如,部分领导者面临群众集体上访、班子换届选举或其他重要任务时,会出现心慌、焦躁、紧张、恐惧、忐忑不安、忧心忡忡等症状。另一方面,焦虑外显于领导者的行为方式,具体表现为:在工作上制订过高的目标,急于表现，吃饭睡觉不踏实、精力不能集中、坐立不安、做事急躁、容易动怒等，甚至伴发血压增高、心动过速、出汗、头昏、眼花等症状，反复出现头痛、胸闷、心悸和心血管、胃肠道不适等躯体化症状。春秋时期，楚国大将伍子胥，在被敌兵追至昭关之际，进退维谷，因为担心完不成复国大业，以致焦虑过度，竟在一夜之间须发皆白，就是这种心理的体现。

心中感到焦虑，意味着领导者有一定压力。适当的压力，会使其增加干劲，精神兴奋，及时行动，提高工作效率；而过度的压力，则会使领导者不能冷静地思考和处理问题，丧失积极的进取精神，同时还会损伤领导者的自信心，使得领导者对工作和生活缺乏热情，从而在一定程度上影响被领导者积极性的发挥。

2. 抑郁心理

抑郁心理是一种以低沉、灰暗情感为基调，以情绪低落、兴趣索然为主要特征的特殊心境状态，它可从轻度的郁郁寡欢、心情烦闷，到较重的心烦意乱、苦恼忧伤，再到更严重的悲观失望以至绝望的抑郁倾向。与一般的负面情绪反应不同，抑郁比悲伤、痛苦、羞愧、自责等任何一种单一的情绪更为强烈、更为持久，给人带来的影响也更为深重。对领导者而言，抑郁是最常见的心理疾病之一。

从领导者抑郁心理产生的原因看，抑郁心理与领导者的气质、性格、能力以及个人修养等方面都有直接的关系。但更主要的是因为领导者的工作岗位特殊。作为领导者，上要对组织和国家负责，下要对人民群众负责，过多的、过高的角色期望堆积在一起，使他们的身心受到极大的煎熬，一些心理承受能力较差的领导者，就可能不堪重负而产生压抑、消极、内疚、自责甚至悲观失望心理。

从抑郁心理的表现看，领导者的抑郁心理主要表现在三个方面：一是失落，有时在自己艰辛努力后，很想得到回报但因为种种原因没有得到，从而产生一种空虚、迷茫与无可奈何的心态。二是孤独，由于工作、人际交往遭遇失败，或身居高位而导致精神压力过大，心理负担沉重。三是自卑，部分领导者因自我期望值过高，不能正确评价自己，易过分贬低自己的能力，伴有强烈的无用感与无助感。

抑郁心理是领导者常有的一种情绪反应，偶尔的、短暂的忧郁是人之常情，无伤大雅，但持久的、长期的抑郁，则可能使领导者悲观失望，影响领导者的决策能力，影响领导群体的奋进斗志，强度更大的抑郁则会影响领导者的身心健康，久而久之，就可能发展为病态的抑郁症了。

3. 嫉妒心理

嫉妒心理是指一种害怕他人胜过自己，愤恨他人优于自己，将别人的优越之处视为对自己的威胁，因而感到害怕、愤恨，于是就借助贬低甚至诽谤别人的手段来摆脱心中的恐惧和愤恨的心理。嫉妒心理的行为特征主要是：凡事以我为中心，思考问题从自身利益出发，对他人缺乏理解、善意与认同，特别是对竞争者虎视眈眈，具有明显的攻击性与明确的指向性，其攻击目的在于颠倒被攻击者的形象。

从领导者嫉妒心理产生的原因看，一是部分领导者心胸狭窄，自私自利，凡事以自我为中心，希望总是自己占有一切荣誉或优先地位；二是部分领导者不能客观认识自我，对自我不能全面地、客观地、深入地认识与剖析，同时又喜欢与他人盲目攀比，心理上失去平衡，轻者醋意萌生，重者贬损苛求，严重者嫉恨如仇。

领导者的嫉妒心理，主要表现在以下两个方面：一是对同级领导的嫉妒。包括嫉妒同级领导在政治上的进步、业务上的提高、学习上的突破、待遇上的改善、事业上的成功、下属中的威望，更有人甚至连别人仪表的出众和家庭生活的美满等都要嫉妒。二是对下属的嫉妒。有的领导为了维护自己的尊严和地位，将才华出众的下属视为心头大患，容不下下属某项才能超过自己，否则，就认为有损自己的尊严、威信，有碍自己的提升，对有才华的下属采取压制、打击手段，不让其有表现、发挥的机会，甚至把本应该属于下属的成绩占为己有。

适当的嫉妒可以成为竞争的动力和源泉，但嫉妒的消极影响远远大于积极影响。嫉妒往往使领导者变得偏激，带来一定程度的心理紧张和攻击性行为，甚至做出违反道德准则和法律法规的事情，不但影响自己的身心健康，而且也将对工作、对他人造成一定的不利影响。

4. 多疑心理

多疑心理是指个体无端地对一些自己并未完全了解的事进行各种设想、猜测，并据之形成概念而信以为真的心理。这种不正常的心理反应往往是人们对客观环境或他人的主观判断失误，而又没有认识到这种失误所引起的心理上的失控。多疑的人只要自己不置身其中，便无端猜测，且往坏的方面去想，"草木皆兵""杯弓蛇影"讲的就是多疑心理。生活中，遇事不了解情况，免不了会产生怀疑，这是人们常有的心理现象。对领导者而言，不放心、提着心、存戒心的多疑心理也较为常见。

领导者产生多疑心理，一是由于某些领导者对下属缺乏必要的信任。当别人对下属进行攻击时，领导者会因缺乏清醒的头脑、缺乏对下属充分的信任而听任他人对下属进行攻击。二是由于某些领导者有错误的思维定式。很多领导自以为经验丰富，能力很强，经常以固有的思维定式去衡量下属，当下属的思维方式、行为方式与自己的思维定式不相协调时，他就从自己的已有经验出发，去无端推测下属的用心，怀疑下属的能力和忠心。三是由于某些领导者的不良心理品质。有些领导者从内心深处对自己的能力持怀疑态度，疑心下属对自己别有用心，会威胁到自己。有些领导者甚至会因为某一次遭受上级批评而怀疑上级不信任自己，如果再加上一点流言，其疑心会更重。

处于多疑心理状态的领导者特别敏感，总是不安、惊恐与痛苦，会把外界的事情有意无意地联系到自己身上，有关的法律新规定、相关的惩处案例等都会使他们产生巨大的压力。多疑心理使领导者自身陷入精神和心理折磨，与周围的人或下属之间产生不信任或排斥的心理，与同事之间产生巨大的疏离感和冷漠感，从而破坏组织的凝聚力，造成人心涣散、身心疲惫的局面，对实现组织目标、提高领导绩效极为不利。

5. 挫折心理

挫折心理是指个体在从事有目的的活动过程中，指向目标的行为受到阻碍或干扰，致使其动机不能实现，需要无法满足时所产生的心理。挫折是一种主观的情感体验，是个人内心的一种感受。挫折是客观存在的，在人们的日常生活、学习和工作中，每一个人都会碰到。对于领导者而言，领导者肩负着处理矛盾、解决问题的责任，矛盾处理不好，问题解决不了，工作中遭受一些挫折便在所难免。

领导者挫折心理产生的原因，主要有两个。一个是客观原因，即外部环境中各种可能导致挫折心理的因素，如自然环境的限制和社会环境的限制。自然因素是指由于恶劣的气候和严重的自然灾害所造成的损失或失败，也包括人世间的生老病死而导致的挫折。例如，洪水、地震、疾病、亲友死亡给领导者带来的挫折感。社会因素是指社会经济、政治、规范和习俗等因素，使人们的行为和交往受到一定的限制而导致的挫折。例如，学非所用，才华遭到压制等。另一个是主观原因，即由领导内在的生理、心理因素带来的阻碍和限制。一是由于个人能力、知识不够，经验不足，思想意识不健康，工作方法不科学等导致个人目标无法达到而产生的心理挫折。二是多种需要相互之间产生矛盾而造成的挫折，当个人欲望同集体需要发生冲突、理想与现实发生冲突、竞争与合作发生冲突时，都可能引起挫折感。

领导者受到挫折之后的行为表现，主要有两个方面：一是积极的行为表现，即领导者受挫后能正常地控制自己的思想和行为，以摆脱挫折的一种理智的行为。这种积极的行为表现，具体来讲又分为升华和补偿两种。升华，即领导受挫后将动机行为导向更崇高的方向。补偿，即当某种目标受挫时，谋求另一种可能成功的活动来代替。二是消极的行为表现，即领导者受挫后不能控制自己的思想和行为而失去理智，主要表现为妥协、倒退和攻击三种。妥协，即采取妥协性措施以减轻挫折感，如把责任推诿给别人。倒退，即表现出一种与自己年龄、身份很不相称的幼稚行为，如过度地吸烟、酗酒，无缘无故地发脾气，放纵自己的情感，寻找低级趣味等。攻击，即对自认为造成自己挫折的人或物进行攻击，如对竞争对手或上级领导诬告、诽谤，甚至公开地指责、漫骂或恐吓威胁等。

6. 侥幸心理

侥幸心理是指个体由于偶然、意外地获得利益，或躲过不幸后企求非分、意外获得成功或免除灾害的心理活动，如侥幸过关、心存侥幸等。心理学研究表明，侥幸心理是人的本能意识，这种心理反映在人们的各种思维活动中。通常情况下，侥幸心理只是一种潜意识，不足以支配人的行为活动。侥幸心理是人人都会有的，只是脚踏实地的人不会太在意自己的这种心理，他们更看重自己实干取得的成就；而一些存在投机心理的人，则比较容易拥有侥幸心理，相信运气。

领导者侥幸心理产生的原因主要有三个。一是权力没有受到很好的约束。由于现有体制对领导者的监督缺位或监督不力，而领导者的权力行使隐蔽，很多行贿受贿行为都是在私底下进行的，受贿者认为这种行为是"天知、地知、你知、我知"，是不会被人发现的。二是违法行为没有被及时查处。党的纪检监察机关与司法机关对"伸手"者的查处往往会有一个过程。因此，一些贪官在"第一次伸手"后因为没有被及时查处，就有了往后的多次的"伸手"，认为自己的运气好，不会被查出。三是领导者的个人素质与个人认识不高。在各种诱惑面前，尤其是当看到他人的腐败行为获得了实在的好处时，一些自制力较差的领导者就容易产生"试一试""搏一搏""就干这一回"的心理倾向。

正是这种侥幸心理，使有些领导者视法纪为儿戏，敢于笑纳金钱、财物与美色，使有些领导者一次次放任私欲膨胀，一次次纵容自我腐败行为，为自己埋下犯罪的祸根。大凡贪官东窗事发，在反思和忏悔自己的堕落轨迹时，总声称抱有"侥幸心理"。四川省某厅原巡视员胡某在悔过书中总结自己的心态："收受红包礼金行为比较隐蔽，你知我知，成本低、风险小，一般会抱有侥幸心理，如东窗事发怪运气不好，如幸运过关，则名利双收。"[①]

---

① 王卓. 贪官落马的心理诱因：攀比、侥幸、从众、补偿［EB/OL］.（2017-06-13）［2023-06-10］. http：//www. china. com. cn/news/2017-06/13/content_41017596. htm.

以侥幸心理来处理日常生活中的小事，会导致小的失误，造成小的损失；以侥幸心理对待大事，会导致大事的失败，出大祸。领导者应看到，从某种意义上讲，侥幸心理是酿成一切违纪违法的条件、诱因、根源。

二、非健康领导心理的判断

上面罗列了一些领导者常见的非健康心理表现，那么，如何判断一个领导者是否出现了这些非健康心理呢？对于领导者非健康心理的判断，一直没有一个很好的标准。在综合考虑很多领导者非健康心理状态表现的基础上，我们提出了以下几条判断标准。

1. 情绪日益低落

有些领导者，不能正确对待名利，整日忧心忡忡、愁眉不展、唉声叹气、情绪低沉，精力不够充沛，总是忧愁伤感，严重者甚至悲观绝望，痛苦难熬。对待工作缺乏主动性，做事提不起精神；对待同事，特别是下属，则喜怒无常，容易发怒。

2. 思维反应迟缓

有些领导者，出现心理不健康状态时，最明显的标志就是记忆力明显下降，自觉脑子不好使，往往刚刚布置的任务，转身就不记得，经常感觉脑子空空的，思路闭塞，与人交谈时反应较为迟钝，语速明显减慢，严重时可能神情麻木。如主持常见的日常工作会议时，突然不知道下面该讲什么；与人交谈时，突然不记得刚刚说的是什么。

3. 社会活动减少

有些领导者，本来平时有一定的兴趣爱好，有一定的业余活动，可是，当心理出现不良状态时，在机体反应上的表现就是懒散懈怠，丧失既往生活、工作的热情和乐趣，对任何事都感觉索然无味，走路缓慢，行动迟缓，而且常闭门独居，疏远亲友，更不愿参加团体活动。

4. 精神紧张不安

有些领导者，当遇到紧急任务或重要工作时，就感到紧张、不愉快，坐立不安，吃不香、睡不好，忧心忡忡、眉毛紧锁，注意力不集中，思想混乱，做事杂乱无章，甚至经常自言自语，语言支离破碎，不知所云，内心感觉痛苦和难以自制。

5. 自我评价过低

有些领导者，当受到挫折或多次遭遇失败后，就会产生一种强烈的自卑感及痛苦感，不能正确看待对自己的能力、性格、优点，自我评价过低，往往过分贬低自己的能力，以批判、消极和否定的态度看待自己的现在、过去和将来，而且伴有强烈的自责感、内疚感、无用感与无助感，严重时甚至有悲观厌世感。

6. 行为一反常态

有些领导者，当出现不健康心理时，表现在行为上就是一反常态，例如，一个心胸开阔、平易近人的人，突然变得敏感多疑、固执己见、斤斤计较、脾气暴躁；平素开朗外向、热情合群的人，突然变得沉默寡言、孤僻、不愿接触人；原先很爱整洁，工作井井有条的人，突然变得不讲卫生、丢三落四等。

7. 人际关系紧张

有些领导者，当心理出现不健康状态时，其原先的兴趣、爱好、意志、情趣、态度等都发生了变化，出现了一些不协调的行为，在人际交往中，则表现为不愿与人相处或自高自大、以自我为中心，对他人持一种怀疑、嫉妒、仇视、指责与远离的态度，久而久之，造成人际关系紧张。

8. 躯体明显不适

有些领导者，当心理出现不健康状态时，不仅仅在心理、行为方面有所体现，还在躯体方面有明显不适，如长期的焦虑、紧张、抑郁等，可能使他出现食欲不振、腹部胀满、心慌胸闷、头昏脑涨、胃肠不适、食欲下降、体重减轻等症状，严重者甚至出现睡眠障碍、饮食困难或其他身体疾病。

一般而言，在判断领导者心理活动是否正常时，要结合当事人所处的社会环境及个性特征，进行纵向、横向比较，只有这样才能做出正确判断。

三、非健康心理疏导的路径

由于领导者自身职业岗位的特殊性，在工作中出现上述非健康的心理，也是在所难免的。但是，如果这些非健康心理没有得到及时的疏导，久而久之，就可能演化为心理疾病。因此，对领导者和机关而言，必须掌握一些非健康心理的疏导途径。一般而言，针对领导者非健康心理有以下疏导途径。

1. 客观认识自我，摆正自己的角色地位

人贵有自知之明，对领导者而言，在权力、能力、掌声、鲜花的光环下，更应该对自己有一个客观全面的认识，知道自己的性格、特点、能力、水平、优缺点，切忌"目中无人""心比天高"。共产党人特别是领导者都应该心胸开阔、志存高远，始终心系党、心系人民、心系国家，自觉坚持党性原则。[①] 要客观认识自己，摆正自己的位置，一方面，不能因为上级领导的几次责怪，就妄自菲薄、自暴自弃、全盘否定自己，或产生焦虑、抑郁心理；另一方面，也不能因为自己一时的成绩，在众人的吹捧之下，高估自己、得意忘形，而对下属、群众产生傲慢心理，对他人升迁、他人成绩产生嫉妒心理。对领导者而言，只有全面地认识自我、客观地评价自我，才能正确地界定自己的角色定位，才能知道自己会干什么、该干什么、能干什么，并且在工作中、生活中，时时刻刻牢记自己的角色位置、牢记自己的宗旨意识，时刻注意自己的形象，时刻警醒自己。正确认识自我，是领导者为人处世的基础，是领导者奋发进取的动力，更是领导者保持健康心理的前提。

2. 学会自我减压，掌握适当的调试方法

现代社会中，生活节奏快，工作压力大，特别是对领导者而言，面临的情况更复杂，责任更重大，因此，出现一些这样或那样的心理问题，都是正常的，也是不可避免的。领导者要正视心理问题的存在，同时，更要学会自我减压，学会自我排解不健康心理。对领导者而言，要能够在重重压力下从容应对，能够从不良情绪中自我解脱，掌握恰当的心理调适方法尤为重要。学会减压，要求领导者加强学习，积极掌握一些实用的心理调控方法，如音乐疗法、运动疗法、旅游疗法、艺术疗法、洗浴疗法等，而且要针对不同的症状为自己做不同的心理疗养，以不断提升自我的心理调适能力。具体而言，面对工作中的种种压力，一方面要学会合理释放。如果一些压力、苦楚经常受到压抑，便容易引起身心疾病，因此，对于一些正常的、不影响工作的、不影响团结的情绪，领导者也应该适时、适度地加

---

① 2014年1月14日，习近平总书记在十八届中央纪委三次全会上的讲话。

以宣泄。如对于自己心中的不平之事，可以向上级汇报，向组织倾诉，并接受指导。另一方面，也要学会适当控制。对正常情绪应当宣泄，对不良情绪要控制，对使人不愉快的挫折情绪则要寻求适当的途径去克服或躲开。

3. 积极与人交往，构筑和谐人际关系

根据世界卫生组织报告，人的健康其实很重要的方面就是人的适应性，而人的适应性最主要的就是人际关系的适应性。每一个人都处在一定的人际关系之中，领导者也不例外。对于领导者来说，人际关系处理的好坏，直接关系到事业的成败和社会建设的好坏，正常的健康的人际关系有利于促进领导活动的开展，庸俗化的人际关系则易导致领导者的腐败和堕落。很多领导者出现这样或那样的心理问题，很大程度也是因为人际关系处理不当。对领导者而言，要主动与亲属、朋友、同学、同事交往，积极参与社会活动，而且，交往中，要有高尚的情操、胸怀、气质和风度，要有文明、健康、科学的行为方式，应做到以下几点：知人不必言尽，留些口德；责人不必苛尽，留些肚量；才能不必傲尽，留些内涵；锋芒不必露尽，留些深敛；有功不必邀尽，留些谦让；得理不必争尽，留些宽容；得宠不必恃尽，留些后路；气势不必倚尽，留些厚道；富贵不必享尽，留些福泽；凡事不必做尽，留些余德。只有这样，才能构筑和谐的人际关系，才能拥有更多的朋友、拥有乐观的心境、拥有健康的心理。

4. 加强教育培训，提高领导健康认知

领导者出现一些非健康心理问题，在很大程度上是因为自己不了解一些常见的心理健康知识，因此，作为组织机关，要加强教育培训，提高领导健康认知。为此，需要做到以下几个方面：一是开展多样化的心理健康培训。将心理健康教育纳为领导者教育培训的重要内容，针对不同层次、不同类型的领导者的心理特征，采取专题讲座、学习培训、报告会、知识竞赛等多种形式，有针对性地对心理健康的一般知识进行全面系统的讲解，并通过对一些心理承受能力脆弱而导致心理失控的典型案例的剖析，提醒领导者掌握心理健康知识的重要性。二是开辟专门化的心理咨询网站。为满足领导者随时随地学习的需求，可以开设专门的心理咨询网站，将领导者常见的心理问题及其疗法加以公布，并设置相应的交流功能，不仅可以让领导者自由阅读相关资料，了解心理健康知识，还可以让其以匿名或实名的方式交流自己的想法或寻求帮助。三是开展经常性的心理诊断活动。不仅要经常邀请心理专家深入领导者群体，帮助他们分析、诊断、疏导心理问题，帮助他们掌握释放心理压力的技巧，还应该对那些心理压力大的领导者，进行个别化的、针对性强的专门诊断。

5. 完善疏导机制，排除领导心理郁结

要把严格管理干部和热情关心干部结合起来，推动广大干部心情舒畅、充满信心，积极作为、敢于担当。[①] 对领导者而言，由于他们承担的责任和压力比一般人更大，因此，存在一定的心理问题是很正常的，但是，如果这些问题没得到及时的疏导，久而久之，就可能演变成心理疾病。要排除领导者的心理郁结，必须建立与完善相应的疏导机制。具体而言，一是完善领导者思想交流机制。要拓宽领导者倾诉心声和心理求助的渠道，保证同级之间、上下级之间沟通的畅通自由，特别是要坚持定期与领导者谈话制度，及时了解他们的思想和精神状态，及时消除他们的心理误区和思想隔阂，及时排减他们的精神压力。二

---

① 2016年1月18日，习近平总书记在省部级主要领导干部学习贯彻十八届五中全会精神专题研讨班开班式上的讲话。

是健全领导者心理关爱机制。要开展深入细致的调查活动，及时掌握一些领导者的家庭生活状况，并采取切实可行的措施，尽可能帮助他们释惑解疑，消除后顾之忧，缓解来自家庭和生活等方面的压力，使他们能以一个良好的心态对待工作。同时坚持休假制度，保证领导者每年有一段时间集中休息，缓解压力。三是建立领导者健康预警机制。要定期组织领导者体检，定期开展领导者健康测评和摸底活动，在此基础上，积极建立领导者"心理健康档案"。同时要对这些身心健康档案进行跟踪管理，加强对领导者心态的监测、评估和预警，对那些有心理健康问题苗头的"高危人群"，更应该建立专门的预警机制，做到心理问题及时预防、及早发现、有效干预。

📖 第四节　健康领导心理的养成

现代社会，许多领导者都存在或多或少的心理问题，这些非健康心理问题对领导者的人身健康和工作生活造成了一定的影响。健康的心理，是领导者素质健全和全面发展的重要标志，也是领导者正确履行职责和取得工作成效的内在要求。领导者是"头雁"，习近平总书记多次强调，领导者要坚持身体力行，以上率下，在全面从严治党、坚定理想信念、加强作风建设、陶冶道德情操、形成风清气正的政治生态等各方面发挥好示范带头作用，形成"头雁效应"。"头雁"如果出现心理健康问题，后果不堪设想。那么，什么是心理健康？领导者心理健康的标准是什么？作为领导者，在日常生活、工作中，又该如何养成健康的心理呢？

一、健康领导心理的判断标准

心理健康是相对生理健康而言的，它主要包括两个方面的含义：一是指心理健康状态，即没有心理疾病，心理功能良好；二是指维护心理的健康状态，即有目的、有意识、积极自觉地预防、减少心理疾病，提高心理素质，维护和促进健康心理活动的良好状态。

健康领导心理就是领导者在一定的环境下率领和激励下属，为实现组织目标而努力的过程中所表现出的认识、情感、行为与人格的完整协调、积极向上的心理状态。

结合领导者的工作职责及实际情况，衡量领导者心理健康的基本标准有以下几个。

1. 宏远坚定的心志

宏远坚定的心志是判断领导心理健康的重要表现。具备宏远坚定的心志的领导者能够具备长远的眼光和全局的思考能力，既能够看到问题的本质，不被眼前的利益所蒙蔽，又能够看到未来的趋势，为组织的长远发展提供方向和引领，做出明智的决策和判断；同时，具备宏远坚定的心志的领导者能够在困难和挑战面前保持冷静和坚定，带领团队克服困难，取得成功。

领导者要有坚定不移的信念，要有宏远伟大的理想，要树立正确的世界观、人生观、价值观，时刻把自己个人的命运与国家的前途结合起来，做到大是大非立场稳，大风大浪不迷航，局面复杂头脑清，名利诱惑不动心。

2. 客观全面的认知

客观全面的认知是判断健康领导心理的关键一环。"真知灼见，首先来自多思善疑。"

具备客观全面的思考的领导者能够收集和整合各种信息和数据，听取不同的意见和建议，从多个角度对问题进行分析和评估，从而避免主观臆断和偏见的影响，做出更准确和合理的决策，提高领导者的决策质量和团队的执行力。

领导者要对自己的能力、性格、优缺点有清楚的认识，并能对自己做出客观全面的评价，客观地对待自己和现实，坦然地接受自己的优缺点，恰当地评价自己的能力，既有自知之明，知己所长，也知己所短，不狂妄自大，更不妄自菲薄。

3. 宽广豁达的心胸

是否具备宽广豁达的心胸是判断领导心理健康与否的一项价值标准。具备宽广豁达的心胸的领导者能够欣赏和尊重不同的思维方式和观点，他们会积极倾听和理解他人的观点，从中获取新的思路和见解，也能够给予团队成员充分的信任和自由，倾听各方的意见，寻求共识和解决方案，促进团队的合作与创新。

领导者要心如大海纳百川，涵养浑厚有大气；要有容人的雅量，能容有性格差异、能力差异和年龄差异的人，始终做到虚怀若谷；要有容事的胸襟，对大事能够未雨绸缪、运筹帷幄，对小事能够体察入微、心中有数，对急事能够从容不迫、泰然处之，对难事能够迎难而上、无畏无惧，对烦事不斤斤计较，一笑了之。

4. 淡泊平常的心态

淡泊平常的心态是判断健康领导心理的必要环节。"非淡泊无以明志，非宁静无以致远。"具备淡泊平常的心态的领导者会更注重内心的平和和内在的满足感，不会被权力、地位和物质财富等外界诱惑所左右，能够更好地应对困难和挑战，处理压力和负面情绪，保持决策和判断的准确性。

领导者要以一颗平常心对待事业，对待自己，以快乐的心态迎接工作、拥抱生活。无论在什么岗位上，都不为名利所动，不局限于个人问题，选择更宽广的视角，始终要以一颗平常心对待个人的得失。遇顺境，谦虚谨慎、处之淡然；遇逆境，坚韧不拔、安之若泰。

5. 积极稳定的情绪

积极稳定的情绪是判断健康领导心理的坚固基石/中心枢纽。具备积极稳定的情绪的领导者能够传递积极的能量和情绪给团队成员，建立积极的工作氛围和组织文化，给予团队成员希望和鼓励，进而激发团队成员的积极性和动力，提高团队的创造力和绩效。

领导者要保持一种积极稳定的情绪，在任何时候，做到不以物喜，不以己悲，不为诱惑所动，事事知足常乐，时时心平气和，既不盲目攀比，也不怨天尤人。特别是在突如其来的事件面前，要沉着冷静、有条不紊、镇定自若、从容应付。

6. 顽强拼搏的意志

顽强拼搏的意志是判断健康领导心理的主要环节。具备顽强拼搏意志的领导者能够带领团队克服困难和挑战，展现出坚定的领导力和决策力，帮助领导者克服各种困难和挑战，带领团队实现组织目标，推动组织发展和进步。

领导者要有顽强拼搏的意志，对可能遭受的挫折有清楚的认识和充足的心理准备，并具有很强的承受力，能做到神经坚韧如钢丝，意志坚定似磐石，困难面前不后退，挫折面前不气馁，压力面前不动摇，历经百折而不回。

7. 独立健全的人格

独立健全的人格是判断健康领导心理的原则底线。具备独立健全的人格的领导者能够

独立思考和做出决策，他们有自己的原则和价值观，在做出重大决定时不会受到个人情绪和偏见的影响，能保持冷静和客观的思考。

领导者要有独立健全的人格，要有自己独立的原则立场、价值取向、思维方式和行为准则，不受无意识力量或他人的支配，更不人云亦云。但同时也不能以自我为中心，要尊重他人，富有爱心、同情心、责任心与协作意识。

8. 和谐友善的人际关系

和谐友善的人际关系是判断健康领导心理的重要表征。具备和谐友善的人际关系的领导者能进行有效的沟通和交流，倾听他人的意见和建议，关注他人的需求，与他人建立互信、尊重和合作的关系，增强团队的凝聚力和归属感。

领导者要有良好的人际关系，要乐于与人交往，并时刻保持尊重、信任、关心、帮助、谅解、合作的态度，做到：对上级尊敬而不恭维、服从而不盲从、亲近而不庸俗；对同级互相尊重、互相信任、竭诚合作；对下级威而不严、宽以待人、一视同仁。

二、养成领导健康心理的路径

心理健康是身体健康、行为健康的基础，追求心理健康是社会文明的标志。心理健康是一种习惯，一种能力，也是一种生活方式。作为领导者，承担着更大的责任和使命，面对着更多的复杂问题和状况，心理压力、心理障碍，甚至心理疾病更容易产生。因此，领导者更要注意养成健康的心理。

1. 提高认识，树立科学的价值观念

造成一些领导者思想不正、行为不端的原因是多方面的，但从根本来说，问题还是出在世界观、人生观和价值观等方面。如果说堂堂正正地做人是领导者为官做事的前提的话，那么树立正确的世界观、人生观和价值观，则是领导者堂堂正正做人的根本。科学的人生观是健康心理的基础，正确的世界观、人生观和价值观，决定了每一名领导者的人生追求、奋斗目标和价值取向，构成了德才素质的基础和支撑点，是立身之本。只有树立正确的世界观，才能正确对待事业；只有树立正确的人生观，才能积极干好事业；只有树立正确的价值观，才能勇于献身事业。只有树立正确的世界观、人生观和价值观，才能端正态度、坚持立场、保持健康的心态。树立科学的价值观念，就是要求广大领导者认真抓好理论学习，认真进行思想改造，胸怀远大理想，淡化物质享受，善于区分观念的正确与否，把握好自己的言行，把实现好、维护好、发展好最广大人民根本利益作为一切工作的出发点和落脚点。

2. 淡泊名利，保持平和的淡定心态

"红眼病""攀比心""失衡感"是人之常情，领导者也并非圣人，但是领导者如果没有好的心态，影响更大，对领导者个人的事业和整个组织都可能产生不好的结果。习近平总书记在系列讲话中多次强调，领导者要淡泊名利、保持良好的心态①。当前，一些领导者存在着这样或那样的心理问题，其主要原因就在于这些领导者把"名""利"看得太重，为名所累，为利所缚，眼睛只盯着一官半职，把职务升迁看得很重。因此，领导者必须以一颗平

---

① 讲规矩，塑心态，方能"为官有为"[EB/OL].（2015-02-28）[2023-10-23].http：//pinglun.youth.cn/ll/201502/t20150228_6496457.htm.

常心对待事业，对待自己，以一颗平常心迎接工作、拥抱生活。所谓平常之心，实质是淡泊名利，不争名于朝、不争利于市的心理。平常之心要求领导者正确对待事业、金钱、利益、权力、政绩、升迁、压力、自己以及同事和组织。总而言之，平和心态就是要求领导者在"名"上保持平静的心态，在"利"上保持平淡的心态，在"情"上保持平常的心态，学会感恩和知足，学会退让和放弃，学会豁达和乐观，从而消除自己内心的急躁、抱怨与憎恨，获得内心的快乐、和谐与愉悦。

3.培育爱好，养成健康的生活情趣

现代人的生活时间及空间正被越来越多的工作占用，尤其是对领导者而言，生活在被"泛工作化"。如一些领导者，日常基本围着工作转，日思夜想的都是工作，一旦离开工作，心里就会产生强烈的焦虑感、内疚感和负罪感。而心理学的研究表明，那些只知工作而无任何业余爱好的人更容易感到烦恼、紧张与压力，也更容易出现健康问题。因此，养成健康的心理，也需要领导者培养健康的生活情趣。领导者要学会管理业余时间，在工作之余有意识地培养健康、有益、高雅的情趣与爱好，如读精品书、练毛笔字、看健康报、听高雅音乐、种花、养鱼、绘画、参加群众性文体活动等，尽量使自己的生活内容多样化，用心感受人与自然的和谐及生活的美好。领导者通过坚持一些积极的业余爱好，可以让自己的生活变得更加完整、更加协调，还可以陶冶情操、愉悦身心、舒缓情绪、净化心灵，养成更高雅的生活情趣，培育更健全的人格，培育更健康的心态。

4.营造氛围，净化心理环境

环境对一个人的成长起着至关重要的作用，不良环境可能会影响价值取向、生活观念和行为方式，导致不和谐、不健康心理的滋生，良好的环境可以增强个体的心理承受能力，减轻心理压力。对于领导者而言，环境也是造成部分干部心理失衡的重要因素之一。因此，健康心理的养成，需要我们自觉地、有计划地创设一种健康、向上、民主、团结、稳定、和谐的工作环境和文化氛围，让领导者在这样的环境中净化心灵，有苦练内功的动力而无应付内耗的压力，有专心谋事的成就感而无分心谋人的疲惫感。各级领导者都要树立和发扬好的作风，既严以修身、严以用权、严以律己，又谋事要实、创业要实、做人要实。为此，需要从以下三个方面着力：一是营造宽松和谐的工作氛围。要广开渠道、畅通言路，让大家通过适当的方式，把挠头事、疑难事都倾诉出来，把在工作中遇到的难题摆出来，给领导者提供敞开心扉、排除郁闷的场所和机会。二是创设健康团结的文化氛围。培养组织内部上下级之间相互信任、理解、融洽、合作的工作模式，营造宽容礼让、以诚待人、积极向上、融洽和谐的人际关系，创设尊重理解、团结友善、稳定和谐、协同共进的文化氛围。三是创造公开公正的用人环境。用人不公是部分领导者心理失衡的直接原因之一，为此，要尽快形成公开、公平、公正的用人环境，使优秀人才脱颖而出，进而提升组织整体凝聚力与效率。

5.开展实践活动，培养健康心理

健康的心理是在具体的实践活动中养成的，对领导者而言，也是在丰富多彩、形式多样的社会实践活动中，逐步养成坚韧的意志品质，塑造良好的心理素质，形成健全的人格特质的。为此，要组织多样化的健康有益的活动，使领导者在实践中培养积极向上的健康心理。具体而言，一是组织读好书活动。要精选一些有益于人生、有益于身心、有益于健康、有益于和谐的书籍和刊物，引导领导者多读书，以丰富领导者的业余生活，让他们在

读书活动中拓宽视野、陶冶情操、释放压力、认识自我。二是设计好文体活动。经常举办一些喜闻乐见的文体活动，如积极开展歌咏比赛、体育竞赛、知识竞赛、爬山等文化娱乐活动，且尽量以团队合作的形式开展，让领导者在文体竞赛活动中不仅能培养团队精神，增强集体荣辱感，而且能释放心情、愉悦精神、开阔心胸。三是开展好组织生活。要充分利用民主生活会、"三会一课"、支部活动，积极开展多种形式的谈心活动，帮助领导者消除不满情绪或对立心理，帮助他们化解心理压力，克服心理障碍。

总之，健康心理的养成不是一朝一夕的事，领导者要提高对健康心理品质的认识，形成自觉养成健康习惯的意识和愿望，培育积极的生活爱好。组织也要多渠道创设健康心理的培养环境，多途径开展健康心理养成的实践活动。

思 考 题

1. 什么是领导心理？它有哪些特征？
2. 举例说明，领导心理有哪些功能。
3. 试分析影响领导心理的主要因素有哪些。
4. 谈谈领导者怎样才能保持心理健康。
5. 如何理解企业文化是"无用之用"？

案 例 讨 论

领导心理

真情关爱干部、关注干部身心健康、提高干部心理素质、加强干部心理健康服务，是党的干部工作的一项十分重要的任务。中国共产党从创建起，就一直重视加强对人的思想政治工作。在党的语言体系中，"思想政治工作"实际上包括"谈心谈话""思想交流""心理疏导""舒解情绪""关心爱护"的含义。20 世纪 80 年代初期，心理素质测评方法开始进入后备干部选拔工作。组织人事部门从 2006 年开始对干部心理健康问题进行了多层次、多角度的调研，就干部心理健康的重要性和必要性、影响干部心理健康的主要因素、需把握的主要关系等进行了深入探讨，从改进干部考察考核、加强日常谈心谈话、有针对性地做好关心关爱工作等方面，提出了加强干部心理健康服务的对策措施。

近几年，各地也就领导干部心理健康关爱疏导开展了一系列活动：

2023 年 11 月，宁波市委组织部和市委党校主办全市干部心理健康关爱专题培训班，有效缓解心理压力、有效化解心理困扰、增强心理活动的能力，引导全市干部树立乐观向上的健康心态。

2023 年 8 月，为加强对干部领导的人文关怀和心理疏导，引导和帮助干部领导树立正确的心理健康观念，广州市南沙区党校邀请心理学家、家庭教育专家冯德泉教授为青年处级干部领导做心理培训。

2022年6月，湖南省公安厅举办全省政工领导干部心理服务工作培训班，开设了"需要层次理论在思想政治工作中的应用""团体心理辅导——'积极关注'在经常性思想政治工作中的运用""思想政治工作中的有效沟通技术"等9场讲座。

（案例资料来源：加强领导干部心理健康服务体系建设-理论-人民网 http：//theory. people. com. cn/n1/2019/0131/c40531-30602149. html，节选，有删改。）

讨论：

1. 综合案例内容，谈谈如何加强干部心理健康服务。
2. 结合本章内容，谈谈领导者如何缓解心理压力、树立健康心态。

第九章

领导胜任论

领导者是否能够全面履行领导职责，胜任领导岗位的职责要求，以及如何来评价领导者是否胜任岗位职责，是领导科学的一个重要研究内容。领导者所从事的一系列领导活动都以实现领导愿景、胜任领导职责为出发点和最终归宿，并且将这一追求贯穿于领导活动的各方面。领导者能否胜任是衡量领导者工作成效的综合标尺，是选拔任用干部的主要依据，也是反映领导能力和评价领导活动成效的综合指标。

🖝 第一节　领导胜任概论

实际工作中，经常能看到这样一种现象：有的领导者知识技能出色，经历丰富，个人素质优秀，但是在岗位上的管理绩效却并不突出。由此可以看出，优秀的个人素养和禀赋并不代表领导者一定能胜任领导角色，领导胜任需要综合考虑领导岗位的要求与目标、领导者的素质、领导力和岗位绩效。

一、领导胜任的内涵

领导胜任又称领导胜任力。胜任力的概念是由美国心理学家戴维·麦克莱伦(David McClelland)在1973年率先提出的。他将胜任力定义为："个体的潜在特征，可能是动机、特质、技能、自我形象或社会角色的方面，或者他/她所运用的知识体。"[①]他认为，胜任力是一种潜在的特性，可以说具有通用性，这种通用性可以出现在不同的工作活动中。后来，又有学者将胜任力定义为：能区分高绩效和一般绩效的知识、技能、能力等特性。我们将胜任力定义为：个体能够达成某个职位绩效要求的一种状态，或者说，是相对于一个具体职位或工作任务而言的个体特质或特性。

领导胜任是一个主观修养适应客观需要的问题，实现领导胜任是领导科学研究的最终目标。领导胜任对组织乃至国家的社会经济发展至关重要，直接关系到事业的成败。放眼

---

① MCCLELLAND D. Testing for competence rather than for intelligence[J]. American Psychologist, 1973(28)：1-14.

世界，我们正面对百年未有之大变局①，在此背景下，如何充分发挥优秀领导者的聪明才智，结合岗位需求和时代要求，主动适应风云变化的外部环境，在领导岗位上努力开拓创新，推动社会进步，是我们学习领导胜任理论的重要意义所在。领导胜任具有以下深刻内涵。

1.明晰的领导职位和权力是领导胜任的前提因素

领导者的领导职位是领导者有效工作的首要条件。合法领导者不是自我宣称就能生效的，必须有法定的权力来源与权威保障。这种保障与授予他的领导职位直接地联系在一起。领导职位是指权力机关和人事行政部门根据法律的规定，按照规范化程序选举、聘用或者依据法定程序任命的职务和责任。领导职位应该根据组织发展的需要设定，以"事"而不是以"人"为中心确定，其有明确的权力范围和责任分工，数量也有一定规定，本身具有相对的稳定性。这些都保障了领导职位的权威性，领导职位的责任与权力范围是领导者制定相应工作目标的最根本出发点，是领导胜任的前提因素。

2.适应岗位的领导素质是领导胜任的必要但非充分条件

讲到领导胜任，大家自然会想起那些优秀的、叱咤风云的历史人物，想到他们的高尚品质、过人才智和人格魅力。要想成为优秀的领导者，必然对知识与能力、个性与品质、风格与态度等有一定的要求，领导素质是领导责任的基础。但是现实生活中又经常看到很多人学识渊博并具有某些方面的优异禀赋，却无法做好领导工作。领导胜任是领导者综合素质外化为领导行为和领导绩效的能力，是主动适应外部环境并与外部环境互动的能力。领导者的素质是内化的，只有把这种内化性转化为一种外在的权威和影响力，才能形成有效的影响力，才能成功地实施领导。即使一个人的综合素质再优秀，当他不能适应岗位需求并与环境发生互动时，照样不能实现领导胜任。

3.卓越的领导力和执行力是领导胜任的核心因素

赋予领导者职位的同时也就赋予了他一定的权力和责任。如何充分利用自身的领导素质，主动适应岗位权力和责任的要求，形成自身的影响力，并通过领导权威和个人魅力的影响，使领导过程的各种决策得到强有力的执行，这是实现领导胜任的核心。

二、领导胜任的特征

由于岗位要求与个性素质的差异，在达成岗位要求、实现领导绩效的过程中，领导胜任呈现出不同的风格。领导者是一个组织中的领头羊，在管理中起着不可替代的作用。领导胜任与一般的岗位胜任呈现出了不同的特征，主要表现在以下几个方面。

1.综合性

领导工作涉及的内容多、范围广、过程复杂。领导胜任具有系统的、综合的、整体的特性，对领导者的要求是全方位的，是领导者各要素能力的综合。

2.差异性

领导者的职责越来越明确。领导层次有高层、中层和基层之分；领导领域有经济、政治和文化之别；领导部门有党委、行政、事业、企业之差异。不同领域、不同部门、不同层次的组织对其领导者有不同的要求。处于低层级的领导以日常运作为工作重心，负责实施上一级制定的战略；处于高层级的领导应该以战略部署为工作重心，负责从战略层面上进

---

① 2017 年 12 月 28 日，习近平总书记在接见 2017 年度驻外使节工作会议与会使节时的讲话。

行规划。因而，领导胜任有十分鲜明的差异性。

3.动态性

世界上的一切事物都是处在不断的发展变化之中的。领导胜任也是一个不断发展着的动态概念。一方面，领导者的先天素质可以通过不断学习与发展加以完善。一个先天素质较好的领导者，如果自身不努力学习，不勇于实践，不积极进取，不自强不息，那么也将落伍于时代，不能胜任领导职责。反之亦然。另一方面，领导者后天所形成的素质，也有一个发展变化的过程。如逆水行舟，不进则退，不会永远停留在一个水平上。现代领导者肩负党的期望、人民的重托，需要不断结合自身的岗位要求，不断加强自身修养和对岗位工作的认识与理解，开拓创新，不断提高胜任水平。

4.实践性

领导胜任必须在实践中进行培养和历练，也必须在实践中接受检验。任何一位卓越的领导者都不是天生的，都是在实践中经过锻炼而逐步成长起来的。"实践是检验真理的唯一标准。"事实证明，社会实践是获得领导胜任的重要途径。

5.时代性

不同社会、不同历史时期，领导胜任的内涵都是不一样的。例如，在夺取政权的年代，就要求领导者具有能发动群众、会搞阶级斗争、能英勇战斗、不怕牺牲等方面的素质；而在全面建成小康社会，开启全面建设社会主义现代化国家新征程的今天，则要求领导者具有懂科学、会管理、善经营，时刻掌握政治方向，站稳政治立场等方面的素质。进入新时代，对于领导者而言，是否能实现人的现代化，即自身与被领导者的自由全面发展，已经成为衡量领导者能否胜任领导工作的标准之一。可见，领导胜任的时代特色是十分鲜明的。领导者只有具备了符合时代特点的素质，才能有效地实施科学领导。

三、领导胜任的结构

领导胜任虽然具有差异性和动态性，但优秀的领导者都具有一些共同的特征。美国著名心理学家麦克利兰于1973年提出了素质冰山模型来刻画胜任结构。

所谓冰山模型，就是将人员个体素质的不同表现形式划分为表面的"水面以上部分"和深藏的"水面以下部分"。其中，"水面以上部分"包括基本知识、基本技能，是外在表现，也是容易了解与测量的部分，相对而言也比较容易通过培训来改变和发展。而"水面以下部分"包括社会角色、自我形象、品质和动机，是人内在的、难以测量的部分。它们不太容易通过外界的影响而改变，但却对人员的行为与表现起着关键性的作用。素质体系的冰山模型如图9-1所示。

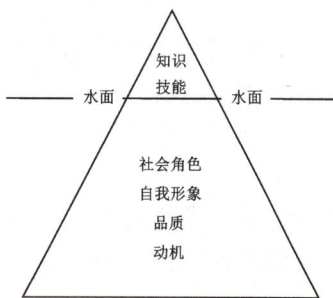

图9-1 素质体系的冰山模型

结合冰山模型，我们将领导胜任结构分为以下几个方面。

1.素质

素质是人的综合品质，它在领导活动乃至社会和组织的发展中有着十分重要的作用。领导者的素质体系包括核心素质、基础素质和职能素质。

(1)领导者的核心素质包括世界观、人生观、价值观以及以此为基础的权力观、地位观和利益观，落到领导实务中就体现为事业观、工作观和政绩观。这种核心素质对领导者素质所达到的水平具有决定意义，它决定着领导者素质的性质和发展方向，从根本上决定着领导者是否能实施有效领导，是否能赢得下属和群众的爱戴和追随。

正确核心素质的培养意义重大。具体而言，在现实生活中，我们面对着两种情况。一方面，像焦裕禄、孔繁森、郑培民等一样的众多优秀领导者，具有坚定的理想和信念，牢固树立和践行着正确的世界观、人生观和价值观，并在实际领导工作中体现出了高尚的权力观和事业观，他们的事迹影响和感动着千万人民，这就是正确、积极核心素质的重要作用。而另一方面，一些领导者，在利益的诱惑下，放松了自己核心素质的锻造，世界观、权力观、事业观被横流的物欲所挟持，堕落为贪污腐败分子恰恰印证了错误、消极核心素质的危害。因此，核心素质是决定领导胜任的方向性、根本性结构。

（2）领导者的基础素质包括身体和心理素质、科学文化素质、专业知识水平和思维素质。这些素质是领导胜任的必备条件，是领导胜任体系的基石，也是领导胜任水平高低的基础条件。

（3）领导者的职能素质包括战略素养、管理理论素养、创新意识、责任意识，是领导者履行其特有职责所需要的特殊内在品质，这些素养是领导胜任的主要内容和必备条件。

2. 能力

领导者的胜任能力是指领导者进行领导活动或胜任领导工作的才能或本领，是领导者素质综合作用的外在表现。领导者素质与领导者能力是密切联系的，共同决定和影响着领导者的胜任水平。领导者素质与领导者能力又是可区分的，素质是能力的内在基础，能力是素质的外在表现。素质必须经过领导实践活动才能转化为能力。

进入新时代，领导者要提高解决实际问题的能力，勇于直面问题，想干事、能干事、干成事，不断解决问题、破解难题。因此，领导者要着重提高七个方面的能力，即政治能力、调查研究能力、科学决策能力、改革攻坚能力、应急处突能力、群众工作能力和抓落实能力。

（1）领导者要提高政治能力。

在领导者干好工作所需的各种能力中，政治能力是第一位的。有了过硬的政治能力，才能做到自觉在思想上、政治上、行动上同党中央保持高度一致，在任何时候、任何情况下都能"不畏浮云遮望眼""乱云飞渡仍从容"。提高政治能力，首先要把握正确政治方向，坚持中国共产党领导和我国社会主义制度。在这个问题上，决不能有任何迷糊和动摇。领导者必须坚守一条，凡是有利于坚持党的领导和我国社会主义制度的事就坚定不移做，凡是不利于坚持党的领导和我国社会主义制度的事就坚决不做。要不断提高政治敏锐性和政治鉴别力，观察分析形势首先要把握政治因素，对党的政治纪律和政治规矩怀有敬畏之心，自觉加强政治历练，增强政治自制力，始终做政治上的"明白人""老实人"；要注重提高马克思主义理论水平，学深悟透，融会贯通，掌握辩证唯物主义和历史唯物主义，掌握贯穿其中的马克思主义立场观点方法，掌握中国化的马克思主义，做马克思主义的坚定信仰者和忠实实践者。

（2）领导者要提高调查研究能力。

调查研究是做好工作的基本功。一定要学会调查研究并将调查研究常态化，在调查研究中提高工作本领。首先，领导者坚持到群众中去、到实践中去，倾听和了解基层干部群众所想所急所盼，了解和掌握真实情况，切勿走马观花、蜻蜓点水，一得自矜、以偏概全。

其次,对调研得来的大量材料和情况,要认真研究分析,由此及彼、由表及里。最后,对经过充分研究、比较成熟的调研成果,及时上升为决策部署,转化为具体措施;对尚未研究透彻的调研成果,要更深入地听取意见,完善后再付诸实施;对已经形成举措、落实落地的,要及时跟踪评估,视情况调整优化。

(3)领导者要提高科学决策能力。

做到科学决策,首先要有战略眼光,看得远、想得深。领导者想问题、做决策,一定要对国之大者心中有数,多打大算盘、算大账,少打小算盘、算小账,善于把地区和部门的工作融入党和国家事业大棋局,做到既为一域争光,更为全局添彩。要深入研究、综合分析,看事情是否值得做、是否符合实际等,全面权衡,科学决断。做决策一定要开展可行性研究,多方听取意见,综合评判,科学取舍,使决策符合实际情况。

(4)领导者要提高改革攻坚能力。

面向未来,我们要全面推进党和国家各项工作,尤其是贯彻新发展理念,推动高质量发展,构建新发展格局,继续走在时代前列,仍然要以全面深化改革添动力、求突破。改革必须有勇气和决心,应保持越是艰险越向前的刚健勇毅。要把干事热情和科学精神结合起来,使出台的各项改革举措符合客观规律、符合工作需要、符合群众利益。改革攻坚要有正确方法,坚持创新思维,跟着问题走、奔着问题去,准确识变、科学应变、主动求变,在把握规律的基础上实现变革创新。要尊重群众首创精神,把加强顶层设计和坚持问计于民统一起来,从生动鲜活的基层实践中汲取智慧。要注重增强系统性、整体性、协同性,使各项改革举措相互配合、相互促进、相得益彰。

(5)领导者要提高应急处突能力。

预判风险是防范风险的前提,把握风险走向是谋求战略主动的关键。要增强风险意识,下好先手棋、打好主动仗,做好随时应对各种风险挑战的准备。要努力成为所在工作领域的行家里手,不断提高应急处突的见识和胆识,对可能发生的各种风险挑战,做到心中有数、分类施策、精准拆弹,能有效掌控局势、化解危机。要紧密结合应对风险的典型实践与优秀经验,查找工作和体制机制上的漏洞,及时予以完善。

(6)领导者要提高群众工作能力。

要坚持从群众中来、到群众中去,真正成为群众的贴心人。要心中有群众,时刻把群众安危冷暖放在心上,认真落实党中央各项惠民政策,把小事当作大事来办,切实解决群众"急难愁盼"的问题。要落实党中央关于逐步实现全体人民共同富裕的要求,带领群众艰苦奋斗、勤劳致富,在收入、就业、教育、社保、医保、医药卫生、住房等方面不断取得实实在在的成果。要注意宣传群众、教育群众,用群众喜闻乐见、易于接受的方法开展工作,提高群众思想觉悟,让他们心热起来、行动起来。要自觉运用法治思维和法治方式深化改革、推动发展、化解矛盾,维护社会公平正义。

(7)领导者要提高抓落实能力。

干事业不能做样子,必须脚踏实地,抓工作落实要以上率下、真抓实干。特别是主要领导者,既要带领大家一起定好盘子、理清路子、开对方子,又要做到重要任务亲自部署、关键环节亲自把关、落实情况亲自督查,不能高高在上、凌空蹈虚,不能只挂帅不出征。干事业就要有钉钉子精神,抓铁有痕、踏石留印,稳扎稳打向前走,过了一山再登一峰,跨过一沟再越一壑,不断化解难题,开创工作新局面。

四、领导胜任的标准

政府组织作为一种公共组织，公共性是它的重要特征。公共领导，要以宪法为基础来增进社会的公共利益，以维护社会的公平正义和促进社会的和谐发展为宗旨。应从政府的公共性出发确定领导胜任的标准，并从经济社会的全面发展中来衡量，其标准不能仅是经济发展、绩效考核等硬性指标的完成，还应包括整个社会秩序公平合理的社会风气的引导。

1.公民对领导的满意程度

公民对领导的满意程度是评判领导胜任的最重要标准。领导胜任强调领导行为的主要取向是"掌舵"，必须关心公民的权益和福利，要及时跟踪公共问题，密切关注其发展，并努力解决它。政府最大的利益点是公民，政府一旦失去公民，也就失去了全部资产。要做到公民满意，就要把政府目标、政府领导的着力点定在公民的合理期待和美好愿望之上，在工作中与公民建立长期的良性互动关系，将公民的需要和期望作为改进政府领导的方向。政府领导胜任包含着"顾客为本"的内涵，公民是政府公共服务和公共产品的顾客和消费者。领导胜任，应定位于政府提供公共服务和公共产品的能力和水平，政府公共性功能的发挥是领导胜任的重要内涵。

2.领导对社会治理的绩效

领导胜任强调政府与社会的合作，强调自上而下的管理与自下而上的参与相结合，强调管理主体的多样性，最终目标是谋求公共利益的最大化。要成为胜任型领导者和政府，就必须把创造良好的社会环境放在重要位置，把培育有自治能力的民众和社会作为首要工作目标。这就要求有胜任力的领导者和政府必须对内加强自身素质，提高执政能力；对外表现出良好的形象，获取民众的支持。每一个致力于胜任的领导者和政府都必须站在时代前列，积极应对经济社会发展的新要求。

3.领导对公众的服务质量

服务是当今社会治理现代化的基本理念，建设人民满意的服务型政府为服务型社会的实现提供了一个主导模式。因此，领导胜任必须以民众为导向，树立"服务至上""以人民为中心"的领导理念。领导者必须增强对被领导者乃至社会的服务意识。民众导向的政府治理，要求公共领导将关注的焦点对准民众的需求，领导创新紧紧围绕着民众及其需求来展开。领导者的一切目标和行动都要以民众为导向，并以民众的满意度作为公共组织的最大使命，这就是服务的真义，领导胜任也应以此为依归。

五、领导胜任的机制

1.创新机制

领导环境和领导行为面临的问题总是处在不断的变化之中，因此领导的目标和方略、领导的方式、方法及领导理念也必然要处在变革与创新之中。领导创新是指领导者顺应时势、因地制宜，为适应形势和环境变化而进行积极的探索，创造性地解决各种现实问题，不断图强、图优、图新的发展过程。只有创新的领导才是有竞争力的领导，才能真正充当组织的核心力量，才能整合组织的各种资源，发挥组织强大的合力。领导创新包括以下内容。

（1）领导理念的创新。

领导理念创新的关键是领导价值的转变，公共领导行为越来越强调由"领导本位""权力本位"向以民众需求为导向的"服务型领导"理念转变；领导行为也由传统的"人治"观念渐渐转向法治理念。

（2）领导人才选拔培养机制的创新。

选好领导者对于政府组织具有关键的意义。中国现行的领导者选拔机制基本上还是自上而下的委任制，为适应时代的发展，必须建立有效的针对领导者的选拔培养机制。

（3）领导体制的创新。

领导体制包括领导机构设置、领导权力结构、领导方法以及领导者产生的方式、职责范围和活动原则等。领导体制是领导者与被领导者之间建立关系、发生作用的桥梁与纽带。在一定程度上，领导体制的创新会提升领导效能。如果不坚决改革现行制度中的弊端，过去出现过的一些严重问题今后就有可能重新出现。只有对这些弊端进行有计划、有步骤而又坚决彻底的改革，人民才会信任我们的领导。[①]

2. 协同机制

随着社会的转型和发展，我国逐渐呈现出利益主体的多元化、复杂化和利益单元的地区化、部门化、团体化乃至个体化。如何不断整合和协调中央政府与地方政府、地方政府之间、部门之间以及部门内部之间掌握的各种资源，提升政府作为主体维护国家完整性的整合能力，以及履行推动经济社会发展的职能，始终是政府组织要面对的时代主题。协同机制包括以下内容。

（1）组织领导内部纵向协同。

组织领导内部纵向协同指有隶属关系的上一级行政层级与下一级行政层级之间的协同活动。

（2）组织领导内部横向协同。

组织领导内部横向协同指处于同一层级的平行机关、平行部门或个人之间的协同活动。

（3）组织领导外部协同。

组织领导外部协同指地方政府之间的协同机制。为加强各地方政府之间的联系、协调各地区之间的利益关系、促进各地方政府之间基于竞合而能产生"共赢"成果，地方政府合作治理跨区域公共事务的横向协同合作机制的建立及运行势在必行。

3. 责任机制

政府责任是指政府对公共事务进行管理的职责及违反此职责而应承担的后果，既包括政府对公共事务管理应承担多大的义务并如何履行义务，又包括政府因履行公共事务管理义务不到位而应承担的法律上的后果。主要有以下几种责任。

（1）愿景引导的责任。

领导者应该承担的是合理、恰当地将群众的个人期望统一到公共愿景上来的责任。

（2）科学发展的责任。

贯彻落实新发展理念，协同推进经济高质量发展与生态环境高水平保护，反对一切以资源的掠夺性开发和转嫁生态危机的方式来发展经济，这是领导者应自觉承担的科学发展

① 邓小平文选：第二卷［M］.北京：人民出版社，1994.

的责任，也是科学发展对政府领导工作的基本要求。

（3）生态和谐的责任。

生态和谐的责任包括自然生态、政治生态、经济生态、文化生态、伦理生态的和谐。领导者必须牢固树立和践行"绿水青山就是金山银山"的理念，坚持走生态优先、绿色发展之路不动摇，推动形成人与自然和谐发展的现代化建设新格局。

（4）民主善治的责任。

领导是使公共利益最大化的社会管理过程和管理活动，善治的目的在于对民众的需求给予充分的回应。

4. 信用机制

领导信用是政府领导效能提升的一个重要方面，它有利于明确政府领导在整个政府组织体系中的核心地位，有利于规范政府行为，强化政府与公民之间的关系，树立政府良好的形象。领导信用主要表现在以下几个方面。

（1）明确公共行政权力界限。

公共权力太大或失去制约，必然导致权力侵犯权利，破坏社会秩序，减少公共利益，损害政府信用。

（2）保持公共政策的稳定性和连续性。

要实现政策制定和政策本身的制度化、法治化，政策不能根据个人的意愿而变化。另外，政府在制定政策时应当考虑的是民众的利益，不能因为个人利益、集团利益而制定政策，要把政策看作对民众的郑重承诺。

（3）行政行为的公开、公平与公正。

领导信用意味着政务对于公民来讲是可信的。政府领导行为首先要开诚布公、坦诚以待。

（4）按约行事并履行承诺和约定。

领导者应当遵守其所做出的承诺和约定，并且对社会、组织或团队的利益负责。这种行为有助于建立信任、稳固关系，并为组织树立良好的榜样。

（5）较强的法治化程度。

必须在法治这一总的目标和前提下，根据立法的一贯原则，从与政府信用最密切相关的部门法出发，实现对政府信用的法律调整。领导者遵守法律，尊重法律的权威，并且在其行为中展现出对法律的遵从和尊重。这表明领导者有责任感和诚信度，有助于领导者树立信誉和信用。

5. 和谐机制

和谐一直是每个国家在不同历史时期所不断追求的共同目标。人类社会发展到今天，在创造了辉煌的文明成果的同时，也面临着非常严重的危机与挑战，如全球气候变暖、海啸、恐怖事件、贫穷与饥饿、艾滋病、非典、新型冠状病毒肺炎疫情等，这些自然的或人为的危机严重干扰着人类正常的生活与生产活动，也使政府组织面临着诸多挑战和考验。促进社会和谐，正是解决上述危机与迎接挑战的着力点。

政府领导和谐机制的构建，要求政府领导主体必须以构建和谐的文化为先导，创新各种行为机制，整合全社会各种力量，并在政策制定上得以体现。

（1）和谐的领导文化。

政府领导主体要胜任构建和谐社会的责任，必须在政策制定上下力气，要求政府制定的政策具有公平性、合理性的特点。

（2）和谐的领导方式。

随着时代的发展，平民化领导、简约式领导应运而生，在新的领导理念的引导下，组织越来越强调被领导者进行自我领导，强调领导者的间接影响，这对政府领导行为产生了深远的影响。现代领导者一定要清醒地认识到领导软实力对于组织领导行为效果的关键作用。

（3）和谐的领导环境。

一个国家经济发展的水平与速度、政治制度和政治体制是否有效合理、国民素质状况、贫富差距状况等社会环境直接影响着政府领导行为的效能。和谐的领导环境包括社会环境与自然环境等政府领导行为外在的环境之间的内在统一，这些环境因素从客观上决定着政府构建和谐社会的实现程度和政府领导行为的效能。

第二节　领导权

一、领导权的内涵

任何领导者，当他被正式授予某种领导职务时，就意味着他拥有了与此职务相适应的权力，这种权力随其职务的开始而开始，随其职务的终止而终止，这就是领导权。领导权是领导者因为具有某种经历或素质而获得的一种力量，这种力量可以用来影响别人，使别人根据他的劝告、建议或命令行事。

对于任何领导者来说，领导权都是其行使领导职能，完成组织目标的必要条件，但它不可能也不应该成为领导者实施领导的充分条件，更不能成为唯一条件。

1. 领导权的本质和含义

权力的实质是一个人或者一群人对另外一个人或一群人的支配、控制和指挥。在阶级社会，权力是统治阶级的工具，是人类社会存在发展所必需的管理要素。对权力本质的理解需要把握两点：①无论在何种原因、何种程度上，权力都是存在于人们之间的一种支配与服从的关系；②无论在何种原因、何种程度上，权力都是影响和改变他人心理和行为的一种控制力量。

领导权是一种特殊的权力，具有特定的含义。领导权是指领导者的职位权，是领导者在特定的组织里因拥有职位而形成的权力，是领导者为实现组织目标在实施领导的过程中对被领导者实施的强制性支配和控制力量。

在实际生活中，人们经常将权力和权利混淆。权利是指人们依法享有的权益、权能，主要指法律承认并保护人们从事某种行为（包括作为和不作为）的资格与利益或权益。权力与权利既有共同点，也有很明显的区别。

权力与权利的共同点在于，二者都保护享有者本人的利益。权力保护权力所有人的利益，权利保护权利所有人的利益。

权力与权利的区别在于：

（1）权力与权利享有的条件不同。权利的享有者是自然人，而且是生而有之，只要生理条件符合法律规定的人都享有法定权利。权力的享有者则不同，自然人享有权力是依靠自身的知识、能力、技术等素质，或具有支配他人或物的力量。因此，自然人享有权力不是与生俱来的，而是要依靠自身的努力奋斗去获得的。

（2）权力与权利实现的方式不同。权利的实现方式是内向的，直接用于保护自己。而权力的实现方式是外向的，主要是通过支配他人来保护自己。

（3）权力与权利的制裁措施不同。权利被侵犯之后，主要是依靠法律手段予以制裁，权利本身没有制裁措施。权力则不然，权力虽然也受法律保护，但除极少数重大的侵犯权力的行为才受法律制裁之外，绝大多数侵犯权力的行为立刻就会受到权力的制裁，因为权力具有强制性，本身就具有制裁措施。

2. 领导权的结构

领导权的结构是领导权的各种构成要素依附于一定的组织机构并在进行有序性活动的过程中构成的静态结构与动态结构的总称。

（1）领导权的静态结构。

领导权的静态结构主要包括领导权主体、领导权客体和领导权载体这三种要素。

①领导权主体。领导权主体是指国家党政机关、企事业单位与社会组织的各级领导者，是在确定领导目标、履行领导职能、取得领导绩效过程中起主导作用的人或集团。其特点主要有以下几个。

第一，在其位。领导权主体必须身处一定的职位并担任一定的职务，这是开展领导活动的前提。

第二，负其责。领导权主体必须负有领导责任。2016 年，中共中央印发《中国共产党问责条例》，聚焦全面从严治党，突出管党治党政治责任。党的十八大以来，党中央通过机制和制度创新，把党组织领导班子集体和领导者个人的责任绑在一起，把主要负责人和直接主管的班子成员的责任绑在一起，从而把管党治党的政治责任压紧压实。对于错误决策而言，在决策过程中，领导主体该提意见而未提意见，该报告而未报告的，一旦产生严重后果，出现需要问责的情况，需要承担重要领导责任。

第三，用其权。领导者在实施领导职责时，事实上主要运用了两种权力：一种是职位权力，即由所在组织所授予的，为满足履行领导职能的需要而具有的影响和改变他人心理和行为的强制性与法定性力量；另一种是非职位权力，这是区别于领导职位权力的另一种权力的表现形式，它是指领导者以其自身素质对他人的心理与行为施展影响的能力。其中，"职、权、责"的关系是这样的：职务是由其所在组织按照任务与职能所处的法定地位而决定和授予的，是领导者的身份标识之一；权力是为保障其行使领导职能所授予的影响力与决策权；责任则是领导者在其职位上所承担的各种义务与期望。这三者是密切相关、互相依存、互相制约的。

②领导权客体。领导权客体是指领导权作用的对象，即领导活动中的被领导者。从广义上说，领导权的客体包括所有的居民以及由居民所组成的不同社会组织和社会集团，可以说囊括了领土范围内的整个社会。从狭义上说，领导权客体专指各自组织系统内部的被领导者。

③领导权载体。领导权载体是指领导权与其主客体结合以后所形成的一种网络架构，它表现为领导权关系及其制度安排的总格局，是领导活动赖以展开的组织依托与基本框架。

第一，领导权载体在纵向上表现为金字塔式的层级结构。公共组织在纵向上按照等级划分为不同的上下节制的层级组织结构，不同等级的职能目标和工作性质相同，但管理范围和管理权限却随着等级降低而逐渐变小。一般来说，上级对下级负有领导职能。

第二，领导权载体在横向上表现为平行式的部门结构。

（2）领导权的动态结构。

领导权的动态结构是由领导权作用的方向、方式、轨道、层次、时间和结果等要素结合在一起所构成的权力运行模式。

①方向：领导权的方向指的是领导者所选择的发展方向或目标，具有明显的指向性，包括确定组织的使命、愿景和战略目标等。

②方式：领导权的方式涉及领导者如何影响和指导团队成员，包括领导者的领导风格、沟通方式、决策方式等。

③轨道：领导权的轨道指的是领导者行为路径，包括领导者在实现目标时所采取的行动和决策过程。

④层次：领导权的层次指的是领导者在组织或团队中的位置和级别。不同层次的领导者有不同的责任和影响范围。

⑤时间：时间在领导权的动态结构中是一个必不可少的因素，包括长期目标的制定和短期目标的达成等。

⑥结果：领导权的结果指的是领导者行为的运行效果和影响，包括组织目标的达成与否。

二、领导权的来源

领导权来源于法定职位，是从合法的职位中产生的，其由上级和组织所授予，并有法律、制度明文规定，具有强制性。领导权不随任职者的变动而变动。它取决于领导职位掌握资源的多少，包括物质资源、社会资源和精神资源，还包括职位权、奖赏权、惩戒权、参照权、专家权和声誉权。

1. 职位权

在组织结构中，由所处的工作职位（高层、中层还是低层）而获得的权力就是职位权。这些权力包括领导者对下属的任务分工、工作安排、指挥等。成员一旦有了正式的任命，就具有了相应的法定性权力。法定性权力需要有权部门的任命，如果没有正式任命，虽然在某部门任职，但是领导者的职位权力会大打折扣，所谓名不正则言不顺，没有正式任命，则会被视作临时，就是这种道理。

2. 奖赏权

奖赏权是指管理者对下属进行表扬、奖励，甚至提供晋升、加薪、休假或其他机会（如外派培训）等的权力。奖赏权是职位权派生出来的，因此也是外部授予的一种权力。一般来讲，拥有一定职位权力的管理者同时也拥有一定限度的奖赏权。然而，我们往往有这样一种错觉，总认为被奖赏人对"奖赏"会欣然接受或认为奖赏有益无害。殊不知，如果"奖赏"不能用得其所，同样会产生副作用。特别是有些管理者滥用奖赏权，这样不仅让奖赏的真正意义荡然无存，而且严重影响了工作的正常开展，是非常有害的。

3. 惩戒权

惩戒权是指管理者对下属进行斥责、降职、罚款甚至解雇等的权力。惩戒权也是职位权派生出来的，因此同样也是外部授予的一种权力。因此，拥有一定职位权力的管理者同时也拥有一定限度的惩戒权。惩戒意味着对被惩戒者某项工作给予某种程度的否定，因此，作为管理者，应该更谨慎地使用该项权力。一般来讲，最好是"丑话说在先"，让下属清楚自己行为不当或工作失误时将会得到的结果，从而让下属警惕并努力而为之（防患于未然），而不是等问题发生后再采用惩戒措施"秋后算账"。当然，这并不是说不能使用惩戒权。恰如其分地使用惩戒权，也是管理者开展工作的有效保障之一。

4. 参照权

参照权是指管理者从其他权力拥有者那里获得权力或提及更有权力的人的名字，亦即从他人处"借用"过来的权力。在同级之间进行工作协调时，遇到阻力或对方不支持、不配合时，偶尔用用这种权力还可以，但不能经常使用；另外，尽量不要在自己的下属面前使用这种权力。因为使用这种权力时，往往也间接地说明了自己的"无能"，易使自己在他人心目中的"形象"大打折扣。

5. 专家权

专家权是指管理者自身所拥有的知识、技能等所展示出来的一种综合能力，它是一种"隐性"的权力，是管理者自身所拥有的，与职位无关。一般来讲，下属都比较"尊敬"专家型上司，这样上司就能通过这一"隐性"的权力，让下属"自觉"行动，从而产生良好的管理效果。专家权是不需要管理者刻意去"运用"的，它能自动发挥作用。

6. 声誉权

声誉权是指管理者自身个性、人格魅力、感召力、个人声誉、以身作则的为人风范等综合表现出来的一种权力。这种权力与专家权一样，也是一种"隐性"的权力，是管理者自身所拥有的，与职位无关。

三、领导权的构成

领导权主要由以下几种权力构成。

1. 决策权

决策权是各种领导权中最重要、最基本的权力。从某种意义上说，领导的过程就是制定和实施决策的过程，或者说"领导就是决策"。

2. 组织权

领导者根据事业或工作的需要，对机构设置、权力分配、岗位分工、人员安排等做出决定的权力就叫组织权。这是领导者的意图得以实现的组织保证。

3. 指挥权

领导者为实现其决策或规划，对下属下达命令或指示等的权力叫指挥权。这是领导者实施领导决策或规划的基本保障。

4. 人事权

领导者对其下属有选拔、录用、教育、培养、升降、调配、使用、任免等权力，这就叫人事权。这是领导者的职权充分发挥作用的客观基础。

5. 奖惩权

领导者根据其下属的功过表现,对其进行奖励或惩罚的权力叫奖惩权。这种一正一反、相辅相成的权力,是领导者对其下属进行统辖和控制的重要手段。

6. 调控权

领导者根据实际情况的要求,对其所属的机构、人员、工作等进行及时的调整控制,使全局的工作协调一致,以便更好地完成预定任务,达到既定目标,这就是调控权。

四、领导权的异化

1. 领导权异化的表现形式

领导权异化的表现形式多种多样,既有政治领域、经济领域里领导权的异化,也有地区、行业领导权的异化;既有领导者个体权力的异化,也有更为严重的群体性和隐性领导权的异化。

(1)权力私有化。

在错误的权力观的支配下,某些领导者一旦掌权便以权谋私,滥用权力,拒绝接受组织和群众的监督,搞小团体,拉帮结派,任人唯亲,甚至盛气凌人,不可一世。由于这些人权力过分集中,得不到有效的制约,最终形成了绝对权力,而绝对权力往往导致绝对腐败。

(2)权力商品化。

领导权力的商品化指的是将领导者的权力和影响力视为一种商品或资源,可以被交易、买卖或利用以获取经济或其他利益的过程。某些领导者可能会利用自己的权力谋取个人私利,具体包括贪污、受贿、权力滥用等行为。领导者可能会偏向于满足特定利益集团或个人,进而影响领导决策和组织运作、破坏组织文化和价值观、损害公众对政府和公共机构的信任。

(3)权力庸俗化。

作为领导者,应该全心全意为人民服务,可是有的领导者不是一心扑在工作上,而是不学无术,只想着如何玩弄权术,排除异己,任人唯亲;对上好大喜功,极尽巴结献媚之能事,以图早日爬上更高的位置,攫取更大的权力,而对公共利益和社会责任却置之不顾。

此外,权力的异化还表现在一些领导者把手中的权力凌驾于组织、法律之上,以权代法、以权压法、以权力对抗法律等。

领导权异化轻则导致领导者整体素质下降,损害党和政府的形象,败坏党风和社会风气,挫伤广大人民群众的工作积极性;重则导致腐败现象发展和蔓延,长此以往就会导致经济发展的环境恶化,直接阻碍经济发展。

2. 领导权异化的成因

领导权异化,既有历史的原因,又有个人主观原因,还有体制和监督方面的原因。

(1)官本位思想严重。

官本位思想是官员以自身利益为中心,将个人利益置于公共利益之上的一种思维方式,容易使官员产生心态上的不平衡,导致领导权异化乃至腐败犯罪的发生,出现组织效率低下、资源不公平分配加剧等问题。

（2）宗旨意识不够牢固。

领导者应全心全意为人民服务，这也是领导者的宗旨。可是一些官员，上台之前所表的决心和党的宗旨分毫不差，但权位一旦到手，原来的承诺就抛到九霄云外了。特别是在市场经济大潮中，各种诱惑非常多，领导者一旦信念不坚定或宗旨意识淡漠，就会出现"权为钱所用""权为情所困"的情况。

（3）体制不健全。

体制不健全表现在政治体制上权力过分集中，缺乏有效制约；行政体制上政府管得太多太细，寻租的空间太大；经济体制上政府对经济和社会财富的垄断太多。特别值得注意的是，在一些地方已经出现了私人凭借经济实力操纵公共权力的现象。

（4）制度不完善。

我们的许多政策和制度都是将人作为善人、好人来制定和设计的，强调革命靠自觉，不太注重制度建设。当前我国正处于改革和社会转型时期，制度设计上还存在可加以完善的空间。行政行为、企业行为和市场行为得不到严密规范和约束，这就使领导权异化有了产生的土壤和市场。

（5）权力运行缺乏具体法规约束，随意性大。

所有的公共权力几乎都可以引起异化，而一个社会不可能完全消灭公共权力。为此，应在极易引起领导权异化的各个领域，建立科学、具体的法规，以减少权力运行的随意性。改革开放以来，我国已建立不少法律条例，但在执行的过程中缺少细化和量化的行为规则，致使有些领导者随心所欲。

（6）监督力度不够。

长期以来，党和政府对官员的监督力度比较弱，人们通常认为，领导者的素质较高，不需要过多的监督。其实一方面，领导者在工作过程中的自由裁量权相对较大，会存在许多监督不到位的地方；另一方面，某些领导者出于主观原因，不愿意将自身或小团体的利益置于公众监督之下，政务公开不彻底，使公众知情权受到侵犯。

五、领导权滥用的防治

1. 深化改革

改革首先要解决的问题是还权于民、还权于社会，即解决政社分开、政企分开的问题。应当尽可能减少行政审批、行政许可。其次是加强权力制约。理论和实践都表明，健全和完善防止领导权异化的制度，必须着眼于事先预防、事中制止、事后强化监督惩治。最后是加强民主政治建设。要按照国家已经确定的方针加快社会主义民主制度建设，尽快强化体制外的监督，使全体公民不论贫富、职业和社会地位，都可以通过人民代表大会制度、司法体系和大众传媒等途径行使平等的政治权利，以对官员形成全方位的监督。

2. 厉行法治

厉行法治是当前领导权异化现象没有得到根本遏制的重要原因。我们的法律不可谓不多，处罚不可谓不严厉，但仍有一些领导者铤而走险，大搞权力异化，就是因为领导权异化后面利益颇丰，足以使一些领导者拿自己的政治生涯、职业生涯甚至生命作赌注。

3. 完善体系

遏制领导权异化的力量源于以下几个方面：

一是国家法律授权的机关，如各级人大常委会应发挥其最高权力机关的监督作用。二是组织监督，上级领导对下级官员的监督效果是明显的，上级领导以身作则本身就是对下级的威慑，再有一套对下级监督的机制和具体措施，如通过党的组织民主生活会、上下级谈话制度、年度考核和执纪执法检查，将会起到非常有效的监督作用。三是社会监督，实行群众举报制度，发动社会各界，包括政协、各人民团体、民主党派对领导者实施有效监督。四是舆论监督，利用新闻媒体对各种违反制度规定的行为进行公开曝光等。

4. 健全法律

一方面，要建立健全的法律法规，使领导者在履行工作职责过程中有法可依，有法必依；另一方面，要按照全面从严治党的要求，严格组织制度，严肃组织纪律，研究制定较为系统、配套的规范性的机关管理制度，如实行政务公开、公开办事程序、增强工作透明度；实行承诺服务；建立会议呈报审批制度、检查评比申报审批制度、国家公务员廉洁从政制度等。在建立健全法规制度的基础上，还必须加大检查执法力度，狠抓落实，对违反法律法规和制度的人和事，严肃查处，决不姑息迁就。

☞ 第三节　领导力

一、领导力的内涵

领导力不等同于领导，并非每一位领导者都具备领导力。有人认为，领导力是一个人先天具有的，是由能够引导他人完成任务的特点和性格合成的；也有人认为，领导力与领导者及其下属之间的权力关系有关，领导者具有权力，并运用它们影响他人；还有人认为，领导力是支撑领导行为的各种领导能力的总称，关注点是领导过程。领导力可以被概括为一系列行为的组合，而这些行为将激励人们跟随领导者去实现组织目标，而不是简单地服从。由此来看，领导力就是影响力。

其实领导力就存在于人们周围，在政府、学校、军队、上市跨国公司、小公司甚至一个小家庭里，人们都可以看到领导力，因为它是做好每一件事的核心。

领导力的基本内涵可以归结为三个：授权、激励和培训。

领导力的第一个基本内涵就是授权的能力。授权是一个特定的概念，在职责上已经拥有的权力是不需要授权的，授权最为根本的原因是需要完成特定的任务，因此进行授权的前提是有特定的责任需要承担，也正因为如此，授权在更大的意义上是用来锻炼下属的。故授权所需要的先决条件是责任而非其他，如果授权不是权责同时下放，就会导致权力泛滥和失控。事实上，很多人感受到的授权之后的失控并不是授权造成的，而是没有责任造成的。从这个意义上看，授权最为根本的原则是目标确定的权力不做授权，保留了确定目标的权力，就等于保留了责任界定的权力，同样也就确定了授权的有效性。

领导力的第二个基本内涵是激励的能力。管理者的基本责任就是激励下属，提升组织绩效，激励所能起到的作用是不言而喻的。对于管理者而言，最困难的是如何激励有能力的下属，但是对于管理者而言，所要解决的也正是如何用有能力的人去创造性地工作的问题。管理者之所以感到困难，是因为激励需要一些基本条件，但是这些条件被很多人忽略了。那么这些基本的条件是什么呢？激励的基本条件是重要性、可见度、公平感。不管你运用何种激励措施和技巧，这些措施本身对于被激励者是否具有重要性都是至关重要的，如果这些措施对于他们来说无关紧要，那么不管你再怎么努力，都不会得到激励的效果。人们常常容易犯的错误是，以自己对一件事情的看法代替所有人对其的看法，把自己认为重要的当成所有人都认为是重要的，其实并非如此。可见度是另外一个容易被忽略的条件，激励需要可见度来强化效果，所以激励需要具有可见度，没有可见度就没有激励的效果。而激励是否在一个公平、合理的环境下实施是第三个基本条件。如企业的年度目标，因为组织内员工都知晓而具有较强可见度，可以使员工朝同一个方向发力，尽力达成目标，提高组织绩效。

领导力的第三个基本内涵是培训的能力。因为竞争的变化、知识的不断更新以及创新的要求，人们的能力需要不断地得到提升。一个有效的管理者应该能够培养接班人，并拥有接班人。培养下属是管理者的职责，这样做，一方面能够产生工作绩效，另一方面，管理者能够让自己有更多的精力去处理更为重要的事情。

二、领导力的来源

领导力即领导影响力，一般包括两个方面，即强制性影响力和自然性影响力。强制性影响力往往同领导地位及权力属性相伴，自然性影响力多半与领导自身人格、品质和素质相联系。

1. 强制性影响力

强制性影响力，又称权力性影响力，是合法权力赋予领导者的地位、职位、权力的总称。它的产生主要有以下几个方面原因。

(1)传统因素。

传统因素是指人们对领导者的一种由历史传承而来的观念。历史学家的研究指出，传统首先来源于恐惧，其次是社会服从，恐惧到社会服从经过不断的制度化，深入社会的各个阶级结构与意识形态，从而成为人类社会的一种特殊的影响力量，即传统因素形成的强制性影响力。

(2)权力因素。

社会心理学认为，社会权力是形成领导影响力的基础。权力是一种制度化的力量。美国社会学家克特·巴克认为，权力就是在个人或集体的双方或多方之间发生利益冲突或价值冲突的形势下执行强制性控制的手段。在现实生活中，权力往往表现为一种"位置"或"地位"的力量，即"职权"。由于他们担任不同的职务，就拥有不同程度的控制权。现代社会所有的组织结构几乎都有一个完美的金字塔形式，每个人按地位顺序置于一个特定的位置上。权力和控制是从金字塔的顶端逐渐向下延伸的，而服从和负责则是从金字塔最基层由下而上的。

(3)资历因素。

领导者影响力的大小，与他自身的资历是密切相关的。资历是资格和经历的合称，在一定程度上能够反映出一个人的实践经验和能力。领导者的光荣历史、非凡经历，往往能使被领导者产生一种对其的敬重感。

2. 自然性影响力

自然性影响力，又称非权力性影响力。它与权力性影响力不同的是：它不是外界授予的那种奖励和惩罚别人的手段，而来自个人的自身因素。其中包括领导者的道德品质、文化知识、工作才能和交往艺术等。

自然性影响力的构成因素包括品格因素、能力因素、知识因素和情感因素。

领导者有效的影响力除了来自他自身所具备的一定的影响力之外，还与群体接受影响的心理机制密不可分。这一心理机制就是导致群体一致行动的模仿、暗示和认同。

（1）模仿。

模仿是由非强制性社会刺激引起的，使个人再现某一榜样的一种社会心理行为。这种社会刺激可以是榜样本身，也可以是其他事物，其特点是非强制性。

在领导活动中，下级对上级的模仿，被授权者对授权者的模仿，是一种极为普遍的社会心理现象。由于领导者本身所处的地位，其品德、行为、处理问题的方法，以及言谈举止和喜怒哀乐等情绪都容易被下级自觉或不自觉地接受、模仿；而领导者也往往利用"模仿"这一心理机制，来发挥自己在群众中的影响作用。

（2）暗示。

暗示即在无对抗条件下，用含蓄间接的方法对人们的心理和行为产生影响，从而使人们按照一定的方式去行动或接受一定的意见，使其思想、行为与暗示者的意志相符合。

在领导活动中，领导者的一个恰当的暗示，能够直接沟通上下级之间的思想感情；一个赞许的目光，将会使下级乐于受命，勇气倍增。领导者可以运用暗示的心理机制，把自己的意志和情绪，作为一种特殊信息，传递给下级，从而充分发挥其效力。

（3）认同。

认同就是个体将自己和另一客体视为"等同""相同"，从而形成彼此之间的整体性感觉。认同是保证群体或组织整体性的重要因素。在群体活动中，大体上都有一种从感情上要将自己认同于另一个体，尤其是认同于领导者人格特质的强烈的心理趋向。正是这种心理趋向，加强了群体或组织的整体性。高度的认同还会使个体与客体荣辱与共、休戚相依。

我们常说领导要和群众打成一片，就是指领导者要具有一定的透明度，在感情上尽可能地接受群众，与群众有共同的语言，成为群众中普通的一员，以取得群众的认同。人与人若具有共同的态度与价值观，则容易获得对方的支持和共鸣，同时也容易预测对方的反应倾向。因此，在交互作用过程中，彼此容易建立起融洽的人际关系。

三、领导力的表现

1. 领导力最基本的表现

领导力最基本的表现形式复杂多样，主要表现为以下六种能力。

（1）学习力。

学习力是领导者成长的能力的表现。当今世界日新月异，人类需要知识的不断更新，需要知识的完善积累。学习已经成为人们必须坚持做的事情。学习力是一个人或一个组织学习的动力、毅力和能力的综合体现，学习力是把知识资源转化为知识资本的能力。简单说，学习力就是自我学习的能力。

（2）决策力。

决策力是领导者高瞻远瞩的能力的表现。领导决策力的高低，直接关系到领导活动的成败。从领导行为过程本身来看，领导活动就是制定决策和组织实施决策的过程；在一定意义上，现代领导也就是一种战略领导，即通过制定总揽全局的根本性战略目标而实施领导。

（3）组织力。

组织力是领导者设计组织结构和配置组织资源的能力的表现。组织力在组织建设中起着关键作用，它体现了核心价值体系的感召力、民族精神的凝聚力和驾驭全局的领导力。

（4）教导力。

教导力是领导者带队育人的能力的表现。要评价一位领导者是否胜任，判断的重点在于他所领导的部门、区域或团队的表现。任何领导者，即使他的能力再强，也不可能单凭自己的个人能力就完全处理好所有工作，因此领导者带队育人的能力就显得尤为重要。

（5）执行力。

执行力是领导者绩效能力的外在表现。执行力指的是贯彻战略意图，完成预定目标的操作能力，是把领导战略、岗位目标、规划转化成为效益、成果的关键。对个人而言，执行力是办事能力；对团队而言，执行力就是战斗力。

（6）感召力。

感召力是领导者人心所向的能力的表现，包括权力性感召力和非权力性感召力。权利性感召力是由组织授予的、要使被领导者服从的影响力，带有强制性，它对人的心理和行为的激励作用是有局限性的。非权力性感召力指的是除社会分工之外，完全由领导自身素质所产生的感召力，不带有强制性，并且有稳定、广泛、长远的影响作用。它来源于领导者的威信、毅力、经验和才能，潜移默化地作用于被领导者的工作和生活。

2. 领导力表现的不同层次

（1）地位——以权压人。

领导者吸引追随者的表层表现是由于领导权的作用，使追随者不得不追随，但在这个层面上待太久，团队士气必然低沉，没有凝聚力，追随者就会离开，这个问题经常发生在那些新领导者的身上。以权力命令追随者是最为简单、没有智慧的方式，需谨慎使用。

（2）认可——以爱感人。

追随者最能够感受到的是领导者的关心。领导他人的关键在于得到他人的心。在这个层面上，部门开始有很强的凝聚力，人们会得到安全感，但待太久，领导者就会变成老母鸡，把所有成员都保护在翅膀底下，团队没什么发展，而领导者要做"老鹰"。

（3）结果——以绩激人。

做出成绩，身教重于言传，领导者要亲自做出业绩给他人看，向他人证明领导者的方式是可行的。这个时候，人们开始钦佩并从心里接受其领导。但在这个层面待久了，一切事情亲力亲为，领导者就会很累，而且会限制团队成员的发展。

（4）人才——以用养人。

未来的竞争说到底就是人才的竞争，人们开始从钦佩、感激到忠诚于领导者。当领导者培养了更多的人才，领导者自然会到更高的层面。"知道怎么做一件事是成员的才能，能随时告诉人怎么做是老师的才能，鼓励别人做得更好是经理的才能，以上三点都做到，才是真正的领导者。"

（5）品格——以德服人。

领导者的成就不会超过其品格的上限。"做正确的事，做绝对正直的人"，领导者可以说一句话把人们都骗了，但难的是要一直骗一群人，人们一旦发现领导者有一句话骗了他们，他们以前的信任就全部没有了。领导者的品格和团队的成长比其财富更重要。

四、影响领导力的因素

领导力可以影响领导者的工作业绩，有效的领导力是提升领导者工作业绩的积极因素。我们需要正确认识影响领导力的相关因素，在实践中扬长避短，不断地进行调整和改善。影响领导力的因素主要包括环境因素和领导者个人因素两个方面。

1. 环境因素

（1）上下级关系。组织成员对其领导者的信任或追随的程度越高，则领导力就越强。

（2）工作任务规范化程度。工作任务明确程度越高，领导力就越强。

（3）职位权力。职位权力越大，领导力就越强。

2. 领导者个人因素

领导者个人因素包括领导胜任结构和领导魅力。领导胜任结构已在前文专门论述，故在这里只讨论领导魅力。

领导魅力是领导者个人的人格力量在领导实践中形成的风范和形象，以及表现出的一贯作风、态度，可以理解为领导威信、领导魅力。这是领导者在其下属和群众心目中的良好形象和由此而产生的一种精神力量，是吸引下属和群众敬佩、信服并追随领导者的无形力量。一个成功的领导者就应该能够影响别人，让他们为共同的组织愿景齐心协力、共同奋斗。构成领导魅力的主要因素有品德、才学、业绩、感情等。

五、领导力实现的途径

1. 实现领导力的方式

（1）强迫。

在被领导者不服从时，领导者威胁要对他不利，借此方法（如调职、降级、惩戒、解雇等）令下属顺从。当强迫很可信时，服从就会产生。

（2）法定力。

可以借此组织架构上的法定地位的权力发挥其影响力，这是领导常见的方式。组织成员认识到领导者有正式权威进行合法性要求时，领导力便会产生。

（3）赏罚。

赏罚是指领导者通过适当的奖励手段（如加薪、升职等）或惩罚手段来影响下属行为的方式。

（4）专家力。

领导者通过所拥有的丰富经验、灵通信息、技术或准确的分析判断力而令下属信服。下属接受领导者的提议或工作指引是因为对领导者的能力具有信心。

（5）吸引力（向心力）。

领导者以他在下属心中的魅力支配下属，下属因尊重及崇拜领导者而主动地认同领导者，并设法按领导者的意图和指令办事。

2. 实现和提升领导力的途径

（1）正确认识和运用领导权。

实现和提升领导力的决定性因素是领导者通过领导权的科学运用来有效推进组织目标的成功实现，并由此创造突出业绩。

①依法治权。依法治权即权力法治化，这是依法治国方略下领导权威的首要原则。一方面，这是领导职务权限的预先合理设定，另一方面，这也是对领导权威影响力的约束，使之行之有效，不被滥用。依法治权能够用明示的方式明确领导权威和权力，也能够明示领导行使权力所应承担的责任，从而对领导权力权威进行制度化的制约监督。

②巧妙授权。一是明确权属。领导者向下属授权必须是职务所授予自己的权力，不能将其他领导者的权力直接授人，同时，一般也不能将权力授予不是自己下属的人员。二是权能相宜。领导者授出的权力必须要考量被授权者是否具有相应的能力来承担，若授权不当，就会导致任务无法完成，达不到授权目的，影响业绩。三是信任原则。领导者授权于人就要充分相信被授权者，此外领导者应该做到推功揽过，这是获得下属追随和信赖的重要方面。四是授权要可控。不能放任不管，要防止权力滥用和权力流失。

③艺术用权。一是尽量避免直接运用权力，它是指领导者个人运用手中的权力直接越级参加对有关问题和事件的处理，这很容易把各种矛盾迅速聚集于一个领导者。二是善于间接用权，领导者要善于利用领导集体的威望和法律法规的尊严来有效影响被领导者，推进组织目标的实现。三是善用非权力影响力，权力运用的最高境界是尽可能不用权力，带有强制性的权力运用得越频繁，在下属和公众中的影响力反而越低。所以，智慧的领导者总是善于营造平等、和谐、互助、宽容的权力关系状态。

（2）提升领导个体影响力。

①提升领导者的外部形象。领导个体的外部形象一般由表层缀饰、体貌和言谈举止所组成，这些对领导力具有催化作用。这些可以直接作用于人的视觉，给人以特殊的影响力，并在一定程度上展现出领导者的文化教养、审美水平和领导风范。外表体貌、言谈举止能给人以美感的领导者，其领导力的形成和提升会更加顺利。

②提高领导者个体的内在素养。符合时代要求的领导者的内在素养不会自然而然形成，需要组织上和领导者个人从多方面努力修炼。一是组织上要形成培养教育监督机制，建立健全领导者知识、能力、业务、政治素养的教育和培训制度，尤其要加强领导者的学习意识，用科学的理论武装干部。二是领导者个人要加强学习和实践，养成自觉学习的良好习惯，并加强实践锻炼，理论联系实际，在实践中探索有效的领导方式，切实提高驾驭复杂局面、解决社会矛盾的能力。

☞ 第四节 执行力

一、执行力的内涵

执行力是指贯彻组织的战略意图，完成预定目标的操作能力，是一种把想法变成行动，把行动变成结果，从而保质保量完成任务的能力。通俗地讲，就是按时、按质、按量完成自己的工作任务的能力。对个人而言，执行力就是办事能力；对团队而言，执行力就是战斗力。执行力的强弱因人而异，不同的人去做同样一件事情，往往会产生不同的结果。

为了更好地理解执行力，必须先理解以下三个要点。

(1)执行是战略的一个内在组成部分。

"执行"是衔接目标与结果的重要一环。执行力需要一个清晰的目标，只有目标清晰了，执行才有了前进的航标。如何让目标成为现实，如何使战略得到落实，都与执行力的强弱密切相关。

(2)执行是组织领导者的主要工作。

执行力既反映了组织的整体素质，也反映了领导者的角色定位。领导者的角色不仅仅是制定策略和下达命令，更重要的是必须具备执行力。

(3)执行应该是一个组织文化中的核心元素。

执行力的关键在于透过组织文化影响成员的行为，因此领导者很重要的角色定位就是营造组织执行力文化。领导者培养好成员的执行力，是组织总体执行力提升的关键。

二、执行力的形式

执行力的强弱是相对于组织目标而言的。不同的组织形式，体现了不同的执行力。从组织执行力的表现形式来看，组织机构大致可分为 7 类，每一类的组织机构，代表了一类组织执行力形式。

(1)有活力的组织。

有活力的组织可以灵活地适应外部形势的变化，保持其既定战略不偏离，并预见变化、主动应对。有活力的组织还可以为领导者和成员提供充满激情的工作环境，具有有效解决问题的资源和权威。组织不仅有很强的执行力，而且执行力是可持续的。有活力的组织是理想的组织状态。

(2)及时应对的组织。

及时应对的组织虽然并不是主动地准备应对即将来临的变化的，却能够在需要的时候主动地面对，不使组织偏离其发展的方向。虽然组织能够处理好诸多任务，完成多种目标，但其及时性、灵活性是关键。很多紧急情况的处理与应对极大地考验着组织处理事务的及时性，毕竟在此种情况下，即使是极短的时间亦可能带来重大的损失。

(3)集权式的组织。

集权式的组织通常是由一个高层的小团队对组织进行细致的管理，组织往往能制定优越的战略，凭借高层的意志力取得成功。但是中层管理者长期处在被压抑的状态，没有机会亲历实践，一旦组织的高层发生变化，组织的执行力便会受到很大的威胁。

(4)消极应对的组织。

消极应对的组织表面上一团和气，在战略制定时也很容易达成共识，但是一旦到了执行阶段就变得困难重重。主要是缺乏变革的动力以及推动执行力的有效权力，执行不是主动进行的，而是得过且过地应对。

(5)各行其是的组织。

各行其是的组织可能并不缺乏精明能干的人才，但是他们并不能向着统一的方向努力，整个组织像一盘散沙，无法实现既定的整体战略。表现出来的是大家都忙忙碌碌，但是整个组织却无所作为。

(6)过度膨胀的组织。

过度膨胀的组织的规模结构庞大而臃肿，往往超出了有效的管理范围，使管理不能有效进行，组织的潜力无法得到发掘，决策变得缓慢迟钝，执行也变得苍白无力。

(7)管理过度的组织。

管理过度的组织设置了太多的管理层次，增加了内部管理成本和管理手续。管理者疲于相互之间的审核工作，无暇顾及新的发展机会，更不要说发现潜在的危机了。

前三种属于具有较好执行力的组织，后五种则属于存在执行障碍的组织。

三、影响执行力的因素

影响执行力的因素有很多，而且不同的组织有不同的问题。根据研究结果和实践经验，可以将影响执行力的主要因素归纳如下。

1. 战略与决策

战略为执行提供了方向，同时也决定了组织的目标。如果战略有问题，目标也就有问题，就会影响执行的效果。决策是一种高层次的主观愿望，执行是把愿望转化成有价值成果的过程。决策是执行的基本前提，只有做到民主决策、科学决策，才能快速、有效地执行。

2. 领导者

在组织中，领导者的位置决定了其在组织执行中的重要作用，领导者的领导能力决定着执行力的强弱。执行力的关键在于领导者是否能够对执行的背景和形势做出正确的判断，是否能够对执行过程中的复杂局面进行有效的驾驭和协调，是否能够对行政、市场、法律、自治、民主等执行手段进行正确的选择和综合运用，是否能够充分认识执行任务的艰巨性、复杂性和挫折性，进而保持一抓到底的决心和不断创新的活力。

3. 沟通

沟通主要表现在组织战略与目标的向下传递和信息的上下传递的渠道中。信息传递渠道包括两种，一种是从上往下传递的渠道，问题通常出在中层管理者身上。这是由于，当高层管理者制定的政策中涉及不利于中层管理者的利益时，中层管理者出于本位主义考虑，往往有意无意地使信息传递不全或走样，结果执行在中层就遭遇障碍，打了折扣。另一种是由下而上的信息反馈通道，即基层人员在执行中碰到问题，没有及时向上反映或在中层遭遇障碍，存在的问题得不到及时处理或解决，不畅通的渠道影响了执行力。

4. 组织结构与职责

组织结构与职责的合理划分在一定程度上影响了执行效果。机构臃肿，组织结构不合理，分工不明确，互相扯皮推诿，会导致工作效率低下，使执行效果大打折扣。每个部门、岗位的职责不清楚，领导有任务就分摊，成员没有清晰的职责范围，无法完成本职工作。因此，组织结构与职责的明确界定、合理划分是保证执行效果的前提。

5. 人岗匹配程度

人岗匹配程度影响了工作开展的具体过程。没有合适的人做合适的事情，就会令工作无法开展。缺乏应有的人才，就会使执行力大打折扣。很多组织不够重视人才的培养和选拔，使人才储备满足不了组织发展的需求。仔细观察那些长盛不衰的组织，往往会发现它们都有一个共同的特点：重视合适的人做合适的事，并在组织发展中重视人才培养。

6. 跟进情况

对执行情况的跟进是领导者执行力的核心所在，所有善于执行的人都会带着热情来跟进自己的既定计划。通过跟进工作能够发现计划和实际之间的差距，并使人们采取相应的措施来协调整个工作的进展。

7. 组织文化

组织文化对成员行为的影响是非常大的。在现实操作中，很多组织文化华而不实，不利于成员养成踏实的工作习惯。组织问题层出不穷，一些人躲避问题，等到问题更大时才不得不出面解决；一些人只是简单地解决表面问题；而另一些人则可能虎头蛇尾，得过且过。这些问题的存在都会对组织的执行力产生致命的影响。

四、执行力实现的途径

负责执行的领导者究竟应该做些什么呢？他应该如何避免成为一名微观管理者？如何避免过于陷入组织日常管理的细节当中呢？

1. 树立正确的执行力观念

作为领导者，树立正确的执行力观念是强化组织执行力的第一步。

（1）树立领导者既是执行人也是责任人的观念。

领导者不仅需要制定策略和下达命令，而且需要具备执行力。组织要培养执行力，应把工作重点放在领导者身上。领导者在制定策略之后需要自身也参与执行，因为只有在执行过程中，才能够准确及时地发现原来的策略存在哪些问题，并及时进行调整，这样才能使组织适应环境的变化。

（2）树立重视培养下属执行力的观念。

执行力的提升应该是整个组织范围内的事情，而不只是领导者的专利。领导者提升个人执行力并培养下属的执行力，是组织总执行力提升的关键。优秀的领导者不仅自己具有较强的执行力，而且能培养一批执行力较强的人才。

2. 提高领导者自身的执行力

除了要掌握作为一个领导者必须掌握的知识与技能，要提高自身的执行力外，领导者还必须关注以下几个方面。

（1）了解自己的组织和成员。

领导者要参与到战略计划的实施当中，并从整体上对自己的组织进行全面、综合的了解和把握，知道并理解成员的需求，这是正确决策的前提，也是实施激励、提高执行力的前提。

（2）坚持以事实为基础。

实事求是是执行文化的核心。掌握事实是解决问题、使计划落到实处的关键。但对于大多数组织来说，成员们总是在尽量避免或掩盖现实。他们总是希望能够掩盖错误，或者拖延时间来寻找新的解决方案，最后延误了解决问题的时机。

（3）设定目标及其优先顺序。

如果组织拥有多个目标或者目标太模糊，成员就不清楚目标到底是什么，无所适从，不知道到底该先干什么，结果导致了最终目标的流产。有执行力的领导者首先会制定明确、清晰的目标，以便让成员都明白自己的任务。

（4）跟进、再跟进。

组织领导者的主要职责是决策，但决策的落实需要领导者的跟进。如果组织决策没有得到严肃对待，那再清晰、简洁的目标也没有太大意义。领导者的跟进能够及时发现执行中下属不能解决的问题，并能及时采取措施，帮助下属扫除实现目标道路上的障碍。

（5）对执行者进行奖励。

如果希望工作有效进行，就必须对执行者进行奖励。奖励是成员执行动力的源泉之一，同时奖励本身也是一种行动导向，它能明确无误地告诉成员，组织希望的行为是什么。

（6）提高下属的执行力。

组织的执行力是组织所有成员执行力的有机集合。作为领导者，将自己掌握的知识和经验传递给下属和下一代领导者是提高组织执行力的关键环节。因此，培养下属的执行力，是组织领导者的职责之一，也是领导者执行力的体现。

👉 第五节　领导胜任的评估

一、领导胜任的评估原则

1. 目标原则

领导胜任评估要以领导岗位目标责任制为基础和依据。领导岗位目标责任制规定了领导的工作目标，明确了领导的岗位职责，是领导在一定时期内履行岗位职责、做好领导工作、发挥领导责任的行动准则。坚持目标原则，能全面了解领导履行岗位职责的情况，是对领导胜任的一个最直接的评估。

遵循目标原则，即要严格依据领导岗位目标责任制考评领导绩效，不能离开目标而另外去制定评估指标；要把是否实现了责任制中的各项指标作为评价领导绩效的重要依据，不能脱离领导岗位的本位要求和主要职能去评估领导的胜任水平。

2. 服务人民群众原则

我国考评领导胜任情况的最终标准是人民群众是否满意。这一原则有助于引导领导者树立正确的权力观，有助于领导者摆正自己与人民群众的关系，有助于领导者树立人民利益高于一切的观念。

遵循服务人民群众原则，首先要看领导者确定的目标是否代表了人民的根本利益和要求，是否符合人民群众的长远利益；其次要考察领导者在领导活动过程中，是否相信人民群众，依靠人民群众，充分发挥人民群众的主观能动性；再次要考察领导工作是不是围绕持续提高人民群众生活质量和生活水平、有助于人的全面发展来开展的；最后要看人民群众对领导者的拥护和支持情况。

3. 整体利益原则

我国幅员辽阔，人口众多，面临的发展问题非常复杂。作为领导者，当部门利益、地方利益与国家整体利益发生冲突时，应当以国家利益和全局利益为重。这就要求我们在评估领导胜任时，必须将领导行为和绩效放在国家的大背景下进行整体衡量，这样有助于领导者树立全局观念和整体观念,有助于政令畅通,有助于克服地方保护主义和本位主义思想。

领导胜任评估要遵循整体利益原则,一是要考察领导目标责任制是否符合国家整体利益,二是要考察在领导活动中,有无损害整体利益的行为发生。

4.社会效益原则

社会效益原则要求评估领导胜任不能够只关注经济指标和显性指标,还要从评估领导行为是否促进了社会主义的政治文明、精神文明建设和人的全面发展、社会的全面进步等方面进行。这一原则有助于增强领导者的社会责任感,有助于把社会效益作为领导绩效的重要标准,有助于促进和推动社会的全面进步。

领导胜任评估遵循社会效益原则,一是要评估领导目标责任制的制定是否注重了社会效益;二是领导活动过程中是否能妥善处理好社会效益与经济效益的关系;三是要将部门效益、地方效益、单位效益放到社会效益的背景下去进行考核和评估。

5.科学发展原则

科学发展观,不仅是我国当前统领经济社会发展全局的重要指导思想,而且也是实现全面建成小康社会和全面建设社会主义现代化国家必须长期坚持的重要指导思想。领导胜任评估要遵循科学发展原则,就是要评估领导者是否能真正做到以发展为第一要务、坚持以人为本这一核心、坚持推进全面协调可持续发展、坚持统筹兼顾。

二、领导胜任的评估方法

1.建立合理的指标体系

到目前为止,学术界尚未形成对政府领导胜任评估的公认体系,但与此相关联的主要有城市(政府)竞争力评估、大学综合实力排名以及中小城市科学发展的官方评估。[①] 城市(政府)竞争力评估体系更多是从组织的整体实力入手进行综合研究的,大学综合实力排名则主要将研究领域放到了非政府领导胜任上,官方公布的百强县评估也主要是从区位、发展程度上进行综合考量的。这些理论尽管不是直接针对政府领导胜任评估而进行的,但对政府领导胜任评估的指标体系的构建及其相应工作都有一定借鉴作用和参考价值,因为,这些评估实际上是从某一个侧面对其主体领导胜任的一种评估。此外,亦有学者建立了基于胜任力的"德""能""勤""绩""廉"地方政府职能部门领导干部绩效指标考核体系[②],提出共享领导胜任力中包含参与、影响、激励的三种能力[③]等指标。

2.选择科学的评估方法

(1)目标考评法。

目标考评法,又称目标对照法,就是按照领导活动中预定的项目指标,检查其完成情况,从而评定被考评者的工作成效的评估方法。由于目标具有可分性、层次性、阶段性和综合性的特点,所以目标考评可以从内容上、层次上和时间上分项、分层、分段地进行,也

---

① 此外,还有 BBC 等机构推出的《国际影响力报告》等半官方报告。

② 宋丽红,赵蕾,包函可.领导干部胜任力模型构建及其绩效应用研究——基于江浙沪三地职能部门领导干部的样本分析[J].云南社会科学,2023(03):71-79.

③ 顾琴轩,刘美琳,许森鑫.共享领导和参与安全氛围视角下共享领导胜任力的有效性研究[J].管理学报,2020,17(12):1786-1794.

可以综合地进行。使用目标考评法的前提条件是：各个组织不仅要为本单位制定规范、综合和全面的目标，还应为领导者制定分项、分层项目的指标；不仅要制定总体目标，还要把总体目标分解为相互联系、相互制约、多层次和多样性的具体目标项目，以形成领导组织的目标体系。目标作为领导活动中的一个基本要素，既是领导活动的起点，又是领导活动的归宿。在目标考评法中，一定要严防"目标替换"现象的发生，同时，也要注意子目标与总目标之间的关系，不能以实现分目标来替代整个组织的总目标。

（2）民意评议法。

民意评议法，就是通过民意测验等方式对被考评者进行评议，以获得被考评者的总体情况的方法。领导活动离不开成员的支持、配合和参与，组织成员定期或不定期地评议领导者，把对领导者的工作能力、工作作风、工作方法和工作成绩等方面的意见和建议汇集起来，作为领导考核、奖惩、任免和升降的重要依据，这就可以把领导者及其活动置于成员的监督之下。坚持民意评议法，不仅有利于激发领导者的事业心和责任感，把对上级负责和对成员负责更好地统一起来，而且有利于密切领导者与成员的关系，调动领导者和成员的积极性和创造性，还有利于全面、客观地评价领导者的是非功过，准确地选拔和任用领导人才。

（3）比较考评法。

比较考评法就是通过选择一定的参照系来对比评价领导者效能的方法。比较的方式很多，可以进行纵向的比较，如现在同过去的比较、新班子与老班子的比较、年度间的比较、现在与未来的比较、完成任务进度与目标的比较等；也可以进行横向的比较，如同一领导组织中领导者之间的比较，不同领导组织的同类领导者、同类领导班子的比较，同类地区、部门、单位的比较；还可以进行多视角、多层次、全方位的比较。无论是何种方式的比较，都既可以比量，也可以比质；既可以比速度、进度，也可以比效果、效益；既可以比综合指标，也可以比几项或单项指标。一般来说，主客观条件较类似的，可比综合指标；差异较大的，则可选择单项或几项可比的指标进行比较。利用对比考评法，既能较有说服力地评定领导者的绩效，又能促使被考评者发现其优点和不足，有利于提高其绩效。

（4）模拟考评法。

模拟考评法就是让被考评者进入一个模拟的工作环境，要求其按照给定的条件进行模拟操作，用多种方法观察他的行为方式、心理素质、反应能力等，并根据这些观察来测评他的各种能力的评估方法。

模拟考评法主要用来考核各类专业人员、管理人员和基层领导者。模拟考评法的主要方式有：①公文处理，这是模拟测试最基本的方式。公文主要有请示、报告、调查、财务报表、电话记录、会议记录、人事档案、信函等形式，其内容包括处理日常公务、调整职能机构、选择基层领导、协调人际关系、制定长远规划、决定引进方案、分析财务报表、管理调度物资等。考评者可以通过被测试者所完成的模拟工作情况来测定其各方面的能力。②小组讨论，即将五至六名被测试者编成一个小组，进行无主持人方式的讨论。小组讨论会模拟成某市长办公室、某董事会，针对一个个案进行讨论，每个人都要发表意见，讨论结束后每人均以主持人身份做一个讨论纪要，并就此问题做出决定及阐明理由，整个过程由考评小组在一旁观察评价。③口试，即答辩会、记者招待会等方式。口试的题目应根据被测试者的情况而精心准备，每人一般应回答两个以上的题目。通过口试，可以了解被测试者的知识面、思维反应、语言表达、外语水平、主动精神以及对本行业的熟悉程度等，口试中可由主持人追问并展开讨论。

坚持模拟考评法应注意两个问题。一是测评人员组成要合理，测评人员一般应包括组织人事部门的干部、有关专家和被测试者的上级领导。二是测试的内容要设计得科学合理，具有相似性、先进性、适用性和动态性。测试的内容要切合实际，要能够操作，便于测评；测试的整个过程应当是动态的，以便有效地反映被测试者的实际能力。只有这样，模拟考评才能达到应有的效果。当然，领导活动的许多困难和问题常常不易模拟，能够被模拟的，与现实也有差距，这是使用这一方法时应当注意的。

（5）权变考评法。

由于不同性质和不同职位上的领导者在其绩效方面有着不同的要求，所以，对领导绩效的考评应该根据职位本身的要求进行。这首先取决于对领导职位要求的科学认识，并在这一基础上按照权变考评法对不同领导者进行分门别类的考评。有的领导绩效只能通过结果体现出来，例如对环保局领导者、企业销售部领导者的绩效考评，就应该在结果取向上进行。所谓过程标准就是一种注重领导工作之过程与程序的考评方法。有的领导职位对领导过程与程序的质量要求很高，只要能保证过程顺利地展开，就是最高的领导绩效。有的领导职位既对结果要求很高，又对过程质量要求很高，所以，就必须把结果取向与过程取向结合起来。

当然，对领导者的绩效考评并不是一件轻而易举的工作。考评结果会受到考评者的心态及其价值观的影响，要想得出准确的考评结果是有点困难的。因此，在对领导绩效的考评过程中，切忌掉入人为制造的陷阱，这些陷阱包括：考评对象错误、目标替换、利用总体成绩掩盖问题、过分注重客观指标的有效性等。确定对政府领导胜任的科学评估方法，其意义是不言而喻的。然而，要保证领导效能考评的正确性，不仅要坚持合理的原则，而且要有科学的方法，还要遵循正确的过程，综合运用各种方法对领导效能进行考评。

3. 遵循正确的评估流程

（1）动员准备。

在评估开始阶段一般都应有思想动员工作，要讲清楚评估的必要性和重要性，有针对性地解决一些思想上的顾虑。同时，还要将评估中将要运用的具体方法、标准以及时间安排等向大家交代清楚，以便相互配合。

（2）信息收集。

信息收集是一项基础性的工作，同时又是一项长期、复杂的工作，信息数据的真实全面与否，直接关系到领导效能评估的准确性。具体而言，领导效能评估的信息收集过程实际上分为两个方面，一是进行需要定性分析部分的整合，一是进行需要定量分析部分的分类汇总。定性部分，绝大部分不能直接从政府的数据中得到，需要通过对公民中的不同群体进行有关主题态度取向的细致认真的调研才能获得。由此，评估的定性部分，主要是通过对调研信息的整合来加以评判的。定量部分的数据可以直接来源于政府组织的统计，比如 GDP 总量及增长率以及一些能够直接反映出政府领导胜任的指标。由于可以依靠统计部门直接得到这部分数据，因此，这部分评估的主要任务是分类汇总数据，为后续的工作打下基础。

（3）分析综合。

政府领导胜任评估过程中非常重要的一个环节就是分析综合。对领导效能进行详细的了解，必须对收集到的数据信息进行分析，要运用相关软件系统，对数据进行研究，正确评估成绩，认真发现问题，深入分析原因。实际上，对政府领导效能的评估，应以自我评定和群众评议为基础，再加上日常的有关材料，进行综合分析，从定性定量两个方面得出评估的初步结论。再结合前面所述，从领导效能评估的横向与纵向指标综合考量，对所需表格进行填充，就可以迅速地考量出政府领导的效能。

（4）修订审核。

上述环节完成后，还要对已经形成的领导效能评估初步方案进行两个方面的修订审核，即领导者本人要了解评估结果，上级领导者要进行审核。首先，领导效能评估结论一般要当面告知领导者，这样做的目的如下：一是产生正面的激励作用；二是使当事人明确了解自己的不足之处，起到警醒和鞭策作用；三是避免可能发生的误评，减少顾虑，使整个评估工作透明。其次，上级领导要对评估结果进行最后的审定，这是防止评估失误的最后一个环节，同时也是上级领导了解下属的一种方式。评估结论一旦确定，则视情况之需要对干部分别予以表彰、升迁、调整或惩罚。对领导效能评估结果的审核是一种必要的补充性程序，特别是当对某些问题的评估有争议时，应尊重被考评者的意见，组织专人对全部材料进行更深入的调查与了解，对初评中不适当的地方做出修正，以保证评估的客观准确性。

（5）报告发布。

政府领导效能评估过程的最后一个环节是报告发布。这个环节主要针对调查的分析结果，对照数据进行再一次的评估，以确定检验的信度与效度是否较高。另外一个方面是报告的预备发布过程，主要是对文字资料的逻辑整合与语句的调整，并提出科学适宜的评估建议。

思 考 题

1. 在新的历史时期，领导胜任具有什么样的时代特征？
2. 如何理解当前部分领导者的贪污腐败现象？
3. 分析领导权、领导力和执行力三者之间的关系。
4. 搜集最近公开选拔领导者的公告，分析公选中不同岗位领导者胜任构成的异同。

案 例 讨 论

曾国藩的中国式领导力

用共同的信仰凝聚人

曾国藩在学习太平军的基础上深刻认识到，只有共同的信仰，才能熔炼出"呼吸相顾，痛痒相关，赴火同行，蹈汤同往，胜则举杯酒以让功，败则出力以相救"的"死党"军队。因此，擅长讲文化、讲价值、讲理念的曾国藩将军队和政治的斗争提升到价值的层面，高举

"卫道""忠义血性"的大旗，以此作为凝聚人心的思想武器。同时，作为领导者，曾国藩为军队提供了一个超越内部关系的长远目标，使湘军成员持续同心同德、齐心协力地为了它而奋斗。

用合理的制度规范人

曾国藩一改由国家供养、世代为兵的"世兵制"，在湘军内部采取了全新的制度设计——招募制，而且是层层招募制。这样一来，从大帅到士兵形成了层层的感激关系。如此，湘军就像一颗大树，"由根而生干，生枝，生叶，皆一气所贯通"，组织内部全部打通了，人和人的关系也成为一个由感情纽带凝聚起来的整体。除了招募制，曾国藩还规定，在作战过程中，任何一级军官一旦战死，他手下的军队便就地解散。只有保住长官，士卒才有继续升官的机会。保护自己的长官本来是一种道德的要求，但在湘军里面，却成了最符合士兵利益的行为。由此，在湘军中，道德和利益便完美地结合在了一起。

用高尚的人格感染人

曾国藩的时代，已经是所谓的"末世"，争功诿过、投机取巧已经成为社会的普遍风气。但曾国藩就是通过自己的行为，从影响周边的人开始，一步步地改变了这种习气。这就是他能够吸引一大批人为他所用并最终成就事业的根本原因。在谈到一个领导者如何才能让下属心服口服地追随自己时，曾国藩曾说过八个字："功不独居，过不推诿。"有了功劳不要马上一个人独占，有了过错不要马上推诿给别人。他在给曾国荃的信中说道："功不必自己出，名不必自己成。"

用共享的利益激励人

在利益方面，曾国藩在钱、权、名三个方面都充分发挥了其对将士的激励作用。湘军的高军饷极大地调动了当地农民加入湘军的热情，在利益方面对将士们的满足又极大地提高了湘军的战斗力。在个人发展方面，在传统的科举考试之外，曾国藩领导下的湘军为无法走通科举之路的人们打开了另一条晋升之路。只要你有能力，能打仗，能做事，在湘军就可以迅速得到晋升，湘军由此而涌现出了一大批影响那个时代的优秀人才。在名声方面，在给鲍超的信中曾国藩也曾说："凡利之所在，当与人共分之；名之所在，当与人共享之。"凡涉及利益，一定要注意与人共分；凡涉及名声，一定要注意与人共享。这样的人才能成就大事。

用宽广的胸怀容纳人

对于一个领导者来说，胸怀是很重要的。曾国藩的成功大半得益于胸襟的广阔。曾国藩常说："富贵功名皆人世浮荣，惟胸次浩大是真正受用。"胸次，就是胸怀，是胸襟，是一个人的精神境界。他认为一个人如果心中有什么想不开的，那一定是他学习、思想、道德等各个方面没有学到家，没有摆脱世俗的偏见。

(案例来源：《企业管理》：《曾国藩的中国式领导力：如何将乌合之众打造成一支精兵？》，https://mp.weixin.qq.com/s/gpLEcS5Bez7lnIKCJw67Cg，有删改。)

讨论：

1. 结合案例思考，你认为影响领导胜任力的决定因素是什么。
2. 试比较"中国式领导力"与现代企业领导力的异同。

第十章

领导发展论

领导是一种动态的群体过程或群体活动，领导行为不仅是领导者本人的行为结果，还有赖于周围的领导环境。随着时代的变迁和社会的变革与发展，领导行为、领导方式也在不断变化与发展，以适应组织的需要。随着世界经济一体化的发展，国际交往日益频繁，跨文化领导成了一种趋势；随着学习型组织建设的大势兴起，学习型领导成了一种必然；随着卓越理念的发展，卓越领导也成了一种追求。

👉 第一节　跨文化领导

随着中国加入 WTO 以及中国国际化程度的提高，一种新型的领导活动也随之出现，这就是跨文化领导。当今世界，全球化作为一种事实和趋势，正在向我们走来。面对全球化的浪潮，领导力的国际化与跨文化已是大势所趋。进入新时代，中国提出构建人类命运共同体、共建"一带一路"等新思想新倡议，国际地位和国际影响力显著提升，在此背景下，培养跨文化领导者，实现跨文化治理就成了一个重要课题。

一、跨文化领导的内涵

随着经济全球化、文化多元化、知识产业化的来临，国家与国家、企业与企业、组织与组织、个人与个人之间的交流越来越多，不同文化背景的人们的接触也日趋频繁，政治、经济、文化之间相互渗透、相互影响的局面愈加显现。随着改革开放进程加快，我国政府与世界各国在政治、经济、文化、贸易等各方面的接触和联系不断加强，开展的国际经济技术交流和涉外公务活动增多。跨文化领导是在经济交流和市场扩展的过程中逐渐产生的一种独特的领导现象，是适应全球化浪潮和服务世界性文化浪潮的一种新型领导活动。

跨文化领导是一种追求知识的过程。由于跨文化领导是在具有差异性的文化交流过程中形成的，对各种价值观念、风俗习惯、制度惯性有所了解，就成为对跨文化领导者的特有要求。跨文化领导与传统意义上的领导相比，对领导者知识素质的要求更高。随着社会的发展，知识更新周期越来越短。在这个知识更新速度不断加快的时代，知识逐渐取代资本、劳动、土地等资源的重要地位，成为可持续发展的关键性资源。这是一个孕育"追求知识的领导"的时代，随着大数据、云计算、区块链等新兴技术的应用和发展，领导者需要树立持续学习的思维，利用新兴技术提高科学决策能力，以适应时代发展，引领社会进步。如果说知识对传统的领导者来说是一种补充性力量的话，那么在全球化时代，知识就成了跨文化领导者的必备品。

跨文化领导是一种求同存异的过程。跨文化领导者必须能够辨别不同人员和环境的差异。这不仅仅是指对语言、传统、文化等因素的认知，更是指在截然不同的文化中找到共同点并进行归纳总结的能力。尊重差异性、强化包容性就成了跨文化领导的特色，求同存异成了跨文化领导应对时代挑战的必经之路。

二、跨文化领导的要求

随着形势的变化，各级领导者以各种方式与不同文化背景的人们的接触日趋频繁，如异地任职、处理突发事件、与中外新闻媒体直接接触、招商引资、贸易洽谈、出国考察等。面对复杂多变的环境，领导者应具备跨文化能力，提高跨文化胜任力，只有这样才能够更好地履行领导职责，实现跨文化交流、跨文化沟通，促进社会的和谐发展。跨文化敏感性、文化智能以及跨文化胜任力对新形势下的领导者来说，既是现实的客观需要，也是实现跨文化领导的内在要求。

1.跨文化敏感性

跨文化敏感性是指在不同文化交汇的情景下用灵活的方式应对文化差异的能力。领导者的跨文化敏感性，体现在对不同文化的尊重、理解与包容上。在经济全球化的大势下，中国的发展离不开世界，一个领导者应该具备较为开阔的国际视野。对外交往实质上是一种跨文化交际行为，是不同文化背景下的人与人之间的交际。跨文化敏感性的基本构成要素如表 10-1 所示。

表 10-1　跨文化敏感性的基本构成要素

基本构成要素	要求	特征
礼仪文化敏感性	遵循在国际交往活动中约定俗成的一些共同的礼仪习惯，有效避免各个国家因为历史文化差异、宗教信仰不同和风俗习惯各异所产生的冲突与矛盾	以会面为例，要时间精确，有约在先，遵循不让对方等待的原则；尊重隐私，不问收入，不问年龄，不问婚姻家庭，不问健康状况等
制度文化敏感性	在国外各种场合，一定要自觉维护社会主义核心价值体系，同时又要尊重所在国的法律制度文化	美国法律严格规定，只要存在"利益冲突"，哪怕是 1 美元的交易，都应视为腐败行为。因此，对外交往中，"礼尚往来"要尊重受赠方的国情

跨文化领导者应具备跨文化敏感性，尊重对方的思维习惯、文化传统、生活方式、价值观念等。只有尊重他人，才能赢得他人的尊重，并最终赢得他人的信任，与他人建立友谊，深化合作，实现共赢，在对外交往中塑造自身形象，展现民族风采。

2.文化智能

关于文化智能（cultural intelligence，CQ）的概念，不同学者给出了不同的解释，Earley 和 Mosakowski 认为："文化智能是指一种能够理解且从容应对并适应不同国家文化、企业文化和职业文化的能力。"[1]这里，文化智能体现为遇到具体问题时的适应能力。Livermore 则认为："文化智能是一种新的智力评测标准，是在处理不同国家、民族和组织间文化差异时游刃有余的能力。"[2]文化智能（cultural intelligence）从英文的表达来看是情商（emotional intelligence）和文化意识（cultural awareness）的结合。文化智能表现为多元文化环境下采取合适行为的能力，表现为容易接纳新事物、新信息，对不同的文化差异具有很强的求知欲。文化智能的基本构成要素如表 10-2 所示。

表 10-2　文化智能的基本构成要素

基本构成要素	定义	内容
自我激励能力	不断激励自己去适应新文化、新环境的能力	对自身能力的信念和勇气，战胜挫折的能力
文化理解能力	具备关于文化与个性特征的知识，并且能从中找到差异性所在	认知的适应性和处理跨文化交流的能力
跨文化沟通能力	与来自不同文化背景的人有效交往的能力	语言能力、主动发起交谈的能力、建立关系的能力、维持关系的能力

文化智能往往着眼于文化的异同点，理解人与人之间的共同点在哪里，清楚文化的不同点在哪里，从而便于跨文化领导。文化智能可以帮助领导者辨别不同文化导致的人类行为、民众的广泛行为习惯和个别人的特殊行为习惯，从而更充分地了解所处环境以及人们的反应。更重要的是，在跨文化领导过程中，文化智能已经成了关键的领导技能，只有具备文化智能，才能去引领多元文化的团队。

3. 跨文化胜任力

跨文化胜任力作为个体在新的文化背景下适应环境、实现工作绩效的能力，它的形成经历了个体对文化差异的意识及领悟、产生跨文化适应行为的动力、采取有效的跨文化适应措施三个过程。这一过程划分体现了个体文化知识、技能及个性特征发挥作用实现跨文化适应的逻辑过程，厘清了跨文化胜任力的不同层次。跨文化胜任力的基本构成要素如表 10-3 所示。

表 10-3　跨文化胜任力的基本构成要素

基本构成要素	定义	内容	特征
文化认知能力	辨别和体验文化差异的能力	文化知识、文化同感、对信息的正确归因等	能够体会不同文化的差异并领会不同文化的关键特征
跨文化行为动力	融入其他人或其他文化的动机	尊重不同文化，压力承受能力、动机等	有信心和热情面对不同文化带来的挑战
跨文化适应行为	为实现工作目标，采取与目标文化背景相匹配的行为	文化的学习能力、言语及非语言表达、跨文化合作行为等	通过行为细节体现跨文化沟通的意图，并产生正向效果

① EARLEY P C, MOSAKOWSKI E. Cultural intelligence[J]. Harvard Business Review, 2004(8).
② In search of high CQ: a trendy management idea for the age of globalization from business[J]. View, 2010(4).

三、跨文化领导与治理

中国有句俗话："十里不同风，百里不同俗，千里不同情。"不同区域、不同民族甚至不同年龄层之间都存在着文化差异，甚至是文化冲突。如何在跨文化背景下实现有效治理，已成为跨文化领导活动的一项重要内容。

1. 构建多元化领导主体的跨文化治理结构

构建多元化领导主体的治理结构是一项整体性、结构性和功能性要求很强的工作。在多元化领导主体的治理结构中，要将不同领导者按照工作的需要科学定岗，做到扬长避短、优势互补，使领导主体达到职位设置健全、职务分工合理、年龄形成梯次、专业知识配套、气质性格相融，实现领导主体要素的最佳组合，只有这样才能形成一个充满活力的完善的领导主体。

（1）不同年龄梯次的领导主体。

多元化领导主体的年龄结构应当是不同年龄段领导者的有机组合。不同年龄段的领导者有着不同的阅历、不同的文化理解，因而有着不同的优势。在领导主体的构成中形成合理的年龄梯次配备，实现不同年龄段的有机组合，有利于发挥领导者各自的优势，有效克服彼此的短处，形成新老交替的良性循环。在领导主体构成中把老中青按照一定比例组成梯形的年龄结构，也是事业发展阶段性与连续性的体现。

（2）不同专业配套的领导主体。

现代领导工作要求领导主体必须是具有较高文化程度和掌握相当知识的各方面人才优化组合的领导集体。主体成员应当具有较广泛的知识面，又能熟悉某一方面的专门知识，只有这样才能满足工作的需要。而且，每个成员都要熟悉领导工作范围内的专业知识，使整体成为各种专业知识配套的领导集体。可以根据主体的领导功能需要，将具有不同专业知识、专业技能和专业经验的领导个体按科学比例组合起来，形成一个互相补充、互相调剂、门类齐全、相互配套的领导集体，同时把不同智能类型的领导个体按一定比例组合起来，使各种智慧相互碰撞、相互作用，提高整体的智慧效能。

（3）不同气质类型的领导主体。

领导主体之间是否能团结合作，与每个成员的性格气质有很大关系。强强结合，容易产生矛盾；过于软弱、一团和气，难以形成合力。因此，在领导主体的组合过程中，应综合考察干部气质结构的合理性，注意个体气质的特点和群体气质的优化，做到综合型与专业型、开拓型与沉稳型、主动型与配合型等的相互结合，使班子成员的气质刚柔相济，互相补充，协调一致，团结共事。此外，把不同气质类型的领导个体进行科学组合，不仅可以避免因摩擦而产生的内耗，还可以产生一种和谐美，增强领导集体的创造力、凝聚力、战斗力。

2. 实践多样化领导的跨文化治理方式

在跨文化领导过程中，领导活动受到主体价值观、伦理道德、行为准则、社会习俗等的影响。当其与不同的文化结合，则会形成不同的领导模式和领导风格。如何寻求与多元文化的融合，采取怎样的领导方式、领导行为来实现跨文化治理，对跨文化背景下的领导者提出了新的要求。多样化的领导行为主要体现为：变革型领导行为、竞合型领导行为、服务型领导行为以及共享型领导行为（表10-4）。

表 10-4 多样化的领导行为类型

类型	主要内容	主要特征	治理机制	要求	治理方式
变革型领导行为	通过提供愿景、精神鼓励、智力激发、个性化关怀来影响下属，从而提高下属实现愿景的自觉性，以此来提升领导力的有效性	在领导者与被领导者之间通过互动建立联系，创新文化，形成新的文化体系，并以此为纽带使双方向着共同的目标形成共同的价值观	创新机制	增强跨文化敏感性，易于识别不同文化特点，并敢于变革与创新	通过愿景引导、创新引导、价值观引导，实现变革型治理
竞合型领导行为	鉴于战略发展的需要，基于共同利益且围绕组织的核心竞争力而与其他组织遵守游戏规则，以求达到双赢或共赢的目的	对不同文化价值观的尊重。不同的国家、区域、组织，它们的文化与价值不可避免地存在差别。因此，求同存异、尊重不同组织的发展理念变得尤为重要。通过合作化解文化冲突，实现共同发展	协同机制	提升文化智能，能与各种文化背景的人合作、交流、共同进步	以双赢或共赢为目标，遵守游戏规则，实现合作型治理
共享型领导行为	由领导者和其他成员组成的管理团队来共同承担领导责任，领导者摆脱传统独自负责和控制一切的观念，使下属更愿意承担责任并更具主动性	通过文化共识、文化协调、文化整合，引领下属共同参与治理	和谐机制	提升跨文化领导胜任力，参与不同文化的治理活动，并能获得成功	共享领导权力，共同承担领导责任，实现参与型治理

在多元文化的冲击下，需要多样化的领导行为与方式才能适应不同文化的需求，才能适应组织的发展、实现组织的目标。

3. 构建人类命运共同体，实现跨文化治理目标

党的十八大以来，习近平总书记深刻洞察"世界之变"，科学回答"世界之问"，创造性地提出并不断丰富发展构建人类命运共同体的重要思想，为人类社会实现共同发展、长治久安、持续繁荣指明了方向。

党的十九大明确指出，构建人类命运共同体，就是要建设持久和平、普遍安全、共同繁荣、开放包容、清洁美丽的世界。实现持久和平，关键在于相互尊重、平等协商，坚决摒弃冷战思维和强权政治，走对话而不对抗、结伴而不结盟的国与国交往的新路；确保普遍安全，以对话解决争端、以协商化解分歧是必由之路；迈向共同繁荣，唯有推动经济全球化朝着更加开放、包容、普惠、平衡、共赢的方向发展；坚持开放包容，需要尊重世界文明多样性，以文明交流超越文明隔阂、以文明互鉴超越文明冲突、以文明共存超越文明优越；守护清洁美丽，必须坚持环境友好理念，保护好人类赖以生存的地球家园。世界命运握在各国人民手中，人类前途系于各国人民的抉择。各国同舟共济、同心协力，推动人类命运共同体建设，必将共同创造人类的美好未来。

党的二十大报告指出，构建人类命运共同体是世界各国人民前途所在，并将推动构建

人类命运共同体列为中国式现代化的本质要求之一。

在"构建人类命运共同体"的思想指引下，中国积极推进国际货币基金组织等多边机制的改革，充分发挥金砖国家、二十国集团等组织的作用，成为国际经济治理体系改革的建设性参与者；中国提出并实施"一带一路"倡议，构建全方位、多层次、复合型的互联互通网络，实现沿线各国多元、自主、平衡、可持续的发展，成为各国共同发展的推动者；中国成功举办北京奥运会和上海世博会，与多个国家互办"文化年""文化节"，是不同文明对话交流的促进者；中国的努力推动使朝鲜半岛核问题等热点问题得到了妥善解决；中国积极参与国际反恐、反海盗合作，是地区和世界和平的维护者；中国在应对气候变化、实现联合国千年发展目标等问题上自觉承担相应义务，是处理各类全球性问题的重要贡献者。这些无不体现了我们跨文化治理的实践与发展，也体现了我国倡导实现共同安全、经济上共同繁荣、文化上兼容并蓄的跨文化治理的目标追求。

👉 第二节　学习型领导

全球经济的互相渗透、知识的日新月异、技术的突飞猛进，使得以往成功的经营模式和传统的管理理念日渐失去效力，这就要求组织必须成为学习型组织。学习型组织是知识经济时代的产物，强调对知识的学习，实质上是一种全新的领导理念和组织机制，是对传统领导模式提出的全新挑战。在这种形势下，一种新型领导行为——学习型领导也就应运而生了。

一、学习型领导的内涵

21世纪是知识经济飞速发展的时代。这个时代面临着科技革命和市场竞争的挑战，领导者需要转变观念，适应时代的要求。面对新形势、新任务，如果领导者不抓紧学习、不抓好学习，不在学习和工作中提高自己，就难以完成肩负的历史责任，甚至难以在这个时代立足。知识经济时代需要学习型领导，只有把学习知识、提高素质作为生存和发展的紧迫任务，把学习当成一种习惯，牢固树立终身学习的观念，才能敏锐地把握时代前进的脉搏，科学地判断世界发展大势，更好地在竞争中抢占先机、掌握主动权。

所谓学习型领导是领导者为了有效实现领导目标，引领被领导者通过学习获取知识、传递知识、创新知识、应用知识，使被领导者对组织的决策深刻理解与认同，并通过学习主动地、创造性地开展工作的领导行为。学习型领导是在知识经济时代产生的一种新的领导方式，是领导者通过学习汲取营养、成就自我，不断提升自己的"软实力"、竞争力和领导力，实现"学以立德、学以增智、学以强能、学以创业"的一个过程。

二、学习型领导的特征

学习型领导是新形势下的新领导方式，它有以下几个特征：

（1）学习型领导是一种柔性领导。

柔性领导就是在研究人们心理和行为的基础上，依靠领导者的非权力影响力，采取非强制命令的方式，在人们心目中产生一种潜在的说服力，使其自觉服从和认同组织意志，从而把组织意志变为自己自觉的行动的领导行为。① 学习型领导不是一种通过强制的力量达到领导目的的粗暴行为，而是一种温和的、柔性的领导过程。学习是为了让人在遇到某一类现实问题时，能运用自己的知识与经验，以自己的思维方式去寻求解决途径，而不是找标准答案。学习型领导不是以强制灌输和硬性的规定来达到领导目的的，而是通过学习这一柔性的方式，循序渐进地让人们领会领导者的意图，从而实现领导目标。

（2）学习型领导是以人为本的领导。

以人为本的核心是关心人、尊重人、注重人的全面发展。学习型领导是从满足人的全面需求、促进和实现人的全面发展出发的，通过学习提升领导力，从而更好地为大众服务。

（3）学习型领导是一种创新领导。

学习型领导以引导、带动人们主动学习为出发点，让人们接受新知识、新思维，让人们从学习和实践中体会、理解并认同领导思维和领导目标，发现有创新意义的新方式、新方法。学习型领导，可以让人们的思维得到发展，也能让人们在宽松的环境中广开言论，提出新意见和新见解。

（4）学习型领导是一种共享的领导模式。

共享领导主要表现为尊重、倾听、鼓励他人，分享知识和成果，并最终影响决策。学习型领导强调知识的共享，通过互相学习、共享学习成果来实现领导目标。

三、学习型领导的实践

1. 中共中央政治局集体学习是实践学习型领导的典范

中共中央政治局召开的集体学习会就是学习型领导的一个典范。2002年12月26日，从十六届中共中央政治局开始，我们党就将高层的学习活动固定下来，形成了一种党中央领导集体开门问政、专家学者资政论道的中国特色集体学习制度。中共中央政治局集体学习制度是我们党长期坚持的一项重要制度。十九届中共中央政治局集体学习由中共中央总书记亲自主持，政治局全体人员共同参与，邀请国家智库成员或相关领域专家围绕党和国家的中心工作和大政方针等重大问题进行专题授课，或由相关部门负责人以谈体会的形式展开，对凝聚高层共识和影响决策制定起到了至关重要的作用。② 从2022年10月到2023年11月，二十届中共中央政治局集体学习已经举办了10次，几乎每次学习都由两至三位专家主讲，学习内容涉及经济、政治、文化、社会、法律、历史、科技、军事、体育等诸多方面的重大问题。政治局定期集体学习，已成为新时期核心领导层凝聚共识并治国理政的一种方式，对领导决策和领导行为产生了重要影响。如2023年7月24日，八一建军节来临之际，中共中央政治局就全面加强军事治理进行第七次集体学习。中共中央总书记习近平在主持学习时强调，全面加强军事治理是我们党治军理念和方式的一场深刻变革，是加快国防和军队现代化的战略要求，是推进国家治理体系和治理能力现代化的重要方面③。

2. 中心组学习制度是实践学习型领导的具体体现

在中共中央政治局集体学习的带动下，各省（自治区、直辖市），中央和国家机关各部

---

① 许一. 柔性领导：21世纪有效领导要诀［M］. 北京：经济管理出版社，2009.

② 李亚男，王久高. 中央政治局集体学习制度研究［J］. 思想教育研究，2019（12）：120-124.

③ 习近平在中共中央政治局第七次集体学习时强调 全面加强军事治理 以高水平治理推动我军高质量发展［EB/OL］.（2023-07-25）［2023-10-09］. https：//news.cctv.com/2023/07/25/ARTIL5OENOcILVtFhRgtPVSr230725.shtml.

委，解放军各总部，各大单位，各人民团体也纷纷采取了常委会集体学习、中心组集体学习等多种形式，广泛开展学习活动，并根据实际需要纷纷出台了中心组学习的制度规范。中心组学习制度化本身既是科学执政、民主执政的直接体现，又是实践学习型领导的体现。中心组学习把学习理论同国家的重大方针政策结合起来，把经济、政治、科技、法律的学习与业务工作的学习结合起来，使领导者掌握并不断提高贯彻执行党的基本理论、基本纲领、基本路线的自觉性和坚定性，使领导者通晓本职工作所必需的各方面知识，不断提高领导水平。中心组学习制度有利于提高各级领导的领导水平和决策能力。科学决策离不开科学理论的指导。中心组学习，是提高领导者基本理论素养和科学思维方法的场所，也是提高领导政策水平和专业知识水平的课堂。实践证明，中心组学习对提高领导班子和领导决策水平具有重要作用。

3. 领导挂职锻炼是推行学习型领导的实践模式

所谓挂职，就是领导者在不改变行政隶属关系的前提下，到其他地方（岗位）委以具体的职务进行锻炼的一种临时性任职行为。作为干部人事制度的一个重要组成部分，挂职锻炼在我国已经实施多年，并且已成为我国政治生活中从中央到地方的一项重要的惯例性政治现象，或是一项"准制度"。中华人民共和国成立后，挂职领导曾用"工作队"等形式，到农村去指导生产，开展社会主义教育等。改革开放以来，领导挂职的形式更加多元，民族地区、革命老区、广大农村是挂职领导主要的输入方向，形成了"博士服务团""专职科技副县长""高校服务团"等品牌性的挂职项目，受到了接受挂职单位或地区的领导欢迎。自党的十八大以来，中央再次强调了新时期推进领导交流工作制度化、规范化，实行领导挂职锻炼的重要性，新一轮的领导交流和挂职锻炼正在各个层面展开。选派挂职领导的主体从过去党政部门向国有企业、事业单位、社会团体拓展，挂职年限有 1 年到 3 年不等。有过挂职经历的领导群体正在不断扩大。挂职锻炼，成为不少干部成长经历中的一个重要环节。我国实行改革开放 40 多年以来，在各级党政领导岗位上奋发有为、成绩突出的领导者，都是在丰富的实践锻炼中成长起来的。通过挂职锻炼，领导者深入基层、深入实际，能在克服困难、化解矛盾、突破难点中经受锻炼，增长才干。

4. 领导轮训制度是实践学习型领导的长效机制

领导轮训制度，是学习型组织建设和实践学习型领导的长效机制。面对经济全球化和知识经济时代的挑战，"人"成了决定发展的关键因素。在新的形势下，国家面临的任务相当繁重，新情况、新问题层出不穷，这就对各级领导的素质提出了更高要求，因此需要加强领导者培训，使其更适应形势的变化，提高执政水平和行政能力。近年来，领导教育培训都是由政府主管部门统筹安排，相关部门密切配合，组织部门牵头开展的。建设高素质领导队伍和人才队伍，是领导教育培训工作的根本目标。领导的成长是一个复杂的过程，是政治思想不断成熟、理论政策水平不断提高、业务工作经验不断累积、组织领导能力不断增强、社会阅历日益丰富的综合体现，也是多方面影响因素交互作用的结果。领导成长的规律，决定了领导教育培训是以理论武装为首要任务的综合素质和领导能力培养相结合的培训。领导轮训制度，是实践学习型领导的一项长期任务，我们必须把经常性教育与集中教育结合起来，以经常性教育为主，建立健全长效的教育培训机制，使领导者与时俱进，不断学习新的知识，培养新的技能，增强解决新的矛盾和问题的能力，领导全国人民不断推进社会主义现代化建设，并取得越来越多的成就。

5. 读书学习活动是实践学习型领导的根本要求

读书学习是实践学习型领导的必然要求。书籍是人类获取知识的载体，是人类智慧的结晶，是人类进步的阶梯。读书的好处很多，如可以获取信息、增长知识、开阔视野，可以陶冶性情、培养和提升思维能力等。读书对于一个人的成长进步很重要，对于提高领导素质、做好工作更重要。工欲善其事，必先利其器。从古今中外历史中可以清晰地看到这样的现象：事有所成，必是学有所成；学有所成，必是读有所得。现在，我们的各级领导承担着执政兴国、执政为民的重要职责，肩负着为官一任、造福一方的重要使命，要想认清科学发展形势、把握科学发展规律、统领科学发展全局、创造科学发展业绩，都离不开读书学习。当今世界和当代中国正在发生全面而深刻的变化，坚持改革开放，推动科学发展，促进社会和谐，开创中国特色社会主义事业新局面，对领导者的素质和能力提出了新的要求，对领导读书学习也提出了新的要求。爱学习、勤读书，通过读书学习来增长知识、增加智慧、增强本领，这是新形势下做一名学习型领导者、实践学习型领导的内在要求和必经之路。

为提高中央国家机关领导干部的素质，中央国家机关工委和新闻出版总署联合组织开展了"强素质，做表率"的读书活动。各地基层组织在开展读书学习活动过程中探索了许多好方式，形成了一大批富有特色的新阵地、新平台、新品牌。比如浙江省委专题读书会、山东省委中心组读书会、湖北领导干部读书班、湖南干部学习促进会、广东学习论坛等。一些地方创造的"万人大宣讲""党课学习日""星期天学院"等活动，成了学习型组织建设、学习型领导实践的新亮点。许多地方还积极运用网络、手机等新媒体开展"在线学习"，开设各类选学课程，为领导者提供了便捷的个性化学习平台，极大地提高了学习的覆盖面和参与度。湖南省益阳市委组织部为了提升领导者的学习能力，实施了"三个一"工程，即"每月读一本书，每天抽出一个小时读书，每年组织一次交流学习心得体会"。领导者通过这项工程，能够静下心来学习，取得了很好的效果，目前已经常态化、机制化。这些学习模式，构建了共享式学习的空间，增加了领导者学习交流的机会，为实践学习型领导创造了有利的条件。

6. 高学历是践行学习型领导的重要表现

未来学家托夫勒在 20 世纪 90 年代就指出："知识"在 21 世纪必定毫无疑问地成为首位的权力象征。相反，"财富"只占第二位，而"暴力"则落到了第三位。"高质权力则源于权力的运用。"[①]领导学大师丹尼斯·朗恩也指出："在今天的社会，资讯就如同古代'帝王的权杖'——拥有知识的人，可以成为最有权力、最有创富资源的人。"[②]学历是知识、学识的一种体现，现在领导者学历层次的不断提升，正是实践学习型领导的一个重要表现。据统计，2022 年，我国新换届的 392 名省级常委中，超 8 成具有硕士研究生或博士研究生学位，其中具有工学博士、经济学博士等学位的常委已经超过三分之一。比如青海，年轻化、高学历是青海新一届省委常委的特点。当选的 13 名常委中，12 人为"65 后"，其中两人为"70 后"，6 人拥有博士学位。再比如北京市委常委班子，13 名常委均为硕士、博士，其中

① 托夫勒.权力的转移[M].吴迎春，等译.北京：中信出版社，2006.
② 朗恩.权力的智慧[M].王笑东，译.北京：民主与建设出版社，2002.

博士有 8 位①。"高学历常委"标志着领导者"高知识化"时代的到来。这一现象也表明我国实现了学习型领导的转型与发展。

☞ 第三节　卓越领导

德国有一句谚语：甘于平庸是一种错误，每个人都应当追求卓越。这表明只有每个人都向高标准看齐，并为此而努力，才能不断实现个人的进步、组织的发展、国家的强盛。作为领导者更应不断追求卓越，以卓越领导引领我们迈向卓越的未来。

一、卓越领导的内涵

"卓越"通常指"出类拔萃"。目前，卓越的概念更多地出现在企业管理的特定语境中。汤姆·彼得斯曾做出如下解释："卓越"的特性在于克服惯性，能够灵敏、持续地应对任何环境变化，当企业需求改变、竞争对手实力增强、国际贸易势力重组、政府法规调整时，能够及时转向、修改、调整、转型以及适应。② 一直以来，人们都在探索，是不是有一条通用法则，可以让领导者们获得成功，实现卓越。但如同世界上没有两片完全相同的树叶，世界上也没有两个完全一样的人。哈佛商学院的比尔·乔治教授及另外三位专家对 100 多位企业领导者进行深度采访和研究后发现：许多卓越领导者的卓越领导都源于他们各自不同的人生经历。这意味着没有卓越领导的"通用模式"。

所谓卓越领导，是领导者在对环境进行分析的基础上，根据实际需要选择合适的领导方式，凭借自身的影响力，激励和引导被领导者努力实现愿景、确保组织持续发展的领导行为。卓越领导强调领导者的影响力，强调组织的利益高于自身利益，强调提高被领导者实现组织目标的自觉性，强调领导行为的效能，强调组织发展的可持续性。

卓越领导是追求卓越绩效的领导模式。由于社会管理日趋复杂，牵一发而动全身，加之公众对政府无论在效率还是公平等方面均提出了更高的要求，政府需要一种以结果为导向，以顾客服务为中心，通过领导力来驱动组织的战略、规划、人员、流程、资源等实现有效整合，追求卓越绩效目标的领导模式。卓越领导主要表现为以下三种领导模式：一是战略型领导。领导者必须有明晰的战略目标，能把握前进的方向，识别问题与机遇，将消极面转化为积极面；能抓住、塑造和发展这些机会，确保它们转化为现实。二是营销型领导。要把公众视作顾客，试图满足其个性需求，而不应仅仅考虑政府的需要或者从方便政府的角度来提供公共服务。三是效益型领导。像企业家那样精明地重视公共物品的生产成本、效益和效果，追求卓越绩效。

卓越领导是一种魅力型领导。魅力型领导是指领导者所具备的非凡品质，在领导活动中表现为对追随者的吸引力、凝聚力和感召力，以及因此而形成的领导者和追随者之间的

① 李洪鹏. 全国省级党委换届收官：392 名常委中超 8 成具有研究生学历［EB/OL］.（2022-07-03）［2023-10-16］. https://www.thepaper.cn/newsDetail_forward_18854288.
② 陈沁磊. 动态战略情境下的卓越战略领导力研究［J］. 中国人力资源开发，2010(1)：5.

和谐关系。① 欧洲著名企业管理学家凯茨·弗里斯认为，领导行为是由领导者内在的能力决定的。卓越领导体现了领导者所具备的优秀品质。他认为，以下品质是卓越领导者绝对不可缺少的：①果敢。领导者应有自己清醒的头脑，不仅知道自己要达到什么样的目标，而且知道如何达到目标；果敢的人善于占据主动，富有活力，追求最大程度的成功；他们是行动家，同时善于感染别人，让别人也敢于创造，敢于成功。②乐于接受。优秀的领导者总是欢迎新点子和经验。③平易近人。有效率的领导者对人和善，人际关系和谐，受人拥戴；他们是优秀的团队成员，在各种情况下都能取得积极的效果。④可靠。人们可完全信任一位优秀的领导者，是因为他谦虚，而且信守承诺。⑤分析能力。大多数优秀的领导者都具备超常的分析能力，并具有战略性眼光。② 由此可见，卓越领导是领导者凭借个人的某些个性特质及人格魅力引领被领导者实现目标的行为。

卓越领导是一个变革的过程。约翰·科特提出："领导力的主要特征就是变革。"③工业革命改变了社会格局，社会变化日新月异，科学技术的进步、全球化的迅猛发展对组织领导者、管理者提出了新的课题，如果仍然用"无为而治"的思想来管理组织，势必会被社会淘汰。领导力是推动变革的关键力量，只有经过危机考验的领导者，才能进入一个更高层次，才能实现卓越。因此，卓越领导就是不断地提升领导者的卓越领导力的变革过程。

二、卓越领导的实现

1. 决断力成就卓越领导

所谓决断力，是指决策者能快速反应、快速判断、快速取舍、快速行动、快速修正的综合能力。卓越领导的决断力最明显的特征是它的快速性。

2023 年 7 月 29 日 20 时至 8 月 2 日 7 时，北京出现极端强降雨天气，降雨量为北京地区有仪器测量记录 140 年以来最高值。在党中央、国务院的坚强领导下，解放军和武警部队、消防、医卫、通信保障、交通等驰援保障队伍日夜兼程、奋勇冲锋，全力搜救失联、被困人员，千方百计运送保障物资，抢修交通、通信、电力等受损基础设施，争分夺秒打通抢险救援"生命通道"。截至 2023 年 8 月 7 日，北京受特大暴雨灾害影响的 256 个断路村全部具备应急通车条件。截至 2023 年 8 月 8 日 18 时，除异地安置的 9 个村外，其余全部村已恢复供电；除异地安置的 5 个村外，其余全部村已恢复供水；342 个此前通信中断的村子全部恢复通信。

这一行动反映了中央领导者快速决断的能力。面对困境能有急智，这是快速性决策的一个显著特征。决断力主要体现在快速行动上，看准了的事必须马上做。抓发展机遇要快速决策，否则稍纵即逝，时不我待。抓住了机遇，就抓住了有利于事物发展的条件，就能促成内外因的有机聚变。快速决策的过程，其实就是领导者先进性作用的发挥过程。决断还要随时修正，一旦发现决断错了，就要及时进行修正。决断的灵活性体现在它的创造性方面，决断者要敢于探索，敢于冒一定的风险，善于创新的决断者总是视变革为机遇，视危机为转机。灵活才能持久，行不通就改变。决断力是一种合力，它主要由领导者的魄

① 申传刚，郭方.魅力型领导以及培养[J].湖北教育：领导科学论坛，2011(1)：2.
② 皮诺.重造卓越领导力[J].当代经理人，2009(12)：2.
③ 科特.变革的力量[M].方云军，张小强，译.北京：华夏出版社，1997.

力、洞察力、分析能力、直觉能力、创新能力、行动能力和意志力等复合而成。杰克·韦尔奇把决断力看成是"面对困难处境勇于做出果断决定的能力"和"始终如一执行的能力"。科学的决断是工作取得实效的关键。要提高科学决断能力，就必须深入调查研究并善于集思广益。

2. 诚实守信成就卓越领导

诚实守信即诚信，是人类社会千百年传承下来的道德传统，也是社会主义道德建设的重点内容，它强调诚实劳动、信守承诺、诚恳待人。古今中外，诚信一直都是社会和谐的纽带，在人际交往、社会发展、治理国政等方面都发挥着十分重要的作用。首先，诚信是个人安身立命的根本。诚信具有本体论和道德论的意义。其次，诚信是社会存续发展的基础。诚信是一种社会道德资源，在社会生活中扮演着极其重要的角色。再次，诚信是为政治国的基本原则。为政者要想长治久安，必须率先垂范，为政以德，讲求诚信，取信于民。领导者能否成功，首要的因素是领导者本人具备正直诚实的高贵品质。美国领导力专家库泽斯和波斯纳在1987年、1995年和2002年三个不同的阶段对7500名民众进行的"最吸引人的领导品质"的追踪调查中发现，从1987年到2002年的15年里，待人真诚始终是领导者提高可信度的第一要素。待人真诚的含义很广，包括：真挚、坦诚、诚实、讲真话，而这也是诚实守信的题中应有之义。西晋羊祜《诫子书》中说："愿汝等言则忠信，行则笃敬"，旨在说明言而有信、言出必行的重要性。北宋著名理学家程颢、程颐兄弟自幼在《程氏家训》的教育下成长，家训中有"人无忠信，不可立于世。不信不立，不诚不行。不诚无以为善，不诚无以为君子"的教诲，意在说明诚信是君子修身立德的重要途径，是为人处世的重要原则。清代廉吏汪辉祖在《双节堂庸训》中说"以身涉世，莫要于信。此事非可袭取，一事失信，便无事不使人疑"，旨在告诫后世子孙，人生在世，一事失信，事事受疑，必须以诚信为先。

3. 责任意识成就卓越领导

俗话说，责任重于泰山。责任意识就是对自己所负有使命的忠诚和恪守，就是对自己工作出色的完成。责任意识无论是对一个国家，对一个政党，还是对一个领导者来说都是十分重要的。我们的社会需要责任，因为有了责任，才能促进社会进步，有了责任，才能保证社会平安。也正是因为责任，才保证了诚信，保证了服务，保证了敬业，保证了创造，保证了社会的可持续性，总之，责任意识成就卓越。责任意识是一种伟大人格的体现，一个富有魅力的领导者必然是一个富有责任感的人。意大利哲学家马志尼说过这样的话："我们必须找到一项比任何理论都优越的教育原则，用它指导人们向美好的方向发展，教育他们树立坚贞不渝的自我牺牲精神，这个原则就是责任，这种责任是他们终生的责任！"责任意识是一个人品格和能力的承载，是一个人走向成功必不可少的素养。所有卓越的领导者，都有一个共同的优秀品质——责任意识。聪明、才智、学识、机缘等固然是促成一个人成功的必要因素，但缺乏了责任意识，一个人仍是不可能成功的。

4. 变革精神成就卓越领导

2500多年前，古希腊的学者就指出："唯一千古不变的事物就是变化：宇宙在变，地球在变，国家在变，社会在变，人在变。而组织作为人的活动的载体，更是处于不断的变革之中。"变革历来都是艰辛的历程和严峻的考验，领导者必须在信念、勇气和智慧三个方面进行修炼，以达到目标。一是坚定变革的信念。具有变革精神的领导者，都有一个共同的特点——不满现状，追求卓越。他们对国内外的环境及变化有深刻的了解和认识，同时对未来的发展有明确的目标，他们知道只有变革才能使组织发展进步。二是拥有变革的勇气。变革就是改变现状，人们在现实生活中往往都存在心理定式，不愿意改变，希望一切都维持原状。但是作为领导者，尤其是要实现卓越领导的领导者，必须有变革的勇气，能够敢于变革，敢于承担变革的风险。三是具备变革的智慧。对于真正的变革者，尤其是变革型领导者而言，仅有变革的信念和变革的勇气，还远远不够。因为变革，意味着要从新的视角重新审视我们所处的外部环境及内部结构，以便形成未来的发展目标和相应的变革方案。因此，变革型领导者首先要反省自己的思维模式，即视角。一个人的思维模式是在过去的环境和经验基础上逐渐形成的，一旦形成，便成为一个人看待一切事物的基础。思维模式是变革的出发点，也是落脚点。因此，变革中的领导者，要站在更高的角度重新审视自己，使自己的思维模式脱离原有思想的桎梏，采取系统思维的方式，审时度势，把握改革的方向。在这样一个变化的时代、变化的世界，要实现卓越领导，领导者必须有坚定的变革信念，把握好变革的时机，在困境中发现机遇，拿出改变现状的勇气，挑战自我，勇于变革、善于变革。

5. 创新能力成就卓越领导

彼德·德鲁克曾说过："在经济全球化和信息化的形势下，企业创新则生，守旧则亡。"在知识经济背景下，一个组织的战略竞争优势集中体现在能够敏捷和持续地进行创新。组织要想在激烈的变革竞赛中谋求生存和发展，首要的就是能够不断适应、选择和改善自身的生存环境，提高自身的创新能力。创新能力是集分析能力、决策能力、领导能力、组织能力、应变能力等于一体的综合能力。领导者只有始终坚持学习，获取新知识、形成新思维、掌握新方法，才能不断提高创新能力。因此，在知识经济时代，只有创新才能成功，也只有创新型的领导才能成就卓越，即唯创新者进，唯创新者强，唯创新者胜，创新能力是实现卓越领导的必然要求。

思 考 题

1. 什么是跨文化领导？
2. 学习型领导的实践形式有哪些？
3. 在公共领域如何实现卓越领导？

案 例 讨 论

习近平总书记的奋斗之道

青春由磨砺而出彩，人生因奋斗而升华。从青春时代起，习近平就秉持着这样的精神，胸怀忧国忧民之心，担负起民族振兴的时代责任。1969年新年刚过，辗转火车、卡车、徒步，不到16岁的习近平，从北京来到陕北。在梁家河，习近平什么活儿都干，什么苦都吃。7年知青岁月，习近平带领梁家河村干部群众打井汲水、筑坝淤地、修公路、建沼气池，创办磨面坊、铁业社、缝纫社、代销店，习近平用行动给奋斗做出了最好的注脚。回望那段日子，习近平曾说："艰难困苦能够磨练一个人的意志。七年上山下乡的艰苦生活对我的锻炼很大，后来遇到什么困难，就想起那个时候在那样的困难条件下还可以干事，现在干吗不干？"

为民做实事，质朴而又铿锵有力。1966 年 2 月 7 日，人民日报头版头条位置，刊登了新华社记者穆青、冯健、周原的长篇通讯《县委书记的榜样——焦裕禄》。那一年，习近平 13 岁。谈起这段往事，习近平说："我当时正上初一，政治课张老师念了这篇通讯，我们当时几次都泣不成声……"2009 年，习近平来河南视察，专程到兰考拜谒焦陵。习近平这样评价焦裕禄精神："无论过去、现在还是将来，都永远是亿万人心中一座永不磨灭的丰碑，永远是鼓舞我们艰苦奋斗、执政为民的强大思想动力。"焦裕禄精神犹如一盏明灯，让习近平从不谙世事的少年成长为成熟稳重、富有韬略、勇于担当的百姓领头人。

成功的背后，永远是艰辛努力。实现梦想的前景无比光明，但成功的背后离不开艰辛的努力。习近平总书记以自己的亲身经历为广大青年学子树立了榜样。念兹在兹，对于青年学子的成长，习近平总书记总是言之谆谆、期望殷殷。2014 年，习近平总书记来到北京大学考察，同师生座谈并发表重要讲话。他表示："青年有着大好机遇，关键是要迈稳步子、夯实根基、久久为功。心浮气躁，朝三暮四，学一门丢一门，干一行弃一行，无论为学还是创业，都是最忌讳的。'天下难事，必作于易；天下大事，必作于细。'成功的背后，永远是艰辛努力。青年要把艰苦环境作为磨炼自己的机遇，把小事当作大事干，一步一个脚印往前走。"悉心关怀，谆谆教诲，处处体现着习近平总书记对青年学子的殷切期望。

（案例来源：光明网：《开学第一课｜总书记的奋斗之道》，https：//m. gmw. cn/2023-08/31/content_36801070. htm，节选。）

讨论：

1. 你如何看待"习近平总书记的奋斗之道"？
2. 试从领导发展论的视角来谈谈领导的成长。

参考文献

一、中文参考文献

[1] 谭继廉. 现代领导知识大全[M]. 北京：中国物资出版社，1988.

[2] 罗宾斯. 组织行为学[M]. 7版. 孙建敏，李原，等译. 北京：中国人民大学出版社，1997.

[3] 海云明. 情感智商[M]. 北京：中国城市出版社，1997.

[4] 王乐夫. 领导学：理论、实践与方法[M]. 广州：中山大学出版社，1998.

[5] 俞可平. 治理与善治[M]. 北京：社会科学文献出版社，2000.

[6] 屠春友. 现代领导心理学[M]. 北京：中共中央党校出版社，2001.

[7] 刘建军. 领导学原理：科学与艺术[M]. 上海：复旦大学出版社，2001.

[8] 陈尤文. 领导者的艺术：从起步到成功[M]. 上海：上海人民出版社，2001.

[9] MBA核心课程编译组. 谈判与沟通[M]. 北京：九州出版社，2002.

[10] 孙立樵，冯致筌. 现代领导学教程[M]. 北京：中共中央党校出版社，2002.

[11] 李成言. 领导学基础[M]. 北京：中央广播电视大学出版社，2003.

[12] 史晟. 领导的三大艺术：掌权·用权·放权[M]. 北京：中国盲文出版社，2004.

[13] 莫寰. 新编管理学[M]. 北京：清华大学出版社，2005.

[14] 陶国富. 领导艺术心理学[M]. 上海：立信会计出版社，2005.

[15] 李家晔. 完美执行之最佳沟通[M]. 北京：中国时代经济出版社，2005.

[16] 余伟萍. 企业持续发展之源：能力法则与策略应用[M]. 北京：清华大学出版社，2005.

[17] 陈福今，唐铁汉. 领导科学概论[M]. 北京：人民出版社，2006.

[18] 车洪波，郑俊田. 领导科学[M]. 北京：中国商务出版社，2006.

[19] 罗大明，张梦，朱世宏. 领导学[M]. 成都：四川科学技术出版社，2006.

[20] 彭忠益. 组织中的领导行为研究[M]. 长沙：中南大学出版社，2007.

[21] 聂正安. 管理学[M]. 3版 长沙：中南大学出版社，2007.

[22] 梭伦. 以人为本：领导的艺术[M]. 北京：中国纺织出版社，2007.

[23] 邱霈恩. 领导学[M]. 2版. 北京：中国人民大学出版社，2008.

[24] 夏书章. 行政管理学[M]. 4版. 广州：中山大学出版社，2008.

[25] 许一. 柔性领导：21世纪有效领导要诀[M]. 北京：经济管理出版社，2009.

[26] 胡月星. 领导人才测评[M]. 北京：中国发展出版社，2009.

[27] 陈显英. 领导心理学[M]. 北京：企业管理出版社，2009.

［28］赵麟斌，等. 领导文化新探［M］. 上海：同济大学出版社，2010.

［29］周三多. 管理学［M］. 3 版. 北京：高等教育出版社，2010.

［30］张德. 组织行为学［M］. 4 版. 北京：高等教育出版社，2011.

［31］冯秋婷. 领导学概论［M］. 北京：中共中央党校出版社，2011.

［32］孙科炎. 领导心理学［M］. 北京：中国电力出版社，2012.

［33］万良春. 新编领导科学教程［M］. 5 版. 北京：中共中央党校出版社，2012.

［34］罗宾斯. 管理学［M］. 13 版. 刘刚，程熙镕，梁晗，译. 北京：中国人民大学出版社，2017.

［35］石训. 论领导过程的同步协调［J］. 领导科学，1987（9）：19-21.

［36］王国印，齐同春. 从"三论"看领导过程的实质与特征［J］. 探索，1988（5）：68-70.

［37］漆多俊. 经济法价值，理念与原则［J］//经济法论丛，1999（2）.

［38］王乐夫. 管理、领导概念异同辨析：一对核心概念的基础研究［J］. 中山大学学报（社会科学版），1999，39（3）：119-122.

［39］郑晓明. 领导权变论：西方领导理论的主流［J］. 中国人才，1999（11）：17-19.

［40］梁勇. 领导生命周期理论及简图［J］. 管理工程师，2000，5（2）：11.

［41］罗振宇. 领导与管理的概念应从行为上加以区分［J］. 领导科学，2000（4）：44-45.

［42］朱立言，雷强. 领导与管理的差异［J］. 中国行政管理，2000（6）：14-17.

［43］朱立言. 公共行政领导者与工商企业领导者之比较［J］. 中国行政管理，2000（3）：17-18.

［44］曹堂哲. 领导与管理异同辨析：一种理念、工具、范式的视角［J］. 中山大学研究生学刊（社会科学版），2001（3）：82-89.

［45］李春林. 西部领导力开发论析：西部开发的另一个视角［J］. 内蒙古大学学报（哲学社会科学版），2001，33（2）：66-71.

［46］戚振江，张小林. 领导行为理论：交换型和变革型领导行为［J］. 经济管理，2001，23（12）：33-37.

［47］刘建军，况皓. 跨文化领导：对中国领导者的挑战［J］. 领导科学，2002（12）：24-25.

［48］刘建军. 从领导者到领导群：领导理论在 21 世纪的变革［J］. 领导科学，2002（4）：34-35.

［49］唐成海. 试论领导过程：关于领导方法和领导艺术的一点思考［J］. 镇江高专学报，2002，15（2）：19-21.

［50］童中贤. 领导力：领导活动中最重要的功能性范畴［J］. 理论与改革，2002（4）：95-97.

［51］沈杰. 中国社会心理嬗变：1992-2002［J］. 中国青年政治学院学报，2003，22（1）：133-139.

［52］张西京. 建立引咎辞职和责令辞职制度的五个关键问题［J］. 甘肃社会科学，2003（4）：46-49.

［53］韩国华. 浅谈领导者在领导过程中的影响力［J］. 河北能源职业技术学院学报，2003，3（2）：4-5，14.

［54］申喜连. 管理概念的新审视［J］. 中国行政管理，2004（3）：11-13.

［55］许欢，彭忠益. 试论现代西方领导理论的演进［J］. 广西教育学院学报，2004（5）：87-90.

［56］郑卫国. 领导控制的误区、原因及改进对策［J］. 理论与改革，2005（5）：108-111.

［57］黄俊汉. 试论提升领导力［J］. 经济与社会发展，2005，3（1）：73-76.

［58］彭剑锋. 培育领导力与领导团队［J］. 中国电力企业管理，2005（5）：32-33.

［59］杨峻峰. 如何提高领导者的指挥协调能力［J］. 党政干部学刊，2005（10）：39-40.

［60］邓文君，马剑虹，等. 跨文化胜任力与敏感性研究进展［J］. 人类工效学，2006，12（4）：60-63.

［61］中国科学院"科技领导力研究"课题组，苗建明，霍国庆，等. 领导控制力研究［J］. 领导科学，

2006(14)：36-38.

[62] 叶余建，聂雪林. 领导理论新进展：共享领导力[J]. 技术经济与管理研究，2006(2)：112.

[63] 高嘉勇，吴丹. 中国外派人员跨文化胜任力指标体系构建研究[J]. 科学学与科学技术管理，2007，28(5)：169-173.

[64] 兰徐民. 领导力的构成及其形成规律[J]. 领导科学，2007(22)：34-35.

[65] 宋源. 虚拟团队中的共享领导模式[J]. 中国人力资源开发，2007(8)：13-16.

[66] 文茂伟. 领导学研究中需要澄清的几个概念[J]. 领导科学，2007(10)：38-39.

[67] 文茂伟. 西方新领导理论：兴起、发展与趋向[J]. 社会科学，2007(7)：98-111.

[68] 袁明旭，陈毅. 走出对领导者智商与情商的认识误区[J]. 长春师范学院学报，2007，26(9)：4-7.

[69] 慕彦瑾. 360度反馈评价：应用、问题及建议[J]. 内江师范学院学报，2007，22(1)：25-28.

[70] 赵世明. 领导干部心理健康的干预和保障机制[J]. 理论探讨，2008(4)：154-156.

[71] 彭忠益，吴晓林. 共享领导力的现实效度与政治学动力分析[J]. 西南交通大学学报(社会科学版)，2009，10(1)：120-124.

[72] 李艳霞，杨永康. 跨国经营背景下的跨文化胜任力研究述评[J]. 科技进步与对策，2009，26(16)：156-160.

[73] 朱伟. 把领导过程提升为把握和实践科学发展观的过程[J]. 中共宁波市委党校学报，2009，31(2)：5-9.

[74] 陈沁磊. 动态战略情境下的卓越战略领导力研究[J]. 中国人力资源开发，2010(1)：9-13.

[75] 李宜菁，唐宁玉. 外派人员跨文化胜任力回顾与模型构建[J]. 管理学报，2010，7(6)：841-845.

[76] 纪晨光. 跨文化领导中的文化智能的新论[J]. 经营管理者，2011(16).

[77] 申传刚，郭方. 魅力型领导及其培养[J]. 湖北教育(领导科学论坛)，2011(1)：60-61.

[78] 侯迎慧. 领导干部要增强跨文化敏感性[J]. 领导科学，2012(03S)：47-48.

[79] 蔡路. 如何提升基层指挥员指挥能力和管理能力[J]. 才智，2012(4)：231.

[80] 马正立. 领导权力与领导责任析[J]. 重庆社会科学，2017(5)：19-25.

[81] 彭忠益. 公共组织视角下政府领导力研究[D]. 长沙：中南大学，2008.

[82] 陈刚. 经济制度变迁与市场经济理论演进30年[N]. 光明日报，2008-11-27.

二、英文参考文献

[1] STOGDILL R M. Handbook of leadership：a survey of theory and research[M]. New York：Free Press, 1974.

[2] BURNS J M. Leadership[M]. New York：Harper & Row, 1978.

[3] BASS B M. Stogdill's handbook of leader：Theory, research, & managerial applications[M]. 3rd ed. New York：Free Press, 1990.

[4] PEARCE C L, CONGER J A. Shared leadership：Reframing the hows and whys of leadership[M]. London：Sage Publications Ltd, 2003.

[5] MANNING G, CURTIS K. The art of leadership[M]. New York：McGraw-Hill International, 2003.

[6] HOUGHTON J D, NECK C P, MANZ C C. Self-leadership and super leadership：the heart and art of creating shared leadership in teams[C]//. PEARCE C L, CONGER J A. Shared leadership：Reframing the hows and whys of leadership. London：Sage Publications Ltd, 2003.

［7］ SCHERMERHORN J R, OSBORN R N, UHL – BIEN M. Organizational behavior［M］. New Jersy: Wiley, 2003.

［8］ NORTHOUSE P G. Leadership: theory and practice［M］. 3rd ed. London: Sage Publications Ltd, 2004.

［9］ MORSE R S, BUSS T F, KINGHORN C M. Transforming public leadership for the 21st Century［M］. Ashburn: M. E. Sharpe Inc, 2007.

［10］ VAN WART M. Dynamics of leadership in public service: Theory and practice［M］. Ashburn: M. E. Sharpe Inc, 2011.

［11］ LEWIN K, LIPPITT R, WHITE R K. Patterns of aggressive behavior in experimentally created "social climates"［J］. The Journal of Social Psychology, 1939, 10(2): 269-299.

［12］ EARLEY P C, MOSAKOWSKI E. Cultural intelligence［J］. Harvard Business Review, 2004(10).

后 记

初春的某日，学校出版社谭晓萍主任在电话中问我，有没有兴趣为湖南广播电视大学编写一部领导学方面的教材。我经考虑后愉快地答应。我强烈地意识到对我们团队来说，承担此项工作有着十分重要的意义，深感是一项光荣的任务。接受任务后，我立马组织我们团队的核心成员研讨编写提纲，积极组织落实。时至今日，经过各位成员的艰苦努力，终于要告一个段落。此时此刻，有一种大功告成的喜悦，但更多的是一种对相关主题研究继续深入的思考与憧憬。

在中南大学，"行政领导学"已面向本科学生开课12年整，面向研究生开课也已近十年；在多年的从教与学术研究中，我们始终对行政理论与领导学的研究保持着浓厚的兴趣，既完成了相关主题的国家级社科课题研究，取得了一定的研究成果，同时又将研究成果运用到了教学活动之中，不断提升课堂教学效果及人才培养质量，实现研教相助、教学相长。然而按照委托方湖南广播电视大学将教材编写得既通俗又有特色且成为精品教材的要求，我们感到了时间紧、要求高的压力。好在我们团队的每一位成员都有十分的责任心及高强的胜任力，如质如量如期地完成了各自所承担的任务。平常一样窗前月，才有梅花便不同。

本书由彭忠益撰写提纲、负责统稿。各章执笔的是：吴晓林（第一章、第二章），胡春艳（第三章、第四章、第五章），许源源、李松（第六章、第七章），丰云（第八章），刘芳（第九章），刘丹（第十章）。

此书的编写得到了诸多的专家教授、领导与朋友的支持与帮助。湖南广播电视大学的领导、专家对本书的顺利编写给予了大力支持与指导，在此表示衷心的感谢；中南大学出版社的领导与编辑为本书的顺利出版付出了辛劳，特别是谭晓萍主任自始至终都给予了无私的帮助与支持，在此一并致谢！要感谢的人太多，非常抱歉不能在此一一列举。大家的帮助、支持、鼓励，我们将永远铭记于心。

在本书中所引用的著作与论文的精华，力图在书中努力注明其出处，同时向这些作者致以谢意；此外，对被参阅到的中外学者的科研成果，而未能在书中一一列出，特此说明。由于撰写时间匆促，纰漏在所难免，敬请谅解与指正。

七月的长沙，骄阳似火。郁郁葱葱，充满生机。未来总是如此地令人憧憬，如此地令人振奋。

彭忠益
2012 年 7 月 18 日于岳麓山下中南大学立宪村

图书在版编目（CIP）数据

领导科学基础／彭忠益主编. —长沙：中南大学
出版社，2024.1(2024.7 重印)

ISBN 978-7-5487-5693-4

Ⅰ. ①领… Ⅱ. ①彭… Ⅲ. ①领导学 Ⅳ. ①C933

中国国家版本馆 CIP 数据核字(2024)第 018298 号

领导科学基础
LINGDAO KEXUE JICHU

彭忠益　主编

□出 版 人	林绵优	
□责任编辑	杨　贝	
□责任印制	李月腾	
□出版发行	中南大学出版社	
	社址：长沙市麓山南路	邮编：410083
	发行科电话：0731-88876770	传真：0731-88710482
□印　　装	湖南省汇昌印务有限公司	

□开　　本	787 mm×1092 mm　1/16	□印张 13.25	□字数 334 千字
□版　　次	2024 年 1 月第 1 版	□印次 2024 年 7 月第 2 次印刷	
□书　　号	ISBN 978-7-5487-5693-4		
□定　　价	44.80 元		

图书出现印装问题，请与经销商调换